ケイスメソッド

刑法各論

船山泰範
清水洋雄　編
中村雄一

不磨書房

はしがき

　刑法学では，なぜいろいろな議論があり，学説が分かれているのでしょうか。それは，一つの事例＝CASEについても，いろいろな側面があり，また見方を変えると評価が変わるからです。

　たとえば，ある人が病院のベッドで息を引き取ったとします。死因が老衰なら事件にはなりませんが，手術を受けた後で死亡したとなれば事情は異なってきます。仮に手術は成功したが，麻酔医が麻酔の量を誤ったために死亡したとなれば，医療過誤の可能性があります。ただし，それだけで決着がつくわけではありません。そもそも何のために手術をすることになったのかという点も忘れてはならないことです。病院に運ばれてきた理由が，知人と争った際にナイフで刺されたのであるとすれば，ナイフで刺した人が死の原因をつくったとみれないわけではありません。このように，一つのCASEでもその発生の原因や背景によって法的な評価も異なる可能性があるのです。

　そこで，本書は，CASEから刑法上の論点を探り出し，どこに問題があるかを明らかにするという手法で編集をしたのです。読者が実際に使用するにあたっては，「本書の使い方」を読んだ上で活用して下さい。

　　　　　　　　　　　　　　　　　　　　　　　平成15年　啓蟄

　　　　　　　　　　　　　　　　　　　　　　船　山　泰　範
　　　　　　　　　　　　　　　　　　　　　　清　水　洋　雄
　　　　　　　　　　　　　　　　　　　　　　中　村　雄　一

本書の使い方

1 常に全体的な視野から

　本書は，刑法の解釈問題につき，具体的事例を通して考え，理解してほしいという趣旨から編まれたものである。自分で勉強する場合ばかりでなく，ゼミナールなどで演習問題として使って頂くことを期待している。そこで，**CASE** はおおむね判例を下地にしているが，問題を浮き彫りにするため，設例として作成したものもある。本書を用いるにあたっては，まず **CASE** をよく読んで，どこに問題があるかを自分なりに考えてほしい。その際に注意すべきは，それぞれの項目名にあまりとらわれず，常に全体的な視野から考察する必要があるということである。というのは，それぞれの項目名は **CASE** がそのような論点を含むというだけであって，それに尽きるということはないからである。

　刑法各論においても，単に形式的に条文の文言を具体的事例に当てはめれば済むわけではない。それを，*No. 25* の「事実の真実性に関する錯誤」でみることができよう。230条の2 (「公共の利害に関する場合の特例」) が何のために規定されているかを考えると，表現の自由と国民の知る権利を確保するために，条文の趣旨をさらに踏み込んで解釈することが必要とされるのであり，その点から判例の理解が求められる課題である。

2 各項目の構成

　CASE をみて問題がどこにあるかの見当がついたならば (見当がつかない場合ももちろん)，**[問題のありか]** でそれを確かめるとよい。ここでは，事実から論点を抽出するプロセスを描いているつもりだ。付随的問題についても整理している。

　次に，**[判決・決定の要旨]** を掲げているが，これは問題についての結論という趣旨ではなく，考察し，議論する場合に，このような立場があることを踏まえて，自分の姿勢を示す必要があるということである。

　[論点の検討] では，いくつかの見解を示しつつ，必ず分担執筆者の結論を示すことにした。いろいろ見解が示されながら，それではどう考えたらよいのかという段になると不明，ということがないようにしたつもりである。

[関連判例]は，CASEに対して直接的な答えにはならないとしても，結論になんらかの意味で結びついたり，考察の幅を広げるのに役立つものを掲げている。
　[設問]では，論点の理解に役立つように，応用問題を用意している。

3　問題は法律論だけでは解けない

　私たちがゼミナールで演習形式の授業をしていると，いわば法律論だけで問題の決着をつけようとする人が意外と多いことに気づく。
　たとえば，「AとBは共謀して，BがC宅に侵入して金目の物を盗むことにし，AはC宅の外で見張り行為をしていた。」という例において，「見張り」とはどういうことか。見張りとは，通常，Bが安心して（？）窃盗ができるように見ているだけでなく，なんらかの妨害が入ろうとしたときはそれを阻止し，また，BがC宅内で反撃にあっていることがわかれば助けに行くようなことも含んでいるのである。そのような犯罪現象の実態を考えず，見張りをただ見ているだけだと捉えたりするものだから，見張りは，窃盗の幇助なのか，それとも，Aは窃盗の共謀共同正犯なのかという議論に陥ってしまうのである。
　では，どう解釈するべきか。私は，むしろ，例外的な場合を除いて，見張りは住居侵入・窃盗の行為の一部をなすものであり，「一部行為の全部責任」の法理にもとづいて共同正犯（実行共同正犯）にあたると解する。

4　論理的順序の大切さ

　事例問題を解く場合に，忘れてならないのが，論述あるいはまとめ方の順序である。大切なことは論理的順序である。
　たとえば，「DはEがFから一方的に木刀で殴打されて，頭から血を流しているのを見て，Eを助けるため，とっさに持っていた傘でFの頭部を打ち，Fに全治3週間のけがを負わせた。DとFの罪責はどうなるか。」という例において，DとFのどちらかの罪責から検討するべきか。答はFからである。それは，Dの正当防衛を検討する際，急迫不正の侵害の有無が問題となるが，その「不正」はFの行為についての評価であるから，Fから検討する必要がある。

目　次

はしがき
本書の使い方

第1章　生命・身体に対する罪

I　殺　人　罪
- *No. 1*　人 の 終 期 ……………………………………………… 2
- *No. 2*　偽装心中と殺人罪 ……………………………………… 4
- *No. 3*　自殺関与と殺人罪 ……………………………………… 6

II　傷害・暴行罪
- *No. 4*　傷害の意義 ……………………………………………… 8
- *No. 5*　胎児性傷害——熊本水俣病事件 ……………………… 10
- *No. 6*　同時傷害の特例の適用範囲 …………………………… 12
- *No. 7*　暴行の意義 ……………………………………………… 14

III　凶器準備集合罪
- *No. 8*　凶器準備集合罪の罪質——清水谷公園事件 ………… 16
- *No. 9*　凶器の意義 ……………………………………………… 18

IV　過失傷害罪
- *No. 10*　業務上過失致死傷罪における業務概念 ……………… 20

V　堕　胎　罪
- *No. 11*　胎児と人の限界 ………………………………………… 22

VI　遺　棄　罪
- *No. 12*　保護責任者の意義 ……………………………………… 24

第2章　自由・生活の平穏に対する罪

I　逮捕・監禁
- *No. 13*　幼児に対する監禁 ……………………………………… 28

目次

  No. 14 偽計による監禁 ………………………………………… 30
II 脅迫罪
  No. 15 脅迫の意義 …………………………………………………… 32
  No. 16 法人に対する脅迫罪 ……………………………………… 34
III 略取・誘拐の罪
  No. 17 未成年者誘拐罪の保護法益 ………………………………… 36
  No. 18 安否を憂慮する者の意義 ……………………………………… 38
IV 強制わいせつ・強姦罪
  No. 19 強制わいせつ罪における主観的要素 ……………………… 40
  No. 20 強姦致死傷罪における傷害結果 …………………………… 42
V 住居侵入罪
  No. 21 住居侵入罪の保護法益——大槌郵便局事件 ……………… 44
  No. 22 人の看守する建造物の意義 …………………………………… 46
VI 名誉毀損罪
  No. 23 名誉毀損罪における公然性 …………………………………… 48
  No. 24 公共の利害に関する事実——月刊ペン事件 ………………… 50
  No. 25 事実の真実性に関する錯誤——夕刊和歌山時事事件 ……… 52
  No. 26 法人に対する侮辱罪 …………………………………………… 54
VII 業務妨害罪
  No. 27 公務と業務妨害 ………………………………………………… 56
  No. 28 「マジックホン」の取付けと偽計業務妨害罪 ………………… 58
  No. 29 威力業務妨害罪の威力の意義 ………………………………… 60
  No. 30 電子計算機損壊等業務妨害罪にいう「電子計算機」………… 62

第3章 財産に対する罪
I 窃盗罪
  No. 31 窃盗罪の保護法益 ……………………………………………… 66
  No. 32 財物の意義 ……………………………………………………… 68
  No. 33 占有の意義 ……………………………………………………… 70
  No. 34 ロストボールの占有 …………………………………………… 72

目　次

- No. 35　窃盗と委託物横領罪の限界 …………………………… 74
- No. 36　死者の占有 ……………………………………………… 76
- No. 37　不法領得の意思 ………………………………………… 78
- No. 38　親族間の犯罪に関する特例の適用範囲 ……………… 80
- No. 39　不動産侵奪罪における侵奪の意義 …………………… 82

II　強盗罪

- No. 40　強盗罪の成立に必要な暴行・脅迫 …………………… 84
- No. 41　財物奪取後の暴行と2項強盗罪 ……………………… 86
- No. 42　暴行後の財物奪取の意思 ……………………………… 88
- No. 43　事後強盗の予備 ………………………………………… 90
- No. 44　強盗殺人と強盗の機会 ………………………………… 92

III　詐欺罪

- No. 45　国家的法益に対する詐欺罪の成否 …………………… 94
- No. 46　商品先物取引と詐欺罪 ………………………………… 96
- No. 47　不法原因給付と詐欺罪 ………………………………… 98
- No. 48　無銭飲食・宿泊 ………………………………………… 100
- No. 49　キセル乗車 ……………………………………………… 102
- No. 50　クレジットカードの不正使用 ………………………… 104
- No. 51　価格相当の商品提供と詐欺罪 ………………………… 106

IV　恐喝罪

- No. 52　黙示の処分行為と2項恐喝 …………………………… 108
- No. 53　権利行使と恐喝罪 ……………………………………… 110

V　横領罪

- No. 54　使途を定めて寄託された金銭と横領罪 ……………… 112
- No. 55　不動産の二重売買と横領罪 …………………………… 114
- No. 56　不法原因給付と横領罪 ………………………………… 116
- No. 57　横領罪における不法領得の意思 ……………………… 118
- No. 58　情報の不正入手と横領罪 ……………………………… 120

VI　背任罪

- No. 59　背任罪と横領罪の区別 ………………………………… 122

No. 60	二重抵当と背任罪	124
No. 61	情報の不正入手と背任罪	126
No. 62	図利加害目的	128
No. 63	背任罪における財産上の損害	130

Ⅶ 盗品等に関する罪

| No. 64 | 被害者宅への盗品運搬と盗品運搬罪 | 132 |
| No. 65 | 盗品性の知情の時期 | 134 |

Ⅷ 毀棄・隠匿の罪

No. 66	未完成の文書の廃棄と公用文書毀棄罪	136
No. 67	建造物の他人性	138
No. 68	ビラ貼りと建造物損壊罪	142

第4章 公共の安全に対する罪

Ⅰ 放 火 罪

No. 69	放火罪の既遂時期	144
No. 70	不燃性建造物と放火罪	146
No. 71	複合建造物の現住性——平安神宮事件	148

Ⅱ 往来妨害罪

| No. 72 | 陸路の閉塞の意義 | 150 |
| No. 73 | 艦船の破壊の意義 | 152 |

第5章 公共の信用に対する罪

Ⅰ 通貨偽造罪

| No. 74 | 通貨の偽造と変造 | 156 |

Ⅱ 文書偽造罪

No. 75	写真コピーの文書性	158
No. 76	文書の偽造と変造	160
No. 77	代理・代表名義の冒用	162
No. 78	通称の使用と人格の同一性	164
No. 79	同姓同名の使用と人格の同一性	166

目 次

  No. 80 補助公務員の作成権限……………………………………………… 168
  No. 81 名義人の承諾と私文書偽造罪 …………………………………… 170
  No. 82 運転免許証の携帯と行使 ………………………………………… 172
 Ⅲ 有価証券偽造罪
  No. 83 テレフォンカードと有価証券変造罪 …………………………… 174

第6章 風俗に対する罪

 Ⅰ わいせつ罪
  No. 84 わいせつの意義——四畳半襖の下張事件 ……………………… 178
  No. 85 インターネットわいせつ画像と公然陳列罪 …………………… 180
 Ⅱ 賭　博　罪
  No. 86 野球賭博と賭博場開帳図利罪 …………………………………… 182

第7章 国家の作用に対する罪

 Ⅰ 公務に対する罪
  No. 87 職務行為の適法性——佐賀県議会事件 ………………………… 186
  No. 88 「職務を執行するに当たり」の意義——熊本県議会事件 ……… 188
  No. 89 仮処分公示札の有効性 …………………………………………… 190
  No. 90 競売入札妨害罪 …………………………………………………… 192
 Ⅱ 犯人蔵匿・証拠隠滅罪
  No. 91 身代わり犯人と犯人隠避罪 ……………………………………… 194
  No. 92 参考人の虚偽供述と証拠偽造罪 ………………………………… 196
 Ⅲ 職権濫用罪
  No. 93 身分帳の閲覧と職権濫用——宮本身分帳事件 ………………… 198
  No. 94 電話盗聴と職権濫用 ……………………………………………… 200
 Ⅳ 賄　賂　罪
  No. 95 未公開株の有償譲渡と賄賂性——殖産住宅事件 ……………… 202
  No. 96 社交儀礼と賄賂罪 ………………………………………………… 204
  No. 97 国会議員の職務権限——大阪タクシー事件 …………………… 206
  No. 98 内閣総理大臣の職務権限——ロッキード事件 ………………… 208

x

No. 99 再選後の職務と賄賂罪……………………………………………210
No. 100 職務権限の変更と賄賂罪 ………………………………………212

事項索引 …………………………………………………………………215

┌──刑法用語ミニ辞典（各論）──┐
│　脳死説　　　　　　*1*　　　　│
│　真実性の誤信　　　*27*　　　 │
│　財物と財産上の利益　*65*　　 │
│　公共の危険　　　　*143*　　　│
│　無形偽造　　　　　*155*　　　│
│　公然陳列　　　　　*177*　　　│
│　職務行為の適法性　*185*　　　│
└────────────────┘

【図解】殺人罪とその周辺　　*26*
　　　　名誉に対する罪の構造　*64*
　　　　財産犯罪の分類　　　*142*
　　　　放火罪の危険犯の区別　*154*
　　　　偽造通貨行使罪と収得
　　　　後知情行使罪の比較　*176*
　　　　強盗罪とその周辺　　*184*
　　　　刑事司法作用に対する犯罪　*214*

主な参考文献は以下の通りである。

┌─────────────────────────────────┐
│　刑法判例百選Ⅱ各論［第4版］（有斐閣）　　　　　　　　　　　　　│
│　曽根威彦・日高義博編『基本判例6 刑法各論』（法学書院）　　　　│
│　前田雅英『最新重要判例250刑法［第4版］』（弘文堂）　　　　　　│
│　ジュリスト重要判例解説（有斐閣）　　　　　　　　　　　　　　　│
│　法学教室判例セレクト（有斐閣）　　　　　　　　　　　　　　　　│
│　香川達夫・川端博編著『新判例マニュアル刑法Ⅱ各論』（三省堂）　│
└─────────────────────────────────┘

第1章

生命・身体に対する罪

> **脳死説**
> 　人の死亡の時期について，全脳機能が不可逆的に停止した時点をもって判断しようとする見解である。臓器移植法に基づいて，臓器移植の目的で脳死判断がなされたときは，その時点で「死」と判断される。ただし，一般の死の判定は，従前通り，①心臓停止・②呼吸停止・③瞳孔散大という3つの徴候がすべてそろったときに判断する三徴候説によっている。

◆刑法用語ミニ辞典◆

I 殺　人　罪

No. 1　人の終期

〈CASE〉　AがCの顔面を手拳で殴打し，眉間部打撲傷の傷害を負わせたところ，Cは脳損傷により脳死状態に陥り，収容先の病院で脳死判定が行われた結果，脳死が確定した。その後，医師BがCの家族の承諾を得て人工呼吸器を取り外し，Cの心臓停止が確認された。Aの罪責はどうなるか。

1　問題のありか

第1に，Cの死亡時刻は，脳死判定により脳死が確定した時刻か，それとも心臓停止が確認された時刻かが問題になる。第2に，もし後者であるとすれば，Aの暴行とCの死亡との間の因果関係が問題になる。傷害致死罪のような結果的加重犯においては，基本犯と結果との間に因果関係が存在することが必要となるが，CASEのように，暴行と死亡との間に第三者の行為が介在している場合には，その判断が困難になるからである。

2　判決要旨——大阪地判平5・7・9判時1473号156頁

Cの心臓停止の時点をもって死亡時刻と認定し，Aの暴行とCの死亡との間の因果関係を肯定した。

＊「Aの眉間部打撲行為により，Cは，びまん性脳損傷を惹起して脳死状態に陥り，2度にわたる脳死判定の結果脳死が確定されて，もはや脳機能を回復することは全く不可能であり，心臓死が確実に切迫してこれを回避することが全く不可能な状態に立ち至っているのであるから，人工呼吸器の取り外し措置によってCの心臓死の時期が多少なりとも早められたとしても，Aの眉間部打撲とCの心臓死との間の因果関係を肯定することができるというべきである」。

3　論点の検討

人の始期は出生であり，**人の終期**は死亡である。人は出生によって胎児と区

別され（**No. 11**「胎児と人の限界」参照），死亡によって死体と区別される。

「人」の始期と終期

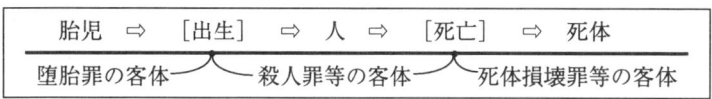

　人の死亡の時期については，従来，①心臓の鼓動が永久的に停止した時とする脈搏終止説，②呼吸が永久的に停止した時とする呼吸終止説，および③呼吸・脈搏の不可逆的停止および瞳孔散大の3徴候を基礎として総合的に判定する総合判断説（**3徴候説**）が主張され，③説が一般化していた。しかし近年，いわゆる**臓器移植**の問題と関連して，④脳の機能が不可逆的に停止した時とする**脳死説**が有力になってきた。こうした状況において，平成9年に施行された「臓器の移植に関する法律」6条は，一定の要件が充たされた場合に脳死を判定し，「死体（脳死した者の身体を含む）」から臓器を摘出することができると規定した。これによって，少なくとも臓器移植については脳死説が法的に容認されたことになるが，脳死の判定が必ずしも確実とはいえないこと，また，社会通念上脳死が承認されたとするのは時期尚早であることを理由に，③説を維持すべきであるとする見解も依然として主張されている。

　本判決は，脳死について触れた最初の裁判例であると思われるが，脳死が人の死であるか否かを判断したものと解することには問題がある。**CASE** は，死の概念をどのように理解しても，暴行と死亡との間の**因果関係**が認められる事案であるから，検察官は確実に立証できる心臓死によって起訴し，裁判所もこれを受けて死亡時刻を認定したと考えられるので，本判決によって脳死説が否定されたと解することはできないからである。

　第三者の行為が介在した場合の因果関係について，最決平2・11・20刑集44巻8号837頁は，被告人の暴行により被害者の死因となった傷害が形成された場合には，その後第三者により加えられた暴行によって死期が早められたとしても，被告人の暴行と被害者の死亡との間には因果関係が認められるとした（『ケイスメソット刑法（総論）』**No. 13**「他人の行為の介入」参照）。このような見解を前提にすれば，因果関係に関するどの学説に立脚しても，**CASE** におけるAの暴行とCの心臓死との間の因果関係が肯定されることになり，Aに傷害致死罪が成立するという結論に異論はないであろう。

No. 2　偽装心中と殺人罪

〈CASE〉　Aは，料理屋の接客婦B子と馴染みになり夫婦約束までしたが，次第にB子を重荷に感じ始め，その関係を断ちたいと思っていた。某日Aは，B子に別れ話を持ちかけたが，B子はこれに応じず心中を申し出たので，しぶしぶその相談にのったが，その3日後，もはや心中する気持ちがなくなっていたにもかかわらず，B子を伴って山中に赴き，B子が自己を熱愛し追死してくれるものと信じているのを奇貨とし，自分が追死するものと誤信させて，あらかじめ買い求めておいた青化ソーダの致死量をB子に与えて飲ませ，B子を死亡させた。Aの罪責はどうか。

1　問題のありか

いわゆる心中のうち，**無理心中**は殺人罪（199条）にあたり，合意のよる心中は一般に自殺関与罪（202条前段）または承諾殺人罪（同条後段）の問題となる。では，**CASE**のように，追死の意思がない者がそれがあるものと誤信した相手方を自殺させる「**偽装心中**」は，いずれの構成要件に該当するのか。202条が成立するには，相手方が自己の死の意味を理解し，かつ自由にその意思を決定する能力を有していることが必要である。したがって，**意思能力**を欠く幼児や心神喪失者の自殺を教唆・幇助したときは，殺人罪が成立する。偽装心中においては，相手方は自分が死ぬことを認識しているが，その決意が「瑕疵ある意思」にもとづいている。この点をどのように評価するかが問題となる。

2　判決要旨──**最判昭33・11・21刑集12巻15号3519頁**

＊　「B子はAの欺罔の結果Aの追死を予期して死を決意したものであり，その決意は真意に添わない重大な瑕疵ある意思であることが明らかである。そしてこのようにAに追死の意思がないに拘らずB子を欺罔しAの追死を誤信させて自殺させたAの所為は通常の殺人罪に該当する」。

3　論点の検討

偽装心中の擬律について学説の争いがある。①202条説は，被害者は死ぬこ

と自体については錯誤に陥っておらず，ただその動機に錯誤があるにすぎないことを理由とし，あるいは，生命という法益に関係する錯誤（法益関係的錯誤）のみが同意を無効にするという前提に立って，「死の結果」について被害者に錯誤がなければその意に反して生命を侵害したことにはならないと主張する。これに対して，②199条説は，行為者の追死が自殺の決意にとって本質的である場合には，その誤信は自殺の自由な意思決定を奪うことになり，自殺関与罪の範囲を逸脱することになると主張する。本判決は②説に立脚して，B子の死の決意には「真意に添わない重大な瑕疵」があると判示した。

　思うに，①説は，被害者が死の結果を認識していれば絶対に殺人罪にあたらないとする点で形式的にすぎる。たとえば，医師がその患者を欺いて余命いくばくもないと誤信させ，死苦に呻吟するよりは自殺した方がよいと説得して自殺させた場合には，殺人罪を認めるべきであろう。他方で，②説も，被害者が真実を知っていれば自殺しなかったであろうと考えられる場合をすべて殺人罪とするならば，一面的にすぎる。たとえば，借金の返済に追われている多重債務者に，自殺すればすべての債務が消滅するという虚偽の情報を提供して自殺させた場合には，自殺教唆罪にあたるとみるべきであろう。仮にその情報が真実であったとしても，経験則上一般に人は自殺するとは考えられないからである。問題は，被害者側の「錯誤の重要性の程度」と行為者側の「殺人罪の実行行為性の有無」にある。すなわち，その錯誤が被害者の意思決定の自由を失わせるほど重大なものであるか否かという観点と，被害者自身を道具として利用して積極的に殺害したと評価しうる事情があるか否かという観点から判断すべきである。**CASE**では，心中を発意したのはB子であり，Aの欺罔によってB子の自殺の意思が形成されたとはいえないこと，また，Aは毒物を準備して与えたとはいえ，最終的に飲み下したのはB子自身であったことから，B子の錯誤の重要性は必ずしも高くなく，殺人罪の実行行為性にも疑問があると思われる。Aには自殺幇助罪が成立するものと解すべきである。

〔参考文献〕
　刑法判例百選Ⅱ各論［第4版］4頁［松尾浩也］

No. 3 自殺関与と殺人罪

〈CASE〉 Aは，66歳の独り暮らしのB女から欺罔的な手段で750万円を借り受けたが返済のめどがたたず，その発覚を免れるため同女を自殺させようと企てた。Aは，B女が出資法違反により刑務所に入ることになるなどと虚構の事実を述べて脅迫し，同女を警察の追及から逃れさせるという口実で17日間諸所を連れ回り，その間執拗に自殺を勧めて同女を心理的に追い詰め，もはや逃れる方法はないと誤信させて自殺を決意させた。B女自身が農薬を飲んで死亡した。Aの罪責はどうなるか。

1 問題のありか

自殺関与罪（202条前段）が成立するには，被害者が自殺の意味を理解していることと，被害者が自由意思に基づいて自殺を決意することが必要である。後者について，欺罔や威迫を用いて被害者を自殺させる場合の取扱いが問題になる。CASEでは，AがB女に「執拗に自殺を勧めて同女を心理的に追い詰め」てはいるが，B女は自分が死ぬことを認識し，自ら農薬を飲んで死亡していることから，学説によっては自殺関与罪の成立も考えられる事案である。

2 判決要旨──福岡高宮崎支判平1・3・24高刑集42巻2号103頁

＊ 「犯人によって自殺するに至らしめた場合，それが物理的強制によるものであるか心理的強制によるものであるかを問わず，それが自殺者の意思決定に重大な瑕疵を生ぜしめ，自殺者の自由な意思に基づくものと認められない場合には，もはや自殺教唆とはいえず，殺人に該当するものと解すべきである。」「B女が自己の客観的状況について正しい認識を持つことができたならば，およそ自殺の決意をする事情にあったものとは認められないのであるから，その自殺の決意は真意に添わない重大な瑕疵のある意思であるというべきであって，それが同女の自由な意思に基づくものとは到底いえない」。

3 論点の検討

No. 2 の「偽装心中」の場合と同様の学説の対立が考えられる。①被害者に

死の結果について認識があれば殺人罪とはならず，あるいは法益関係的錯誤のみが同意を無効にするという説によれば，CASE は自殺教唆罪にあたることになる。これに対して，②被害者に死の結果について認識があっても，欺罔や威迫によって自殺の自由な意思決定が奪われる場合には自殺関与罪の範囲を逸脱することになるという説によれば，CASE は殺人罪にあたることになろう。さらに，③基本的に①説に立ちつつ，「他人の利益のために法益を犠牲にしようとする目的について欺罔がある場合」と「危害を避けるつもりで法益を犠牲にしようとした目的について欺罔がある場合」には承諾は無効であるとして，CASE は殺人罪にあたるとする見解も主張されている。本判決は，B女の自殺の決意は「真意に添わない重大な瑕疵のある意思」であったと指摘し，②説に依拠して強盗殺人罪を肯定したものである。

　思うに，CASE では，*No. 2* の最判昭33・11・21の事案と異なり，B女は虚構の事実によって外界から遮断され，**意思決定の自由**はほぼ失われていたと考えられること，また，Aは欺罔と威迫を用いてB女の自殺に至るプロセスを長期間にわたり周到にコントロールしていたことから，「錯誤の重要性の程度」は高く，被害者自身を道具とする**間接正犯**という「殺人の実行行為性」も肯定しうるであろう。したがって，Aには強盗殺人罪（240条後段）が成立するものと解すべきである。これに対して，下記の関連判例では，暴行・脅迫の程度が被害者の意思決定の自由を排除する程度には至っていないものと判示された。

4　関連判例──広島高判昭29・6・30高刑集7巻6号944頁

　Cは，その妻Dに不貞があるものと邪推し，Dが自殺するであろうことを予見しながら暴行・脅迫を繰り返したため，Dは縊首により自殺した。

＊　「犯人が威迫によって他人を自殺するに至らしめた場合，自殺の決意が自殺者の自由意思によるときは自殺教唆罪を構成し進んで自殺者の意思決定の自由を阻却する程度の威迫を加えて自殺せしめたときは，もはや自殺関与罪ではなく殺人罪を以て論ずべきである。」本件では，意思の自由を失わしめる程度のものと認める確証がなく，Cには自殺教唆罪が成立する。

〔参考文献〕

刑法判例百選Ⅱ各論〔第4版〕6頁〔振津隆行〕

II 傷害・暴行罪

No. 4 傷害の意義

〈CASE〉 Aは，焼酎を飲んで帰宅する途中，通りかかった小学生Bの表情や態度が気に入らないとして，いきなりBの頭髪をつかんで地面に引き倒し，顔や腹部を殴打するなどの暴行を加えた。また，現場に駆けつけたC子に対して，買い物袋や手拳でその後頭部を殴りつけるなどの暴行を加えた。そのため，Bは，腹痛や頭痛のため3日間学校を休み，1か月位は1人で外出できず，寝付きが悪くなり，食欲も少なくなり，感情表現が乏しくなった。Cは，頭痛が1か月位続き，2，3週間は満足に夜寝ることもできず，外出も1人でできなくなり，電話の音や戸外の足音だけで心臓がどきどきするなどの状態が3か月位続いた。Aに傷害罪が成立するか。

1 問題のありか

戦争体験や性暴力被害など，人間の対処能力を超えた出来事を体験した後に，それによるストレス障害（再体験，回避，過剰覚醒の持続など）が1か月以上持続して慢性化する症状を「**心的外傷後ストレス症候群**」（PTSD, Posttraumatic Stress Disorder）という。わが国では，平成7年の阪神淡路大震災や地下鉄サリン事件以降注目されるようになり，近時，犯罪被害者の **PTSD** が傷害罪にいう「傷害」にあたるか否かが議論されるようになった。**CASE** について，第一審は，B，CはそれぞれPTSDにあたる傷害を負ったと認定した。

2 判決要旨──福岡高判平12・5・9判時1728号159頁

本判決は，本件の具体的な事情のもとでは傷害罪は成立しないとした。
* 傷害罪における「傷害」とは，人の身体の生理的機能に障害を与えること，ないしは，人の健康状態を不良に変更することをいい，人の精神的機能に障害を与える場合もこれに該当しうる。しかし本件では，Aの暴行それ自体がそれほど強いものではなく，また，AがB，Cを心理的なストレス状態に陥

れることを意図して執拗に暴行に及んだものではない上，その症状も種々の犯罪の被害者の被る心理的ストレス等の被害を特に上回るものとまでは認められず，これをもって暴行の結果的加重犯としての傷害罪の成立を認めるのは相当でない。

3　論点の検討

PTSDは，ICD－10（世界保健機構による「疾病及び関連健康問題の国際統計分類の第10回修正」）やDSM－4（米国精神医学会による「精神疾患の診断・統計マニュアル第4改訂版」）において確立された疾患概念である。傷害罪における「**傷害**」の意義について，学説では，①生理的機能障害説，②身体完全性侵害説および③折衷説の対立があるが，最高裁の判例（最決昭32・4・23刑集11巻4号1393頁）は①説を採用している。人の精神的機能の障害も生理的機能の障害に含まれるので，下級審の判例においては，被害者を精神衰弱症や不安・抑うつ状態等に陥れた事案について傷害罪の成立を認めたものがあったが，PTSDそのものが刑事事件として取り上げられるようになったのはごく最近のことである。一般論としては，PTSDも「傷害」にあたる場合があると解されるが，**犯罪の被害者**は何らかの心理的ストレスを被るのが通常であるから，その判断は慎重でなければならない。したがって，個々の事案について，精神障害の重さ，診察・治療の経過，日常生活における支障の有無・程度等を十分に吟味する必要があろう。本判決は，傷害を意図したものではない暴行による傷害罪の成立を限定的に解したものであり，Aを暴行罪とした判旨は妥当であると思われる。

4　関連判例──富山地判平13・4・19判タ1081号291頁

D子は，交際相手の男性が以前交際していたE子にまだ思いを寄せているものと思いこみ，E子の住居先やその実家に，約3年半にわたり合計1万回以上，無言電話やE子を中傷するなどの嫌がらせ電話をかけ続けた。そのためE子は，電話の呼出音を幻聴したり，電話に関する話題に対する緊張状態，不眠といった症状を呈し，精神科医の診察を受けた。

＊　ICD－10の基準によれば，E子にPTSDの発症を認定することができ，このような医学上承認された精神的身体的症状を生じさせることは「傷害」にあたる。また，D子はE子に強度のストレスを与えることを意図して嫌がらせ電話をかけ続けたといえ，傷害罪の故意を認定することができる。

No. 5　胎児性傷害——熊本水俣病事件

〈CASE〉　化学製品の製造等を業とする会社の代表取締役社長Aと同社の工場長Bは，塩化メチル水銀を含有する工場廃水を水俣川の河口海域に排出した業務上の過失により，塩化メチル水銀によって汚染された魚介類を摂取した7名を水俣病に罹患させて死傷させた。このうち，12歳で死亡したCは，母親の胎内で塩化メチル水銀の影響をうけた後に出生した胎児性水俣病患者であった。AとBに業務上過失致死罪が成立するか。

1　問題のありか

胎児に有害作用を及ぼし，その結果として出生後に死亡させた場合に，「人」の生命・身体に対する犯罪が成立するか。この問題は，ドイツのサリドマイド事件やわが国の水俣病などの薬害・公害事件をめぐって論じられてきた。その根本的な問題は，胎児を客体とする犯罪については「堕胎の罪」(212条以下) が存在することから，胎児に対する侵害行為に人の生命・身体に対する罪の成立を認めるのは**類推解釈**にあたるのではないか，という点にある。

2　決定要旨——最決昭63・2・29刑集42巻2号314頁

＊　「現行刑法上，胎児は，堕胎の罪において独立の行為客体として特別に規定されている場合を除き，母体の一部を構成するものと取り扱われていると解されるから，業務上過失致死罪の成否を論ずるに当たっては，胎児に病変を発生させることは，人である母体の一部に対するものとして，人に病変を発生させることにほかならない。そして，胎児が出生し人となった後，右病変に起因して死亡するに至った場合は，結局，人に病変を発生させて人に死の結果をもたらしたことに帰するから，病変の発生時において客体が人であることを要するとの立場を採ると否とにかかわらず，同罪が成立するものと解するのが相当である」。

3　論点の検討

胎児性傷害・致死が人の生命・身体に対する罪を構成するか否かについて，①

実行行為の時点で胎児であったものには堕胎の罪のみが成立し，人に対する罪は成立しないとする否定説，②侵害行為の作用が出生後の人に継続的に及んでいれば，人に対する罪は成立するとする作用必要説，③胎児は母体の一部であるから，胎児に傷害を加えることは人に対する傷害となるとする母体一部傷害説，④正常な子供を出産する母体の機能を害するという意味で，母体に対する傷害となるとする母体機能傷害説，⑤人に対する傷害・死亡の危険性を有する行為によって人に致死傷の結果を生じさせれば，その作用が人に向けられていなくとも人に対する罪が成立するとする作用不問説が対立している。CASEの第一審（熊本地判昭54・3・22）は⑤説に，また第二審（福岡高判昭57・9・6）は②説に従ったが，本決定は③説に立脚したものである。

思うに，**胎児**と母体は医学的・生物学的に別個の存在であり，刑法は胎児を保護するため別途に**堕胎の罪**を設けていること，過失によって胎児を死亡させても不可罰とする刑法が，より軽い傷害をうけて出生した人が死亡した場合に過失致死罪を認めるのは処罰の均衡を失すること，妊婦の過失によって胎児が傷害をうけ，出生した子にその傷害が生じた場合に過失傷害罪を認めるのは，処罰範囲を不当に拡大することになること，これらの理由により否定説が妥当である。胎児性傷害・致死を処罰するためには，立法による解決をはかるべきである。したがって，CASEのAとBは不処罰とされるべきである。

4　関連判例──秋田地判昭54・3・29刑月11巻3号264頁

運転者Dが過失により交通事故を起こしたところ，同乗していた妊婦がその衝撃により約1週間後に早産し，出生子Eは分娩後36時間で死亡した。

＊　「胎児の際に過失により加害され，生活機能の重要な部分が損なわれ，自然の分娩期より著しく早く母体外に排出され，生活能力もなく，出産後短時間で死に至ることが予想され，どんな医療を施しても生活能力を具備できず医学的にも死の結果を生じたEは，『人』となったとはいえず，胎児または死産児に準じて評価するのが相当であるから，Dに業務上過失致死罪は成立しない」。

〔参考文献〕
刑法判例百選Ⅱ各論〔第4版〕10頁〔内田文昭〕

No. 6　同時傷害の特例の適用範囲

〈CASE〉　A，B，C3名が旅館の一室で飲酒していたところ，Aが別室にいたDのもとに行き，Dと口論の末，同家の茶の間でDの頭部を手拳で殴打した。その時，同家から帰ろうとして土間に下りて靴を履いていたBとCが，Aに加勢するため靴履きのまま茶の間に上がり，靴でDの頭部顔面等を蹴り，よってDを頭部腔内出血により死亡させた。しかし，誰の暴行によりDに傷害致死の結果を生ぜしめたのかを知ることができなかった。A・B・Cの罪責はどうなるのか。

1　問題のありか

　CASEでは，A，B，C3名の暴行のいずれかによってDの死の結果が発生したことは明らかであるが，そのうちの誰の暴行によるものかという**因果関係**が不明である。このような場合，**「疑わしきは被告人の利益に」**（in dubio pro reo）という刑事裁判の原則によれば，3名は暴行の限度で処罰されうるにすぎない。しかし，それでは軽すぎるという認識から，207条は，同時犯としての暴行による傷害の結果について，共同正犯でなくとも共同正犯とする旨を規定している。この規定については，一種の嫌疑刑を認めることになるので憲法31条に違反するとの説があり，また，合憲であるとしても，これをCASEのような傷害致死の事案にまで適用することには疑問があるとする説がある。

2　判決要旨——最判昭26・9・20刑集5巻10号1937頁

＊「原判決は本件傷害致死の事実について被告人外2名の共同正犯を認定せず却って2人以上の者が暴行を加え人を傷害ししかもその傷害を生ぜしめた者を知ることのできない旨判示していること原判文上明らかなところであるから，刑法207条を適用したからといって，原判決には所論の擬律錯誤の違法は存しない」。

3　論点の検討

　207条は，**同時犯**としての暴行によって人を傷害した場合について，因果関

係に関する**挙証責任**を転換し，共同正犯を認める法律上の擬制を定めた規定である。これは因果関係についての立証の困難を救済するための政策的規定であるが，刑法の基本原則に反する例外的規定であるから，違憲とまではいえないが，その解釈・適用は厳格になされることを要する（通説）。すなわち，本条は傷害罪のみに適用されるべきで，逮捕・監禁致死罪，強姦致死罪等には適用されるべきではない。傷害致死罪への適用については，①立証の困難を理由とする肯定説（判例・有力説）と，②例外的規定は厳格に解釈されるべきであるとする否定説（多数説）が対立している。

　思うに，207条は「人を傷害した場合」と規定していること，また，致死の結果をもたらす程度の重大な傷害の因果関係は比較的容易に立証できることから，刑法の基本原則を修正してまで立証の困難を救済する必要はないであろう。したがって，致死について証明できないときは，傷害罪の限度で共犯の例によるべきである。**CASE**では，A，B，C3名に傷害罪の限度で共同正犯が成立すると解すべきである。

4　関連判例──大阪地判平9・8・20判タ995号286頁

　E，F，G3名は，飲酒し公衆電話の受話器を引きちぎるいたずらをしながら歩いていたところ，その行為を目撃したHが弁償を求めるべく追いかけて来て，少し遅れて歩いていたFに声をかけたことから，FはHにいきなり激しい暴行を加えた。先を歩いていたEとGが異変に気づいて振り返り，Fに加勢しようとして駆けより，3名共謀の上でHに暴行を加えた。その結果，Hは全治約1か月の傷害を負ったが，その傷害結果は，EとGがFに加勢する前後いずれの暴行により生じたのか不明であった。

＊　「共謀成立の前後にわたる一連の暴行により傷害の結果が発生したことは明らかであるが，共謀成立の前後いずれの暴行により生じたものであるか確定することができないという場合にも，右一連の暴行が同一機会において行われたものである限り，刑法207条が適用され，全体が傷害罪の共同正犯として処断される」。

〔参考文献〕
前田雅英『最新重要判例250刑法［第4版］』122頁

第1章 生命・身体に対する罪

No. 7 暴行の意義

〈**CASE**〉 Aは，内妻Bと屋台のおでん屋を出していたが，飲食店経営の店舗借入交渉が思うように進まず，また貸主から「やくざ者には店を貸せない」と言われたのを聞き，気分がむしゃくしゃしたので自宅四畳半でやけ酒を飲んで酩酊し，ついBに対して「出刃包丁ぐらい持って文句を言って来い」と言ったところ，Bが本気になって行こうとし，止めてもきかないので，Aは思い止まらせるために脅そうと考え，立ち上がってBの目の前で日本刀の抜き身を数回振り廻しているうちに，力が入ってBの腹に刀が突き刺さり，その結果，Bは失血のために死亡した。Aの罪責はどうなるのか。

1 問題のありか

Aの「日本刀の抜き身を数回振り廻す」行為が暴行罪（208条）にいう「暴行」にあたれば，これによる傷害は同罪の**結果的加重犯**としての傷害罪（204条）となり，その結果として被害者が死亡すれば傷害致死罪（205条）が成立する。これに対して，その行為が暴行にあたらなければ，過失致死罪（210条）が成立しうるにとどまる。両罪の法定刑には大きな差異がある。

刑法における「暴行」概念は多義的であるから，暴行罪の**暴行**の意義をどのように解するかが問題になる。Aには，日本刀を振り廻すことの認識はあるが，これをBの身体に接触させることの認識はないので，暴行罪における暴行は人の身体に命中ないし接触することを要するか否かが重要なポイントとなる。

2 決定要旨——最決昭39・1・28刑集18巻1号31頁

＊ 「原判決が，判示のような事情のもとに，狭い四畳半の室内で被害者を脅かすために日本刀の抜き身を数回振り廻すが如きは，とりもなおさず同人に対する暴行というべきである旨判断したことは正当である」。

3 論点の検討

刑法における「暴行」概念は，次の4つに分けられる。

① 最広義の暴行——不法な有形力の行使のすべてをいい，その対象は人でも物でもよい。たとえば，内乱罪（77条）や騒乱罪（106条）における暴行。
② 広義の暴行——人に対する不法な有形力の行使をいうが，直接に人の身体に加えられることを要せず，物に対して加えられた有形力でも人の身体に物理的に強い影響を与えうるものであれば足りる。たとえば，公務執行妨害罪（95条1項）や強要罪（223条1項）における暴行。
③ 狭義の暴行——人の身体に対する不法な有形力の行使をいう。暴行罪における暴行はこれにあたる。
④ 最狭義の暴行——人の反抗を抑圧するに足りる程度に強度の不法な有形力の行使をいう。たとえば，強盗罪（236条）や強姦罪（177条）における暴行。

暴行における暴行は人の身体に対する**不法な有形力の行使**であるから，傷害の結果を生じさせる危険のある行為（たとえば，殴る行為や蹴る行為）のみならず，その危険のない行為（たとえば，つばを吐きかける行為や食塩をふりかける行為）であっても，人の身体に直接加えられれば暴行となる。その有形力が物理的に接触することを要するか否かについて争いがあるが，不要説が妥当である。なぜならば，暴行罪の保護法益は人の身体の安全であること，また，208条は「人を傷害するに至らなかったとき」と規定し，傷害の未遂にあたる場合を暴行としていることから，不法な有形力が人の身体に接触しなくても，傷害の結果を発生させる具体的危険を有する行為であれば暴行にあたると解されるからである。判例も，人の身辺で大太鼓，鉦などを強く連打する行為（最判昭29・8・20刑集8巻8号1277頁）や，嫌がらせのため並走中の自動車に幅寄せする行為（東京高判昭50・4・15刑月7巻4号480頁）も暴行にあたるとしている。したがって，CASEのAの行為は暴行にあたり，同人に傷害致死罪が成立すると解される。

4 関連判例——東京高判昭25・6・10高刑集3巻2号222頁

Cは，夜間Dを脅かす目的で，Dの数歩手前を狙って50メートルほど手前から投石したが，Dに命中しなかった。

＊ 「暴行とは人に向って不法なる物理的勢力を発揮することで，その物理的力が人の身体に接触することは必要でない。例えば，人に向って石を投げ又は棒を打ち下せばたとえ石や棒が相手方の身体に触れないでも暴行罪は成立する」。

Ⅲ 凶器準備集合罪

No. 8　凶器準備集合罪の罪質——清水谷公園事件

〈CASE〉　対立関係にある学生集団の甲派と乙派は，同じ公園内で同日同時刻に集会を開催したが，まもなく両派の学生同士で揉み合いが始まったのをきっかけに，甲派の学生らが襲いかかり，応戦する乙派との間に乱闘状態が生じ，その後断続的に乱闘が繰り返された。その際，甲派に属するAら7名は，同派の学生ら50名とともに，角棒をもって乙派の学生を殴打するなどしたが，Aらの中には乱闘直前に現場で角棒を手にした者もいれば，いつの時点で角棒を所持するに至ったか不明の者もいた。Aらの罪責はどうか。

1　問題のありか

　凶器を準備し，または準備のあることを知って，共同加害目的の下に集合する凶器準備集合罪を，暴行罪・傷害罪等の準備段階での行為を捕捉する罪質のものと考えると，「加害行為の実行段階に至ったときは，加害行為の内容に応じ，暴行，傷害，あるいは暴力行為等処罰に関する法律，その他の罪名に触れることはあるとしても，（凶器準備集合罪はすでに終了しており，）凶器準備集合罪が適用されることはない（CASEに関する第一審の判断）」ということになる。そうだとすると，Aらのうち乱闘直前に至って初めて角棒を手にした者は，集合する時点では共同加害目的を有していたとはいえなくなるので，本罪は成立しないことになる（実際に第一審は無罪を言い渡している）。

　これに対して，本罪を**継続犯**ととらえ，行為者が凶器を準備して集合している限り本罪は継続していると考えると，加害行為開始後も，その集団が解散するまでは本罪成立の状態が続いているものと解することになる。

　このように，凶器準備集合罪の**罪質**をどのようなものとみるかによって，結論が大きく分かれることとなる。

2　決定要旨——最決昭45・12・3刑集24巻13号1707頁

＊　「刑法208条の2にいう『集合』とは，通常は，2名以上の者が他人の生命，身体または財産に対し共同して害を加える目的をもって兇器を準備し，またはその準備のあることを知って一定の場所に集まることをいうが，すでに，一定の場所に集まっている2名以上の者がその場で兇器を準備し，またはその準備のあることを知ったうえ，他人の生命，身体または財産に対し共同して害を加える目的を有するに至った場合も，『集合』にあたると解するのが相当である。また，凶器準備集合罪は，個人の生命，身体または財産ばかりでなく，公共的な社会生活の平穏をも保護法益とするものと解すべきであるから，右『集合』の状態が継続するかぎり，同罪は継続して成立しているものと解するのが相当である」。

3　論点の検討

　凶器準備集合罪は，暴力団の抗争事件での結集などによる社会不安への対策を主眼に，昭和33年の刑法一部改正によって新設されたものであるが，後に，学生運動などの集団行動にも幅広く適用されることになった。条文の配列をみると，個人的法益に対する罪である「傷害の罪」の章の中に位置づけられてはいるが，本罪の性格は，上の立法趣旨からも窺われるように，「身体に対する罪＝個人的法益に対する罪」とばかりはいいきれないものを含んでいる。つまり，殺人や傷害，器物損壊など実行の前段階的行為（予備的行為）を捕捉しようとする趣旨に加えて，そのような行為が集団によって行われることの脅威に着目し，いわば**公共の平穏**を害する性質の行為を規制しようとする性格を有するものに他ならないのである。

　しかし，加害目的を持つ複数の者が凶器を準備して集合している状態が，一般社会に強い不安を惹き起こすことから，本罪が新設されたことに注意すべきである。本罪は，暴行や傷害，殺人等の加害行為が実際に集団的に行われることの脅威を規制しようとするもの（騒乱罪のような）とは，異なる仕方で社会生活の平穏を保護しようとする規定と考えるべきである。このように，加害目的を持ち凶器を準備して集合している状態自体が公共の危険を生じさせる場合にのみ，本罪の成立が認められるとすれば，集合した集団が実際に加害行為に出てしまえば，もはや凶器準備集合罪は適用されないものと解することになる。

　したがって，Aらには，角棒で殴打した点が暴行罪（208条）に問われるのは格別，凶器準備集合罪は成立しないものと考えられる。

No. 9　凶器の意義

〈CASE〉　暴力団組員のAらは，抗争中の他の暴力団からの殴り込みがあることを予想し，その際にはこれを迎撃して相手を殺傷する目的で，①日本刀・拳銃を用意し，②ダンプカー1台に組員を乗せ，エンジンをかけたまま路上に待機させ，現場に集合した。Aらの罪責はどうか。

1　問題のありか

　刑法は，人の生命・身体・財産に対して共同して害を加える目的で，凶器を準備して集合する行為を凶器準備集合罪として処罰する（208条の3，平成13年改正前は208条の2）が，ここにいう「凶器」が，日本刀や拳銃のように本来的に人の殺傷をその用途とするものを意味することは当然である。問題は，建築資材の鉄パイプや金属バット，アイスピック等，本来は殺傷を用途として作られたものではないが，使い方しだいで殺傷用に用いることのできるものの扱いである。前者を**性質上の凶器**，後者を**用法上の凶器**と呼ぶが，この用法上の凶器について，どのような基準で，どのようなものを凶器ととらえるかが問題となる。CASEでは，何時でも発進させて相手方に衝突させ殺傷させられるようにエンジンをかけて待機させてあったダンプカーを，本罪にいう凶器といえるかが争われた。

2　判決要旨――最判昭47・3・14刑集26巻2号187頁

　最高裁は，CASEでは日本刀・拳銃といった性質上の凶器が準備されていたことから，凶器準備集合罪の成立を肯定した原判決の結論を支持して上告を棄却したが，なお書きで，次のような判断を示した。

＊　「原判決は，被告人らが他人を殺傷する用具として利用する意図のもとに原判示ダンプカーを準備していたものであるとの事実を確定し，ただちに，右ダンプカーが刑法208条の2にいう『兇器』にあたるとしているが，原審認定の具体的事情のもとにおいては，右ダンプカーが人を殺傷する用具として利用される外観を呈していたものとはいえず，社会通念に照らし，ただちに

他人をして危険感をいだかせるに足るものとはいえないのであるから，原判示ダンプカーは，未だ，同条にいう『兇器』にあたらないものと解するのが相当である」。

3 論点の検討

用法上の凶器については，鉄棒・角材・竹竿・石塊・空瓶など幅広く凶器に含まれることが肯定されてきた。たとえば，長さ約1m20cmの角材の柄をもつプラカードは，それで殴りかかった時点から凶器とされ（東京地判昭46・3・19刑月3巻3号444頁），点火用の紙がはがれ落ちて発火しなかった火炎瓶も凶器とされ（東京高判昭46・1・18高刑集24巻1号32頁），また，握りこぶし大の石塊を凶器としたものもある（東京高判昭50・2・28東高刑特26巻2号47頁）。このように従来の判例が凶器の概念を緩やかに解してきたのに対して，最高裁がそれを限定する判断を示した点で，本判決は重要である。

思うに，用法上の凶器については，「それを凶器として用いようとすればなんでも凶器になる」ともいえなくはない。それでは，どのような観点からこれを限定すべきであろうか。社会通念に照らし一般人に危険感を抱かせるか否かで限定しようとするのが判例であるが，それにくわえて，殺傷力の程度，殺傷の用途に用いられる蓋然性，携行可能性などの諸点を総合して実質的に判断すべきであろう。そのような観点からみると，従来やや広げられ過ぎてきた感のある凶器の解釈に一定の枠をはめ，CASEのような状況におけるダンプカーは凶器準備集合罪における凶器にはあたらないとした最高裁の判断は妥当なものと評価できる。用法上の凶器も，凶器となりうるものを広く含むと見るべきではなく，性質上の凶器に準ずる程度のものに限るべきであろう。したがって，上の，プラカードの角材や石塊を凶器とした裁判例には疑問が残る。

結局，Aらは，共同加害目的の下に日本刀・拳銃を準備して集合した点で，208条の3の凶器準備集合罪に問われるものであるが，ダンプカーを待機させた点は同罪を構成するものではなく，その部分については同罪の罪責を負うものではない，と考えるべきである。

〔参考文献〕
刑法判例百選Ⅱ各論［第4版］18頁［橋本正博］
前田雅英『最新重要判例250刑法［第4版］』124頁以下
基本判例刑法各論9頁［花井哲也］
新判例マニュアル刑法Ⅱ各論34頁以下［浅田和茂］

Ⅳ 過失傷害罪

No. 10 業務上過失致死傷罪における業務概念

〈CASE〉 狩猟免許を持つAは，仲間のBとともに雑木林の中で狩猟中，飛び出した野鳥が茂みの中に飛び去るのを目撃し，それに向けて発砲したところ，物陰にいたBに命中させ重傷を負わせてしまった。Aの罪責はどうか。

1 問題のありか

Aは，不注意な猟銃の使用によりBを負傷させているので，過失により人を傷害したといいうる点に疑問はない。問題は，その過失が単純な過失にとどまるのか，それとも業務上の過失なのかという点である。前者であれば罰金または科料に処せられるに過ぎず，また親告罪であるのに対し，後者は非親告罪で最高5年の懲役が法定される罪である（当時は最高3年の禁錮）。

そこで，211条にいう「業務」の内容を明らかにし，このケースのような場合が同条の業務にあたるか否かを検討する必要がある

第一審は業務上過失傷害を認めたが，第二審（原審）は，勤労感謝の日に娯楽のために行った狩猟は業務として行われたことが確認できないとして単純過失とした。これに対する検察官の上告に応えて，最高裁は以下のように判示して原審を破棄差戻した。

2 判決要旨──最判昭33・4・18刑集12巻6号1090頁

＊ 「刑法211条にいわゆる業務とは，本来人が社会生活上の地位に基き反覆継続して行う行為であって……かつその行為は他人の生命身体等に危害を加える虞あるものであることを必要とするけれども，行為者の目的がこれによって収入を得るにあるとその他の欲望を充たすにあるとは問わないと解すべきである。従って銃器を使用してなす狩猟行為の如き他人の生命，身体等に危害を及ぼす虞ある行為を，免許を受けて反覆継続してなすときは，たといそ

の目的が娯楽のためであっても、なおこれを刑法211条にいわゆる業務と認むべきものといわねばならない。」

3 論点の検討

人の生命・身体に対する潜在的な危険を含んでいても、その有用性から社会的に許容され、一定の条件の下に幅広く行われている各種の行為がある。自動車の運転や列車・航空機の運行、外科手術、土木工事、工場の操業など多くのものがこれに含まれる。このような行為を行うにあたっては、その危険が現実化しないよう配慮すべき義務が課せられており、われわれの社会は、そのようにして危険を制御しつつ有用性・利便性を享受しようとしているのである。

そこで、このような危険を含む行為を、偶然的・一回的にではなく、反復継続して行う立場にある者に特別の注意義務を課し、法によって危険をコントロールしようとすることとなる。そのような趣旨に照らすと、その「**業務**」は職業である必要も、まして営利を目的とする必要もないことになる。適法であるかどうかも問わない（たとえば違法な無免許医業でも業務とされる余地がある）し、本人にとって主たる業務であるか従たる業務であるかも問題ではない。そうすると、娯楽のための自動車の運転も業務ということになる。そして、本件のように猟銃を使用する趣味の狩猟にも業務性を認めるべきこととなる。

Aには、211条の業務上過失傷害罪が成立すると解すべきである。

4 設 問

① 新聞販売店に勤務するCは、某日早朝、いつものように自転車で朝刊を配達していたが、運転しながら考え事をしていたため目の前を横断する散歩中の老人Dに気づくのが遅れ、ブレーキをかけたが間に合わずに衝突させ、Dに傷害を負わせてしまった。Cの罪責はどうか。

② 自動車の運転免許を取得するため教習所に通い始めたEは、某日、はやく免許をとるため練習しようとして友人の車を借り、無免許で運転して生まれて初めて公道に出たが、直後に運転を誤って歩行者をはねて死亡させてしまった。Eの罪責はどうか。

〔**参考文献**〕
基本判例刑法各論11頁［花井哲也］

V 堕 胎 罪

| *No. 11* | 胎児と人の限界 |

〈CASE〉 優生保護法（現在は「母体保護法」に改称）上の指定医師として人工妊娠中絶等の医業に従事していたAは，16歳の妊婦B子から堕胎の嘱託を受け，母体外で胎児が生命を保続できない時期（当時は厚生事務次官通知により「23週以前」とされていた。現在は「22週未満」とされている）を越えていると判定しながらこれを承諾し，あえて堕胎措置を施し，妊娠26週に入った胎児(体重約1000ｇ)を母体外に排出させ業務上堕胎を行った。Aは，この生産児の生育可能性があることを認識しながら，B子が養育に意欲を示さず拒否的だったので，未熟児の保育に必要な医療措置を施すことなくバスタオルに包んで放置し，この生産児を，出生後54時間後に死亡するに至らしめた。Aの罪責はどうか。

1 問題のありか

CASE では，胎児が「母体外において生命を保続できない時期」になかったことは明らかなので，Aの行為は旧優生保護法上の**人工妊娠中絶**として違法性が阻却される余地はなく，業務上堕胎罪が成立することに疑いはない。それでは，堕胎を行った医師が，母体外に排出された生産未熟児を放置して死亡させた場合，どのような罪責を問われるのか。堕胎とは，要するに結果的に胎児の生命を奪うことを含む性質の行為なのだから，母体から排出された生命を排出後に作為・不作為によって侵害しても，堕胎罪以外に別罪を構成することはない（堕胎罪により評価し尽くされている），と考えてよいのだろうか。

2 決定要旨──最決昭63・1・19刑集42巻1号1頁

＊ 「被告人は，……堕胎により出生した未熟児に保育器等の未熟児医療設備の整った病院の医療を受けさせれば，同児が短期間内に死亡することはなく，むしろ生育する可能性のあることを認識し，かつ，右の医療を受けさせるた

めの措置をとることが迅速容易にできたにもかかわらず，同児を保育器もない自己の医院内に放置したまま，生存に必要な処置を何らとらなかった結果，出生の約54時間後に同児を死亡するに至らしめたというのであり，右の事実関係のもとにおいて，被告人に対し業務上堕胎罪に併せて保護者遺棄致死罪の成立を認めた原判断は，正当としてこれを肯認することができる」。

3　論点の検討

　堕胎罪の保護法益は，胎児および母体の生命・身体である。しかし堕胎罪は危険犯であって，現に胎児や母体に死傷の結果が発生することを要しない。**堕胎罪**は，自然の分娩期に先立ち人為的に胎児を母体外に排出することにより成立し，その結果として胎児が死亡すると否とを問わないのである。したがって，堕胎行為後に生産児に対する作為・不作為の加害行為が行われた場合は，それらが別罪を構成することを妨げないということになる。

　ところで，上の最高裁決定がいうような状況にあったとすると，自ら堕胎を行い，それによって出生した新生児を自己の医院内に置いた，という先行行為および事実上の引き受け行為等を総合して，Aが **CASE** の新生児の生命・身体を保護すべき刑法上の義務を負っていたことを肯定できると思われる。Aには業務上堕胎罪（214条）に加えて，保護責任者遺棄致死罪（219条）が成立すると解するべきである。

　なお，胎児が「母体外において生命を保続することのできない時期」に，適法に人工妊娠中絶が行われたが，その結果排出された胎児が生きていた場合はどのように考えるべきであろうか。この点につき，そういった生産児は未だ「人」として保護すべき段階まで成長していないので殺害しても殺人罪等は成立しない，と主張する学説がある（下記参考文献，平野・町野参照）が，生きて生まれてきた以上，人であって，その生命を奪ってよいとすることはできないと思われる。生育可能性の程度や有無の問題は，保護義務を判断するにあたって考慮すべき要素であって，刑法上の人か否かの問題ではない。

〔**参考文献**〕
　板倉宏＝岡西賢治「堕胎により出生させた未熟新生児に対する承継的共同正犯の成立範囲」日本法学54巻4号159頁
　平野龍一『犯罪論の諸問題（下）各論』259頁
　町野朔「生命・身体に対する罪」小暮ほか『刑法講義各論』14頁

第1章　生命・身体に対する罪

VI　遺　棄　罪

No. 12 | 保護責任者の意義

〈CASE〉　Aは，自動車の運転中，沿道の土産物店に気をとられていたため，前方を横断しようとした歩行者Bの存在に気づくのが遅れ，Bに自車を衝突させ重傷を負わせてしまった。Aは，その際，被害者の救護等必要な措置を講ずることなく，Bを自己の運転する自動車に乗せて現場を離れた。その後Aは，事故による傷害のため歩行不能の状態のBを，降雪中の薄暗い車道上まで運んだ上，「医者を呼んできてやる」と偽って車から降ろし，同所に放置して立ち去った。Aの罪責はどうか。

1　問題のありか

　自動車の運転にあたり，ドライバーは，前方を注視する等の注意義務を尽くして事故発生を未然に防止すべき業務上の注意義務を負うことは当然であるから，Aが業務上過失傷害罪に問われることは疑いない。問題は，自らの過失により負傷させた被害者を，いったん自車に乗せて現場から移動させた上，より救助の可能性の少ない環境に移して置き去りにする行為がどのように評価されるかである。218条は，「老年者，幼年者，身体障害者又は病者を保護する責任のある者がこれらの者を遺棄し，又はその生存に必要な保護をしなかったときは，3月以上5年以下の懲役に処する。」旨規定するが，この「保護する責任のある者」および「遺棄」が何を意味するかが問題となる。

2　判決要旨──最判昭34・7・24刑集13巻8号1163頁

＊　交通人身事故発生の場合には，「当該車馬等の操縦者は，直ちに被害者の救護その他必要な措置を講ずる義務があり，これらの措置を終わり且つ警察官の指示を受けてからでなければ車馬等の操縦を継続し又は現場を立ち去ることを許されないのであるから（道路交通取締法24条，同法施行令67条），本件の如く」自らの過失により通行人に重傷を負わせ歩行不能に至らしめたときは，

その自動車運転者は，法令により「病者を保護する責任のある者」に該当する者というべきである。

218条にいう遺棄には単なる置き去りをも包含すと解すべく，本件のように過失により通行人に歩行不能の重傷を負わせた運転者が，法令に定める救護措置をとらずに負傷者を乗せて現場を離れ，他の場所まで運んだ上で自動車から降ろし，その場に放置したまま立ち去ったときは，正に「病者を遺棄したとき」に該当するというべきである。

3　論点の検討

保護責任者とは刑法上の保護義務を負うと認められる者をいうが，判例によれば，この義務の根拠となりうるものとして，**法令・契約・事務管理・慣習・条理**があげられる。CASE の場合，人身事故の際の現場における救護義務を定めた道路交通法令上の規定があるので，それが法令として保護義務を基礎づけるようにもみえる。しかし，取締法規上の規定が，直ちに刑法上の作為義務を根拠づけるわけではない。個々の取締法規の規定は，取締目的を達成するための固有の目的から置かれているのであって，それは必ずしも刑法の規定の趣旨と一致するわけではないので，それだけでは保護義務を基礎づけるのに十分ではない（そうでなければ，ひき逃げの事案のほとんどすべてが保護責任者遺棄罪を構成することになってしまう）。CASE では，道路交通法令上の義務違反に加えて，自らの過失により傷害したという**先行行為**と，いったん自車に乗せたという**引受**（いずれも上の条理に属する）があった点を総合して，保護義務を肯定しうると思われる。なお，「遺棄」とは，移動を伴う「移置」と伴わない「置去り」の二つの態様を含むものであるが，通説は，217条の遺棄はすべて前者の作為の形態を意味し，218条の遺棄は，置去りの形態も含むと解している。上の最高裁判決も，そのような前提に立ち，CASE に218条の保護責任者遺棄罪を認めている。

Aには，（刑法以外の法令中の罰則違反を除き）業務上過失傷害罪（211条）と保護責任者遺棄罪（218条）が成立する。

〔参考文献〕
　刑法判例百選Ⅱ各論［第4版］20頁以下［名和鐵郎］
　前田雅英『最新重要判例250刑法［第4版］』126頁
　基本判例刑法各論13頁［山中敬一］
　新判例マニュアル刑法Ⅱ各論46頁以下［吉田敏雄］

第1章　生命・身体に対する罪

殺人罪とその周辺

〈殺意〉
- あり ─ 被害者の同意
  - なし……殺人罪（199条）
  - あり……嘱託殺人罪・承諾殺人罪（202条）→ 安楽死／尊厳死〔違法性阻却事由の問題〕
- なし
  - 故意
    - 傷害致死罪（205条）
    - 危険運転致死罪（208条の2）
    - 保護責任者遺棄致死罪（219条・218条）
  - 過失
    - 過失致死罪（210条）
    - 業務上過失致死罪（211条1項前段）
    - 重過失致死罪（211条1項後段）

第2章

自由・生活の平穏に対する罪

> **真実性の誤信**
> 公共の利害に関する名誉毀損的表現行為について，表現者が裁判上，それを真実であると証明できない場合でも，真実と信じたことについてもっともな理由があるときは名誉毀損罪にあたらないと解される。この場合，行為者は真実と「誤信」していたと表現されるが，それは裁判の目から見ての言い方にほかならず，歴史的評価とは関係がない。
>
> ◆刑法用語ミニ辞典◆

第2章　自由・生活の平穏に対する罪

I　逮捕・監禁

| *No. 13* | 幼児に対する監禁 |

〈CASE〉　金に困ったAは，通りがかりに，B（母親）とC（その長男，1歳7か月）しかいない家に押し入り，包丁をBの胸に突きつけ，「静かにせえ，金を出せ」とおどし，金品を強奪しようとしたが，隙をうかがって，BがCをその場に残し屋外に逃げたため，目的を遂げなかった。Bの通報により，警察官が同家を取り囲んだので，AはCを人質にして逮捕を免れようとして，「近づくと子供を殺すぞ」と言いながら，歩き回るCを押さえて2階奥6畳間の片隅に閉じ込めるなどして，約4時間にわたり同室からCの脱出を不能にした。Aの罪責はどうなるか。

1　問題のありか

強盗未遂罪が成立することは，明らかである。そこで，責任能力はもちろん，意思能力もないと考えられる1歳7か月の幼児が，監禁罪の客体となりうるのか，という点が問題である。すなわち，監禁罪の客体の適格性の問題である。

2　判決要旨——京都地判昭45・10・12判時614号104頁

＊　「たしかに，監禁罪がその法益とされている行動の自由は，自然人における任意に行動しうる者のみについて存在するものと解すべきであるから，全然任意的な行動をなしえない者，例えば，生後間もない嬰児の如きは監禁罪の客体となりえないことは多く異論のないところであろう。しかしながら，それが自然的，事実的意味において任意に行動しうる者である以上，その者が，たとえ法的に責任能力や行動能力はもちろん，幼児のような意思能力を欠如しているものである場合も，なお，監禁罪の保護に値すべき客体となりうるものと解することが，立法の趣旨に適し合理的というべきである。

　……被害者Cは，本件犯行当時，生後約1年7月を経たばかりの幼児であるから，法的に見て意思能力さえも有していなかったものと推認しうるので

あるが，自力で，任意に座敷を這いまわったり，壁，窓等を支えにして立ち上り，歩きまわったりすることができた事情は十分に認められるのである。されば，同児は，その当時，意思能力の有無とはかかわりなく，前記のように，自然的，事実的意味における任意的な歩行等をなしうる行動力を有していたものと認めるべきであるから，本件監禁罪の客体としての適格性を優に備えていたものと解するのが相当である。そして，その際同児は，Aの行為に対し，畏怖ないし嫌忌の情を示していたとは認められないけれども，同児が本件犯罪の被害意識を有していたか否かは，その犯罪の成立にごうも妨げとなるものではない」。

3 論点の検討

　監禁罪は，逮捕罪とともに同一の条文に規定され，**保護法益**はともに，個人の行動の自由（身体活動の自由）である。**監禁**は人の身体を間接的（場所的）に拘束するのに対し，**逮捕**は人の身体を直接的に拘束するという点で異なるが，法定刑も同一であり，厳密に区別する実益は乏しい。

　監禁罪の客体としては，法人は除かれ，自然人に限られる。個人の行動の自由が保護法益であることから，事実上意思活動をなしえない生後間もない嬰児や，極めて重度の精神障害者は除かれる。しかし，さらに監禁の時点で，行動の意思ないし行動の能力を有する者に限られるかについては争いがある。

　限定説の立場からは，行動の自由は，行動の意思と能力を前提とするのであるから，泥酔者，熟睡者，さらに歩行不可能な幼児等の意思能力ないし行動能力のない者は監禁罪の客体となりえないことになる。

　それに対し，無限定説の立場では，意思に基づく身体活動の能力があれば足り，自然的事実的意味において行動できる者であれば，法的意味での責任能力，行為能力，さらに意思能力を欠く者，たとえば，泥酔者，熟睡者，精神病者，這うことのできる乳幼児等も監禁罪の客体となりうる。

　判例および通説は，無限定説の立場である。泥酔者や熟睡者であっても，また，意識喪失者であっても，それは，たまたまそのような状態にあるのであって，それらの者でも，常に行動したい時に自由に行動できる状態が保障されなければならない。また，歩行できなくても，自分の意思で這うことができる乳幼児は，自由に行動できる状態が保障されなければならない。そのように考えれば，無限定説が妥当である。したがって，Aには監禁罪が成立する。

No. 14 偽計による監禁

〈**CASE**〉 風俗店を経営しているAは，家出中の17歳の少女Bに目をつけ，自分の店で働かせようと考えた。そこで，Bが幼い頃に家を出て行った母親に会いたがっていることを知り，言葉巧みに，「お母さんが働いている店が分かったから，連れて行ってあげよう」と話し，自分の車にBを乗せた。10分ほど走行した頃，Aの話を不審に思ったBから，「ここで降ろして欲しい」と何度も強く懇願されたにもかかわらず，Aは，さらに10分走行して自分の店までBを連れて行った。Aの罪責はどうなるか。

1　問題のありか

偽計を用いて，すなわち人を騙して，自己の自動車に人を乗車させて走行したような場合に監禁罪が成立するか，さらに，監禁罪が成立するとして，被害者を騙して乗車させた時点から監禁罪が成立するのか，被害者が「降ろして欲しい」と意思表示した時点から監禁罪が成立するのかが問題である。

2　論点の検討

まず，偽計による監禁行為は監禁罪を構成するであろうか。これについては，判例，通説ともに，偽計という方法による監禁罪の成立を認める。

たとえば，ホテルの客室でドアロックが壊れ，外に出られなくなっている被害者から電話で直してくれるよう要求された者が，「修繕はしばらく不能です」と虚偽の事実を申し述べて被害者の脱出を不能とする場合などは監禁罪が成立するとされる（前田雅英『最新重要判例250刑法［第4版］』129頁）。

監禁罪の成立に，被害者に自己が現実に監禁されているという認識は必要なのであろうか。この点については，監禁罪が成立するためには，被害者が現に監禁されている事実を認識していることを要するとする説（**現実的自由説**）と，被害者には監禁されているという認識がなく，または実際には移動の意思がなくても，移動しようと思えば移動できる自由すなわち可能的自由ないし潜在的自由で足りるとする説（**可能的自由説**）とがあり，結論に違いが出る。現実的

自由説では，騙されていても，本人がそれを認識していなければ，原則的に監禁罪の成立は否定されるし，可能的自由説では，もし本人が真実を知れば移動することを欲する場合には，原則的に，監禁罪の成立が肯定されるであろう。

現実的自由説の立場からは，可能的自由説は，本来不処罰であるはずの身体の場所的移動に生じた危険，すなわち監禁の未遂を処罰することになるとの批判がある。しかし，そもそも何ゆえに，被害者に自己が被害を受けていることの認識が犯罪の成立要件となるのであろうか。財産犯罪はいうまでもなく，生命や身体に対する犯罪であっても，被害者のそのような認識が犯罪の成立要件とされることはない。そして実際に，子供が騙されて監禁されたことを知った親が，子供を救うために実力行使に出た場合，正当防衛が認められないという結論は一般の法感情に反するし，また，被監禁者が睡眠中には犯罪が成立しないとなれば，その間，犯罪は成立せず，被監禁者を救助するための正当防衛も許されないことになる。可能的自由説が支持されるべきである。したがって，監禁罪が成立するのは，被害者が騙されて，車に載せられた時点からということになる。結論として，Aには，Bを自車に乗せた時点から監禁罪が成立する。

3　関連判例——**最決昭38・4・18刑集17巻3号248頁**

Aは，顔見知りのBを強姦しようと企て，「家まで乗せて行ってやる」といって，Bを自身の運転する第2種原動機付自転車に同乗させ疾走した。Aは，B宅を過ぎても停止せず，Bから「降ろして欲しい」旨懇願されても，なお1000m疾走し，Bが原動機付自転車から飛び降り自宅へ逃げ帰るのを追って，さらに暴行を加え目的を遂げようとしたが，Bに抵抗されこれを果たさなかった。

＊　「Bを姦淫する企図の下に自分の運転する第2種原動機付自転車荷台にBを乗車せしめて1000mに余る道路を疾走した所為をもって不法監禁罪に問擬した原判決の維持する第一審判決の判断は，当審もこれを正当として是認する」。

この最高裁決定で重要なのは，偽計による監禁を認めたこと，一定の壁や柵などで囲まれていないオートバイの荷台においても，疾走させて被害者が降りられない状況を生じた場合には監禁罪が成立することを認めたことである。なお，本決定では，Bが気づいた後の1000mの監禁行為のみが認められたが，被害者が気づく以前をも含め監禁罪の成立を認めた判例もある（最判昭33・3・19刑集12巻4号636頁）。

II 脅迫罪

| No. 15 | 脅迫の意義 |

〈CASE〉 市町村合併が推進されている状況の中で，甲市派と乙市派が対立し，住民投票に際して，両派の対立はいよいよ熾烈となり，互いに強烈な言論戦，文書戦その他あらゆる手段により自派の投票獲得に奔走していた。そのような状況において，甲市派のAは，乙市派の中心人物のBに対し，同じ乙市派の中心人物Cを発信人とする「出火お見舞申上げます，火の元に御用心8月16日」と記載した郵便葉書を作成，投函しBに受け取らせ，またCに対しては，Bを発信人とする「出火御見舞申上げます，火の用心に御注意8月15日」と記載した郵便葉書を作成，投函しCに受け取らせた。Aの罪責はどうなるか。

1 問題のありか

　脅迫罪における脅迫とは，相手またはその親族の生命，身体，自由，名誉または財産に対し害を加える旨を告知する行為である。そこで，一見すると，文面からは単なる出火見舞い状に過ぎず，害悪の告知とは受け取られないような葉書の送付が，相手を畏怖させるに足りる害悪の告知といえるのかという点が問題となる。

2 判決要旨——最判昭35・3・18刑集14巻4号416頁

＊　「所論は要するに，……本件二枚の葉書の各文面は，これを如何に解釈しても出火見舞にすぎず，一般人が右葉書を受取っても放火される危険があると畏怖の念を生ずることはないであろうから，仮に右葉書が被告人によって差出されたものであるとしても被告人に脅迫罪の成立はない旨主張するけれども，本件におけるが如く，二つの派の抗争が熾烈になっている時期に，一方の派の中心人物宅に，現実に出火もないのに，『出火御見舞申上げます，火の元に御用心』，『出火御見舞申上げます，火の用心に御注意』という趣旨の文

面の葉書が舞込めば，火をつけられるのではないかと畏怖するのが通常であるから，右は一般に人を畏怖させるに足る性質のものであると解して，本件被告人に脅迫罪の成立を認めた原審の判断は相当である」。

3　論点の検討

脅迫罪の成立には，人を畏怖させるに足りる**害悪の告知**があれば足り，相手が現実に恐怖感を抱いたことは必要ではない。その意味で，脅迫罪は，一種の抽象的危険犯である。人を畏怖させるに足りる害悪の告知があったか否か，すなわち脅迫にあたるか否かは，一般人を基準に客観的に判断すべきである。

したがって，客観的に，通常，一般人であれば畏怖するような害悪の告知があり，現に被害者が畏怖する場合はいうまでもなく，そのような害悪の告知があれば，たとえ被害者が現に畏怖しない場合であっても脅迫となる。それに対し，客観的に，通常，一般人であれば畏怖しない性質，程度の害悪の告知であったが，被害者がとくに小心，臆病または迷信家であった等のために畏怖したという場合には，脅迫とはならない。行為者が，相手がとくに小心者，臆病者であるか迷信家であることを認識しながら，客観的に，通常，一般人であれば畏怖しない性質，程度の害悪の告知をした場合の脅迫罪の成否については，議論が分かれるが，客観的には脅迫というレベルに達する行為が存在しないにもかかわらず，脅迫罪の成立を認めることは適当ではないであろう。

そこで，客観的に，通常，一般人であれば畏怖するような害悪の告知といえるか否かが問題となるが，これについては，告知内容それ自体のほか，行為の背景，行為の経緯，さらに行為者と相手の事情（性別，年齢，両者の関係等）といった周囲の客観的事情に照らして判断されるべきである。

CASEは，葉書の文面自体は単なる出火見舞いであって，具体的な加害内容および，誰が加害行為に及ぶのか等が不明確な事案である。しかし，当時両派の抗争が熾烈を極めたという状況が背景にあったこと，害悪の告知者として記された氏名が被害者と同じ派内の実在人物であったことから，容易に反対派の何者かが偽名を使ったと想像できること，実際に出火してもいないのに，将来の特定の日付で出火見舞いが送られてきたことから，被害者としては，反対派の何者かによって放火されるかもしれないと畏怖することは，客観的に，通常，一般人を基準にしても，認められることである。

したがって，Aには，BおよびCに対し，脅迫罪が成立する。

No. 16　法人に対する脅迫罪

〈CASE〉　暴力団構成員であるAは，大手食品会社である甲食品が，実弟が経営する零細な製粉会社を下請けから外したことに不満を感じていた。そんなとき，甲食品が製造した菓子パンから縫い針が出てきた事件を聞き知り，甲食品に赴き，応対した営業部長に対し，「おたくの会社はどんなパンを作ってるんだよ。ちゃんとした下請けを簡単に切り捨てるから，こんなことが起こるんだ。中に針が入っているパンなんか売って，謝って済むと思っているのか。うちの組が中心になって大々的に不買運動を起こすから，覚悟しておけ」と声を荒げて脅迫した。Aの罪責はどうなるか。

1　問題のありか

脅迫罪は，一般に自然人に対して成立するものと解されているが，法人に対しても成立するのかが問題となる。

2　論点の検討

法人に対する脅迫罪の成否については，脅迫罪の保護法益とも関連する。脅迫罪の**保護法益**を，意思決定の自由であるとする説と，私生活の平穏とする説がある。また，基本的には意思決定の自由としながら，私生活の平穏も保護法益とする立場もあれば，逆に，基本的には私生活の平穏が保護法益であるが，副次的には，意思の自由も保護法益となるとする立場も主張されている。

脅迫罪の保護法益を私生活の平穏と解する立場からは，法人には私生活はありえないのであるから，法人に対する脅迫罪は認められないことになるのに対し，意思決定の自由を保護法益とする立場からは，法人も機関を通じての意思決定は可能であるから，法人に対する脅迫罪を認める余地はあるといえる。もっとも，この立場でも，意思の自由を享有することができるのは自然人であるとして，法人に対する脅迫罪の成立を否定するのが一般である。

学説においては，法人に対する脅迫罪を肯定する立場は少数説である。その論拠としては，法人も意思決定機関を持ち，それによる意思決定に基づいて活

動する社会的存在であること，条文に掲げられた害悪の告知の内容である生命，身体，自由，名誉または財産のうち，名誉および財産については，法人に対する害悪の告知の内容となりうるのであり，それが不処罰となれば不都合が生じること等が挙げられる。

しかしながら，法人に対する脅迫罪の成立は否定されるべきである。その論拠としては，刑法典における脅迫罪の条文の位置（生命，身体に対する殺人，傷害等の罪の後に続き，人身の自由に対する罪として，逮捕監禁罪と略取誘拐罪の間に位置している），222条1項および2項の文言（とくに2項の「親族の」という文言からは，1項は自然人を前提としていると解すのが自然であること），さらに，無理に法人に対する脅迫罪を認めなくても，業務妨害罪や信用毀損罪で対処できるし，法人に対する害悪の告知が間接的に自然人に対する害悪の告知となる場合には，自然人に対する脅迫罪が成立するため，とくに不都合は生じないこと等が挙げられる（大阪高判昭61・12・16判時1232号160頁参照）。このように，法人に対する脅迫罪は成立しないと解すれば，**CASE** のAには，脅迫罪は成立しない。

3 関連判例——高松高判平8・1・25判時1571号148頁

右翼団体総裁等を名乗る被告人2名は，電力会社が建設業者に請け負わせた作業をさらに下請けした業者がその作業現場で火災事故を起こしたことを聞き知り，共謀し，電力会社の副支店長に対し右翼団体の名刺を手渡したうえ，今回の火災は，ずさんな業者に請け負わせた電力会社の責任であり，今後電力会社は同建設会社と契約しないと約束しろ，さもないと原発の反対運動を起こす旨脅迫して，電力会社の営業活動等にいかなる妨害をも加えかねない気勢を示した。

＊ 「刑法222条の脅迫罪は，意思の自由を保護法益とするものであることからして，自然人を客体とする場合に限って成立し，法人に対しその法益に危害を加えることを告知しても，それによって法人に対するものとしての同罪が成立するものではなく，ただ，法人の法益に対する加害の告知が，ひいてその代表者，代理人等として現にその告知を受けた自然人自身の生命，身体，自由，名誉または財産に対する加害の告知にあたると評価され得る場合には，その自然人に対する同罪が成立するものと解され」る。

III 略取・誘拐の罪

No.17 未成年者誘拐罪の保護法益

〈CASE〉 Aは，Bを使って，未成年者Cに対し，Aの家に来れば良い着物も着せてもらえ，貯金もできて，よい働き口であるかのように思い込ませて，Cの判断を誤らせ誘惑させ，監督者であるD女に無断で，その意思に反し，Cを保護されている生活環境から離脱させてAの事実的支配内に移した。Aの罪責はどうなるか。

1 問題のありか

略取誘拐罪とくに未成年者略取誘拐罪の保護法益については争いがあるが，被拐取者に対する親権等の監護権も保護法益に含まれるのかという点，また，それを肯定した場合には，監護権は法に根拠のない事実上のもので足りるのかという点が問題となる。さらに，それとの関連で，未成年者略取誘拐罪は親告罪であるから，告訴権者の範囲も問題になる。

2 判決要旨──福岡高判昭31・4・14高刑特3巻8号409頁

＊「およそ未成年者誘拐罪の保護法益は，被誘拐者である未成年者の自由のみでなく，両親，後見人等の監督者又はこれに代わり未成年者に対し，事実上の監護権を有する監督者などの監護権者にあるのであって，未成年者を誘惑して，叙上の監護権を有する者の監督関係を離脱せしめ，不法に自己の実力的支配の下に置くことは，当然に監督者の監護権に対する侵害ということができるから，かかる監督者は告訴権を有するものと解すべきところ，本件において，未成年者Cを従前から養育，保護してきたD女は，まさに同人に対し監護権を有する監督者に該当し，被告人AのCを誘拐した行為によりその監護権を侵害されたものとして，告訴権を有するものと認めるを相当とする。……前点の説示のように，未成年者誘拐罪においては，監督者の監護権も同罪の保護客体であることからして，被監督者の利益保護の見地における監督

者の意思に反して，未成年者を拐引する行為は，たとえ，未成年者の同意があっても，その同意は該行為の違法性を阻却するものではないと解すべきである」。

3　論点の検討

略取誘拐罪の**保護法益**については，とくに未成年者略取誘拐罪との関連で，具体的な結論に大きな違いが出てくることから，見解の対立がある。

略取誘拐罪の保護法益としては，①被拐取者の自由と解する見解，②被拐取者に対する監護権と解する見解，③原則としては被拐取者の自由であるが，それに加えて監護権も保護法益であるとする見解，④被拐取者の自由と安全とする見解，がそれぞれ主張されている。

①の被拐取者の自由と解する見解に対しては，まったく自由を意識することができず，行動の自由を欠く生後間もない嬰児，寝たきりの痴呆高齢者，重い精神病者等に対しては拐取罪が成立しなくなる，との疑問がある。被拐取者の自由のみを保護法益とする見解はとれないであろう。

また，②の被拐取者の監護権を保護法益とする立場に対しては，監護権という概念には家父長的支配権としての色彩が残っている，監護権者がいない場合には本罪が成立しないことになる，監護権者の同意があれば被拐取者の意思に反しても拐取罪が成立してしまう，反面，親などの監護権者による児童虐待が絶えない現在，虐待する親から，その意思に反して子を引き離す行為が未成年者拐取罪になってしまう，などの批判がなされる。この見解もとれない。

判例・通説は，③の被拐取者の自由とそれに監護権も保護法益とする立場である。この見解は，被拐取者の自由に加え監護権をも保護法益とすることで結論の妥当性を図るものではあるが，そもそも，拐取罪において監護権が保護法益となりうるのかという疑問が提起される。確かに，子供が誘拐されれば，親等の監護権者の精神的苦痛は計り知れないものがあるが，子供を殺害された親の精神的苦痛が殺人罪の保護法益とはなり得ないのと同様，監護権自体は拐取罪の保護法益とはならないと解すべきである。このように考えると，④の被拐取者の自由と安全を保護法益と解する見解が妥当である。

CASEでは，未成年者Cには正常な判断能力による同意が欠けていたと見られるので，その結果，Cの自由と安全が侵害されたことになり，Aには未成年者誘拐罪が成立すると思われる。なお，監護権を保護法益と認めない立場からは，事実上の監護権者であるDは告訴権者とはならないと解すべきである。

No. 18　安否を憂慮する者の意義

〈CASE〉　金に困ったAは，仲間3名と共謀し，相互銀行の代表取締役社長Bを通勤途中で略取し，ホテルの一室に連れ込み，そこからBに，同銀行の代表取締役専務Cらに対し，「事情は後で話すから現金3億円を準備してくれ。居場所はいえない」などと電話させて身代金を要求したが，警察に居場所を発見され未遂に終わった。Aの罪責はどうなるか。

1　問題のありか

225条の2の身代金目的略取等罪は，「近親者その他略取され又は誘拐された者の安否を憂慮する者」の憂慮に乗じてその財物を交付させる目的で，人を略取誘拐した場合（1項），および人を略取誘拐した者が，そのような安否を憂慮する者の憂慮に乗じてその財物を交付，要求した場合（2項）を処罰する。そこで，CASEでは，専務Cらが「近親者その他略取され又は誘拐された者の安否を憂慮する者」に当たるか否かが問題となる。

2　決定要旨──最決昭62・3・24刑集41巻2号173頁

＊　「刑法225条の2にいう『近親其他被拐取者の安否を憂慮する者』には，単なる同情から被拐取者の安否を気づかうにすぎないとみられる第三者は含まれないが，被拐取者の近親でなくとも，被拐取者の安否を親身になって憂慮するのが社会通念上当然とみられる特別な関係にある者はこれに含まれるものと解するのが相当である。本件のように，相互銀行の代表取締役社長が拐取された場合における同銀行幹部らは，被拐取者の安否を親身になって憂慮するのが社会通念上当然とみられる特別な関係にある者に当たるというべきであるから，本件銀行の幹部らが同条にいう『近親其他被拐取者の安否を憂慮する者』に当たるとした原判断の結論は正当である」。

3　論点の検討

「近親者その他略取され又は誘拐された者の安否を憂慮する者」のうち，「近親者」については，直系尊属，直系卑属，配偶者，兄弟姉妹，およびこれに準

ずる血縁者で被拐取者と起居をともにする必要はないと解される。問題は、「**その他**」の「**安否を憂慮する者**」の範囲である。

　学説は、①事実上の保護関係にある者に限定すべきであるとする見解（最狭義説）、②親族ないしそれに準ずる者ではなく、知人その他であっても被拐取者の安否を憂慮する者はすべて含まれるとする見解（広義説）、③被拐取者と近しい親族関係その他これに準ずる特殊な人的関係があることにより、被拐取者の生命、身体に対する危険を親身になって憂慮する者とする見解（狭義説）、などが主張され、③の狭義説が通説である。

　①の最狭義説は、近親者であっても事実上の保護関係にはない場合も多く、「安否を憂慮する者」の範囲としては狭すぎ、逆に、②の広義説は、単なる友人、隣人、職場の同僚も含まれることとなり、ほとんど範囲が限定されないことになるため、この両説をとることはできない。③の狭義説が妥当である。この立場からは、単に被拐取者に同情する第三者は含まれないが、親族関係の有無を問わず、近親者と同じように安否を憂慮すると考えられる者はすべて含まれる。

　CASEの基になっている最決昭62・3・24の事案では、社長と専務との間の関係は、単なる職場を同じくする者の関係ではなく、それを超えた長期に及ぶきわめて親しい人間関係が認められた。したがって、最高裁は、③の狭義説に立っているとも解釈できるが、本決定は、被拐取者の安否を憂慮するような密接な人間関係の存在という事実的要素を前提としつつも、「被拐取者の安否を親身になって憂慮するのが社会通念上当然とみられる特別な関係にある者」という、いわば規範的要素を重視している点に特徴がある。

　そしてその後、都市銀行の一行員が誘拐された場合に、その行員と個人的な交際関係は全く存在しない銀行頭取を「安否を憂慮する者」と認めた下級審判例がある（東京地判平4・6・19判タ806号227頁）。しかし、全く個人的な交際関係がない事案で、主に企業イメージの保持等の経済的理由から身代金を支払うという関係は、もはや「親身な憂慮」ということはできないであろう。

　なお、金銭を要求された者が「安否を憂慮する者」と認められない場合には、事案により、営利目的の略取誘拐罪と恐喝罪、ないしは、逮捕監禁罪と恐喝罪の成立が考えられる。

　結論として、BとCとの間には親密な人間関係が存在するという前提で、Aには、身代金目的略取罪と身代金要求罪が成立する。

IV 強制わいせつ・強姦罪

No. 19　強制わいせつ罪における主観的要素

〈CASE〉　Aは，B女に対して妻とうまくいかないことを逆恨みして，同女を自宅に呼び出し，「おまえに仕返ししてやる。硫酸をかけてやる」などと2時間以上も脅迫した上，裸体写真を撮ってその仕返しをしようとして，「5分間裸で立っておれ」と言い，同女を裸にさせ写真を撮った。Aの罪責はどうなるか。

1　問題のありか

CASEでは，Aが，B女に対して行った脅迫行為とそれに引き続いて行われた，仕返しのために裸にさせ，写真を撮る行為が，176条の強制わいせつ罪にあたるかどうかが問題となる。

強制わいせつ罪が成立するためには，「わいせつ行為」があったことがまず必要となる。本条でいう**わいせつ行為**とは，被害者の性的羞恥心を害する行為を指すため，CASEのように，裸にして写真を撮る行為も「わいせつ行為」にあたるかを検討する。次に，その場合，手段たる暴行・脅迫の程度が問題となる。反抗を抑圧するまでの程度の暴行・脅迫が必要か，反抗を著しく困難にする程度までのもので足りるかが問題となる。

CASEで最も問題となるのが，176条本条の成立に主観的要素としての行為者自身の「性欲を刺激興奮または満足させる」目的や内心の傾向が必要とされるかどうかである。CASEにおいては，Aは自らの「性欲を刺激興奮または満足させる」目的ではなく，「仕返し」を目的としている。この，Aの「仕返し」という目的が同条の予定する目的に合致しないことが問題となる。

2　判例要旨——最判昭45・1・29刑集24巻1号1頁

＊　「刑法176条前段のいわゆる強制わいせつ罪が成立するためには，その行為が犯人の性欲を刺戟興奮させまたは満足させるという性的意図のもとに行な

われることを要し，婦女を脅迫し裸にして撮影する行為であっても，これが専らその婦女に報復し，または，これを侮辱し，虐待する目的に出たときは，強要罪その他の罪を構成するのは格別，強制わいせつの罪は成立しないものというべきである」。

これに対して反対意見は，性的自由を保護法益とする本条は，傾向犯でも目的犯でもなく，「行為者（犯人）がいかなる目的・意図で行為に出たか，行為者自身の性欲をいたずらに興奮または刺激させたか否か，行為者自身または第三者の性的しゅう恥心を害したか否かは，何ら結論に影響を及ぼすものではないと解すべきである」としている。

3　論点の検討

強制わいせつ罪について，本判決は**性的意図**を必要としているが，現在ほとんどの学説は否定的である。その根拠としては，強制わいせつ罪の保護法益が，**性的自由・性的自己決定権**であることがまずあげられる。本条の保護法益は性的自由であるから，当然に犯罪の成立に行為者の内心の意図は何らの関係も持たないと解される。本判決が性的意図を必要とした背景には，本罪の保護法益を性的自由ではなく，健全な性風俗であると把握してきた歴史があげられる。公然わいせつと異なり，公然性が要求されていないことなどから，健全な性風俗を本条の保護法益に含めることには無理がある。その意味で，反対意見の論旨が妥当である。したがって，Aには強制わいせつ罪が成立する。

4　関連判例——東京地判昭62・9・16判時1294号43頁

その後の判例には性的意図がないため無罪とした例は公刊物登載例にはない。関連判例として，自分の店で働かせる目的で裸の写真を無理やり撮影した行為につき，「同女に性的羞恥心を与えるという明らかに性的に意味のある行為，すなわちわいせつ行為であり，かつ，被告人は，そのようなわいせつ行為であることを認識しながら，換言すれば，自らを男性として性的に刺激，興奮させる性的意味を有した行為であることを認識」すれば強制わいせつ罪が成立するとしたものがあるが，これも端的に性的自由の認識で足りるとはしていない点で妥当ではない。

〔参考文献〕
　刑法判例百選Ⅱ各論［第4版］30頁［橋爪　隆］

第 2 章　自由・生活の平穏に対する罪

| *No. 20* | 強姦致死傷罪における傷害結果 |

<CASE>　Aは友人の家を訪ねていったが，友人が留守だったため，隣家のB宅に寄り，友人の帰りを隣家の庭先で待っていた。隣家ではBの妻C女が1人でAに対応していた。Aは友人が帰ってこないのを幸いに，同女を姦淫しようと，B宅に玄関から侵入し，掃除をしていた同女の後ろから襲いかかり，首を絞め，顔面を殴打し，奥の部屋まで同女を引きずっていき，背部にかみつくなどして，その場に押し倒し，馬乗りになり，抵抗する同女に「抵抗するなら殺すぞ」と脅迫して，同女を姦淫した。Aの罪責はどうなるか。

1　問題のありか

CASE において，AはC女に対して，傷害を加えているが，Aの行為は姦淫行為自体から生じておらず，姦淫の手段として行われた暴行によって生じている。強姦致傷罪（181条）が成立するためには，行為と死傷の結果との間に相当因果関係が必要となる。問題は，その範囲である。

CASE のように，手段としての暴行から傷害の結果を引き起こした場合も含まれるのか，または，その点については傷害の別罪を構成し，あくまでも強姦致傷罪の傷害は姦淫の機会に生じたものに限るのかが問題となる。さらには，強盗致死傷罪の傷害は，傷害罪（204条）でいう傷害と同程度のものか，軽微なもので足りるのかが問題となる。

2　判例要旨——最決昭43・9・17刑集22巻9号862頁

最高裁は，強姦致傷罪の成立には，姦淫の機会に陰部に傷害を与えることが必要であり，強姦しようとして身体の部分に傷害を加えた場合には，強姦罪と傷害罪が成立するという被告人・弁護人の上告趣意に対して，次のように述べた。

＊　「被害者の受けた傷害は，姦淫の手段である暴行によって生じたものと認められるから，被告人の所為が刑法181条の強姦致傷罪に該当するとした第

一審判決を是認した原判決は，もとより正当である」。
3　論点の検討
　強姦致傷罪は，強姦罪の**結果的加重犯**である。また，強姦が未遂の場合にも強姦致死傷罪が成立することは，文言上明らかである。なお，本罪は**非親告罪**である。

　本決定のように，致傷の結果は姦淫行為から生じた場合のみならず，手段たる暴行・脅迫によって生じた場合も含まれると解することに異論はない。また，姦淫行為と致傷の結果との間に相当因果関係があればよいことから，被害者が逃走中に転倒して負傷した場合も含まれる（最決昭46・9・22刑集25巻6号769頁）。

　傷害の程度であるが，強姦致傷罪の法定刑が「無期又は3年以上の懲役」と重いことなどを理由として，強姦致傷罪における傷害の程度を，傷害罪の傷害とは異なり，より重大なものでなければならないとする見解（林幹人・刑法各論55頁）もある。しかし，暴行・脅迫が手段とされている強姦罪においては，強姦による性的自由という侵害のみならず，「身体の完全性」が侵害される危険性が常に存する。この2つの重大な法益侵害の併存という点からすれば，2年以上の有期懲役とする傷害罪や強姦罪の法定刑と比して，特に重いとは言えない。強姦罪の法定刑の低さや，強姦には物理的力が常に伴うものであることを考え併わせると，強姦致傷罪が強姦の場合の標準的犯罪類型と解することも可能であろう。したがって，Aには強姦致傷罪が成立する。
4　関連判例──大阪高判昭62・3・19判時1236号156頁
　大阪高判の裁判例は，姦淫の手段として暴行を行ったのではなく，姦淫後に逃走を容易にするための暴行から傷害を負わせた場合でも，強姦致傷罪が成立するとしている。ただし，この点については広すぎるという批判がある（西田典之・刑法各論［第2版］96頁）。

　なお，強姦罪に関しては，女性のリアリティをどのように刑法解釈論に反映させるのかが**ジェンダー法学**の視点から問題となっている。その1つに「強姦神話」の見直しがある。実際の強姦はCASEのように顔見知りによって屋内で行なわれる。また，強姦は性欲を満たす目的で行われるのではなく，女性を支配することを目的として行われるのである。

第2章　自由・生活の平穏に対する罪

Ⅴ　住居侵入罪

No. 21　住居侵入罪の保護法益——大槌郵便局事件

〈**CASE**〉　全通組合員であるＡらは、他の組合員と共に、春季闘争の一環として、夜間に勤務先ではないＢ郵便局に施錠されていなかった通用門から入り、宿直員Ｃらに「おう来たぞ」と声をかけながら、郵便発着口から土足のまま局舎内に立ち入り、局舎内の備品、窓ガラス、壁などに「合理化粉砕」等を記載したビラを約1000枚、糊で貼付した。30分ほど経過したのち、見回りに来た局長であるＤらに発見されて、ビラ貼りを制止するＤらとの間に若干の応酬の後、同局舎を退去した。Ａの罪責はどうなるか。

1　問題のありか

　130条の住居侵入罪が成立するためには、その行為が「侵入」にあたるかどうかが問題となる。「侵入」に該当するためには、まず看守者の意思に反するかどうかを検討する必要がある。**CASE**において、Ａらが局舎内に入ったのは、ビラを貼る目的であり、そのビラは春闘の一環であった。そのＡらの行為をＣらは黙認しており宿直員が看守者だとすれば、Ａらの行為は意思に反していないこととなる。また、局長Ｄが看守者である場合には、管理者がビラを貼る目的での郵便局内への立入り禁止の意思を明示的に表明していたかが問題となる。Ｄらのビラ貼り制止行為などが立入り禁止の意思表示であるとするならば、Ａらの行為は管理者の局長の意思に反していたことになる。
　次に問題となるのは、Ａらの行為は管理者の意思に反していても、夜間に業務・機能を害することなく行われており、平穏に立入りが行われていると解される点である。住居侵入罪の保護法益に関しては、住居権とする立場（住居権説）と、居住等の事実上の平穏と解する立場（平穏説）が対立している。Ａらの行為が平穏な立入りといえるかどうか、さらには、平穏な立入りの場合は、住居侵入罪が成立しないかが問題となる。

第一審は，管理者の意思に反していても建造物の平穏を害するに至っていないという理由で，無罪としたが，検察が控訴した。第二審は，意思に反することは平穏を害することではあるが，管理者の立ち入りの意思が外部に表明されたものとはいえないため，管理者の意思に反していないとして控訴を棄却した。

2　判決要旨——最判昭58・4・8刑集37巻3号215頁

　最高裁は，次のように判断して原判決を破棄して差し戻した。

＊　「刑法130条前段にいう『侵入シ』とは，他人の看守する建造物等に管理権者の意思に反して立ち入ることをいうと解すべきであるから，管理権者が予め立入り拒否の意思を積極的に明示していない場合であつても，該建造物の性質，使用目的，管理状況，管理権者の態度，立入りの目的などからみて，現に行われた立入り行為を管理権者が容認していないと合理的に判断されるときは，他に犯罪の成立を阻却すべき事情が認められない以上，同条の罪の成立を免れない」。

3　論点の検討

　本判決は，住居侵入罪における「侵入」については，**管理者の意思**に反することが必要であるとした上で，立入り拒否を積極的・明示的に示していなくとも総合的に考えて，管理者の意思に反していると判断できる場合には，「侵入」と解され住居侵入罪が成立するとしている。本判決は，管理者の意思に反した場合には，住居侵入罪が成立するとしている点から，住居権説によったものだといえる。当然ながら，住居権説は，戦前の家父長権的居住概念の侵害ではなく，居住者の**自己決定権**やプライバシー権の侵害ととらえられる。ただし，住居権説のように管理者の意思を強調する場合にも，その意思は主観的な好悪の感情ではなく，客観的に妥当な管理者の意思を判断する必要がある。一方，平穏説に立った場合には，居住者の意思に反した場合でも，事実上の平穏が害されない場合には，住居侵入罪が成立しないことになる。

　CASE の場合は，労働争議権と施設管理権の調整が問題となっていることにも留意する必要があるが，住居権説に立ち，Aには住居侵入罪の成立が認められる。

4　設　　問

　万引きの目的を隠してデパートに来店したAは，貴金属売り場に友人がいるのをみて犯意を失い，そのまま帰ってしまった。Aは住居侵入罪に問われるか。

No. 22　人の看守する建造物の意義

〈CASE〉　AはB，C，Dと共に，駅入り口階段付近で，学園祭で行う模擬裁判の案内のビラを乗降客に配り，かつ，携帯用拡声器で模擬裁判への出席を呼びかける演説を繰り返していた。その際，Aらは駅係員の許諾を受けておらず，駅管理者から出ていくようにいわれても，それを無視して約20分にわたり，階段付近にとどまってビラ配りを続けていた。Aらの罪責はどうなるか。

1　問題のありか

　CASEにおいて，Aらは駅入り口階段付近でビラを配り演説をしていた。ビラ配りをする行為や演説をする行為は，表現行為として認められるとしても，問題はこれが行われた場所である。これらの行為は，駅入り口階段付近で行われており，駅管理者の許諾は得ていない。もし，駅が130条の住居侵入罪にいう「人の看守する建造物」であれば，同条でいう不退去罪が成立する。ただし，Aの行為は駅舎内ではなく，駅入り口階段付近で行われている。駅入り口階段付近は，事実上人の出入りが自由であることからすれば，駅舎が「人の看守する建造物」であったとしても，「駅入り口階段付近」までそれに含まれるかどうかが問題となる。

　なお，住居侵入罪の成否とは別に，鉄道営業法35条（「鉄道係員の許諾を受けずして車内，停車場其の他鉄道地内において旅客又は公衆に対し寄附を請い，物品の購買を求め，物品を配布し其の他演説勧誘等の所為を為したる者は科料に処す」）が問題となる。

2　判決要旨──最判昭59・12・18刑集38巻12号3026頁

　井の頭線吉祥寺南口1階階段付近で狭山事件の救援のためのビラ配り・演説をしていた4人に対して，最高裁は「駅入り口階段付近」は「人の看守する建造物」であり，被告人らの行為は不退去罪を構成するとした。

＊「被告人四名の本件各所為が鉄道営業法違反及び不退去の各罪に問われた

原判示井の頭線吉祥寺駅南口一階階段付近は，構造上同駅駅舎の一部で，井の頭線又は国鉄中央線の電車を利用する乗降客のための通路として使用されており，また，同駅の財産管理権を有する同駅駅長がその管理権の作用として，同駅構内への出入りを制限し若しくは禁止する権限を行使しているのであつて，現に同駅南口一階階段下の支柱二本には『駅長の許可なく駅用地内にて物品の販売，配布，宣伝，演説等の行為を目的として立入ることを禁止致します　京王帝都吉祥寺駅長』などと記載した掲示板三枚が取り付けられているうえ，同駅南口一階の同駅敷地部分とこれに接する公道との境界付近に設置されたシャッターは同駅業務の終了後閉鎖されるというのであるから，同駅南口一階階段付近が……刑法130条にいう『人ノ看守スル建造物』にあたることは明らかであつて，たとえ同駅の営業時間中は右階段付近が一般公衆に開放され事実上人の出入りが自由であるとしても，同駅長の看守内にないとすることはできない」。

3　論点の検討

130条でいう「**建造物**」とは，住居用以外の建物一般をさす。駅については，ホームも駅舎を屋根でつながっており，柵がある場合には「建造物」とされている。駅階段付近は構造上駅舎の一部をなしており，シャッターなどにより閉鎖可能な場合には建造物ということができる。建造物であっても，駅舎のようにそこに自由に出入りができる場合に「**人が看守する**」といえるかが問題となる。裁判例の中には，駅の構内の出札窓口付近のホールは人の出入りの監視や侵入防止のための設備もないことから，人の看守する建物ではないとしたもの（東京高判昭38・3・27高刑集16巻2号194頁）もある。**CASE**のような「駅入り口階段付近」でも，本判決のように，業務終了後にシャッターが降りるように独立し，管理可能な場合には，管理者の管理が及ぶ「人が看守する建造物」ということができる。

伊藤補足意見に述べられているように，管理者の管理権が「パブリック・フォーラム」であることを理由に制限されることは，表現の自由との関係で十分あり得る。ただ，駅舎の場合は，「パブリック・フォーラム」性が低いため，Aらの行為は不退去罪を構成する。

〔**参考文献**〕
　刑法判例百選Ⅱ各論〔第4版〕34頁〔上田健二〕
　判例講義刑法Ⅱ各論35頁〔齋藤彰子〕

第2章 構成要件該当性

VI 名誉毀損罪

No.23 名誉毀損罪における公然性

〈CASE〉 Aは，4月6日午後10時過ぎ頃，自宅寝室において窓ガラスに火の反射したのに不審を抱き外を見たところ，庭先の菰が燃えていたので消火におもむいたが，たまたまその付近で男の姿を見て，近所のBと思い込んだ。そして確証もないのに，5月20日頃，自宅においてBの妻E女，長女F女および近所のG女，H女に対し，問われるままに，「Bの放火を見た」，「火が燃えていたのでBを捕まえることはできなかった」旨述べた。B放火のうわさは村中相当にひろまった。Aの罪責はどうなるか。

1 問題のありか

名誉毀損罪(230条)は，事実の摘示が公然となされる必要がある。**公然**とは，不特定または多数人が知ることができる状態のことである。

ところで，不特定または多数人が知ることができるということの意味について，直接に不特定または多数人に示したことを要するとする見解がある。この見解によると，個人の住宅内で，しかも個人間の対談中になされたとすれば，公然性が否定される可能性がある。これに対し，公然とは，事実を摘示した場所に現実に多数人がいる必要はなく，他の多数人に伝播する可能性があるとすれば，CASEについても公然性は認められることになる。判例の見解はどうか。

2 判決要旨──最判昭34・5・7刑集13巻5号641頁

＊ 「原判決は第一審判決の認定を維持し，被告人は不定多数の人の視聴に達せしめ得る状態において事実を摘示したものであり，その摘示が質問に対する答としてなされたものであるかどうかというようなことは，犯罪の成否に影響がないとしているのである。そして，このような事実認定の下においては，被告人は刑法230条1項にいう公然事実を摘示したものということができる」。

3　論点の検討

　判例は，以上のように**伝播可能性**があれば公然性が認められるとする立場に立っている。**名誉の毀損**とは，人の社会的評価を害するおそれのある状態を発生させることであるから，多数の人に伝播する可能性があるときは公然性が認められるといえる。Aには名誉毀損罪が成立する。

　なお，判例は，伝播可能性を以下の事例のように具体的事案との関係でとらえている。

4　関 連 判 例

(1)　**最決昭34・2・19刑集13巻2号186頁**

　Ⅰは脅迫罪（222条）で告訴された者であるが，検事取調室内で，告訴人，取調担当検事および検察事務官の目の前で告訴人の名誉を傷つける発言をした。最高裁は，次のような原決定を相当と判断している。

＊　「『公然』とは不特定又は多数の人に知られる状態をいうのであり，不特定又は多数の人に知られる状態とは，不特定又は多数の人の耳目に触れうべき状態を意味し，2人以上は多数といえることはもちろんであるが，特定の限られた数人の集合で，その集合又は集合員の性質上秘密が保たれその集合の際に行われた言動が絶対に他に伝播するおそれのない場合は右にいわゆる『公然』というに該当しないと解するのが相当と考えられる。……検事及び検察事務官は公務員として職務上知ることのできた秘密を守らなければならない法律上の義務があるのみならず，右両者は捜査官としてその職務に従事中であったから，これらの点から考えて両名の面前でのⅠの右発言は伝播性はない」。

(2)　**東京高判昭58・4・27高刑集36巻1号27頁**

　生徒の父兄をよそおったJは，県立高校の教諭Kが売春事件で書類送検されたのに免職にならず平常と変わらず授業をしている旨の虚偽の手紙を，教育委員会委員長，校長，PTA会長に郵送した結果，約20名が知ることになった。

＊　「その手段が投書である以上，公然性を判断するには，投書の内容，名宛人の立場等を総合的に考察して，他へ伝播する虞れがあったか否かを決定する必要がある」として，郵送先の三者については，公務員法上の守秘義務や内容からいって，他へ伝播するおそれはないとし，無罪を言い渡した。

No. 24　公共の利害に関する事実——月刊ペン事件

〈CASE〉　雑誌「月刊ペン」の編集局長であるAは，宗教法人Bを批判するにあたり，同会の象徴的存在とみられる会長Cの私的行動をとりあげ，C会長の女性関係が病的であり，色情狂的でさえあること，関係のあった2人の女性がC会長によって国会議員として送りこまれているなどの記事を，執筆掲載した。Aの罪責はどうなるか。

1　問題のありか

　230条の2は，真実をいう権利は，正当な理由がある限り，名誉毀損的表現でも表現の自由として保障されなければならないという視点から，一定の要件をみたす場合に犯罪にならないと規定している。すなわち，230条の2は，**表現の自由**（憲法21条）と**名誉の保護**（憲法13条）が衝突する場合の，調和と均衡のための規定である。ただし，処罰されないためには，摘示した事実が真実であるということを被告人側が裁判上証明しなければならないという負担を負っている。また，そのためには，名誉毀損的行為が，①公共の利害に関する事実で（事実の公共性），②公益をはかる場合（公益目的）でなければならない。

　CASE について，第一審および原判決は，摘示事実は「公共の利害に関する事実」にあたらないとして，真実性の証明に入ることなく，名誉毀損罪の成立が認められた。最高裁はどう判断するか。

2　判決要旨——最判昭56・4・16刑集35巻3号84頁

＊「私人の私生活上の行状であっても，そのたずさわる社会的活動の性質及びこれを通じて社会に及ぼす影響力の程度などのいかんによっては，その社会的活動に対する批判ないし評価の一資料として，刑法230条ノ2第1項にいう『公共ノ利害ニ関スル事実』にあたる場合がある」。

　「C会長は，同会において，その教義を身をもって実践すべき信仰上のほぼ絶対的な指導者であって，公私を問わずその言動が信徒の精神生活等に重大な影響を与える立場にあったばかりでなく，右宗教上の地位を背景とした

直接・間接の政治的活動を通じ，社会一般に対しても少なからぬ影響を及ぼしていたこと，同会長の醜聞の相手方とされる女性2名も，同会婦人部の幹部で元国会議員という有力な会員であったことなどの事実が明らかである。

このような本件の事実関係を前提として検討すると，被告人によって摘示されたC会長らの前記のような行状は，刑法230条ノ2第1項にいう『公共ノ利害ニ関スル事実』にあたると解するのが相当であって，これを一宗教団体内部における単なる私的な出来事であるということはできない」。

3　論点の検討

「**公共の利害に関する事実**」とは，公衆の批判にさらすことが公共の利益増進に役立つと認められる事実のことである。したがって，人の純然たる私生活上の事実は除かれるが，**CASE** のように，その社会的影響力の重大性から，**私人の私生活上の行状**であっても，公共の利害に関する事実にあたるとされるものもあるわけである。

なお，本判決は，公共の利害に関する事実の判断方法に関して，摘示する際の表現方法や事実調査の程度などは，摘示された事実が公共の利害に関する事実にあたるか否かの判断を左右するものではないと判示している。それは，むしろいわゆる公益目的の有無等に関して考慮されるべきことがらだというのである。ちなみに，本事件は差し戻され，第一審判決は，Aには公益目的もあったとしている。ただし，事実の証明がないとして，有罪とされたのである（東京地判昭58・6・10判時1084号37頁）。Aには名誉毀損罪が成立する。

4　関連判例——最判昭28・12・15刑集7巻12号2436頁

公選による公務員については，その適格性の判断にあたって，私的行為も重要な資料となる場合がある。ただし，町会議員の変節ぶりを批判するについて，その肉体的障害と結びつけて批判することは，「身体的不具者である被害者を公然と誹謗するもの」にほかならず，公務員の適格性と関連のない事実の摘示であるから，公共の利害に関する事実といえず，名誉毀損罪が成立する。

5　設　　問

Dは，Eを窃盗犯人と信じてその事実を地方新聞の投書欄に掲載させた。ところが，Dの本来の目的は捜査の進捗を図ることではなく，そうすることによって被害弁償を有利に運ぶことにあった。Dの罪責はどうなるか。

No. 25 事実の真実性に関する錯誤——夕刊和歌山時事事件

〈CASE〉 Aは，その発行する「夕刊和歌山時事」に，「吸血鬼Bの罪業」と題し，B経営の「和歌山特だね新聞」の記者Cの行状を掲載し，頒布した。それは，Cが，和歌山市役所土木部の某課長に向かって，「出すものを出せば目をつむってやるんだが，チビリくさるのでやったるんや」と聞こえよがしの捨てぜりふを吐いたうえ，上層の某主幹に向かって，「しかし魚心あれば水心ということもある，どうだ，お前にも汚職の疑いがあるが，一つ席を変えて一杯やりながら話をつけるか」と凄んだというものであった。Aは名誉毀損罪で起訴されたが，記事の内容が真実であることを証明しえなかった。ただし，Aは，本件記事については，完全に信頼できる部下のD記者が取材・報告したところから，真実であると確信して報道したものであった。Aの罪責はどうなるか。

1 問題のありか

被告人が，名誉毀損的行為について，裁判において**真実性の証明**ができなかった場合，230条の2の適用はなく，有罪になる。しかし，国民の**知る権利**に寄与する目的で論争の材料を提供したのに，証明に失敗したために処罰されるとすれば，処罰をおそれて自由な言論の発表はなされなくなってしまう。そこで，仮に事後に真実性が否定されるとしても，正当な理由があった場合は許すべきとの見解が有力である。それでは，判例はどうであろうか。

2 判決要旨——最大判昭44・6・25刑集23巻7号975頁

＊ 「刑法230条ノ2の規定は，人格権としての個人の名誉の保護と，憲法21条による正当な言論の保障との調和をはかったものというべきであり，これら両者間の調和と均衡を考慮するならば，たとい刑法230条ノ2第1項にいう事実が真実であることの証明がない場合でも，行為者がその事実を真実であると誤信し，その誤信したことについて，確実な資料・根拠に照らし相当の理由があるときは，犯罪の故意がなく，名誉毀損の罪は成立しないものと解

するのが相当である。これと異なり，右のような誤信があったとしても，およそ事実が真実であることの証明がない以上名誉毀損の罪責を免れることがないとした当裁判所の前記判例……は，これを変更すべきものと認める」。

3　論点の検討

230条の2の適用を受けない場合でも免責されるときがあることは，今日，確立した判例となっている。ただし，その根拠をどこに求めるかについては学説が分かれている。**35条説**という見解は，真実に立脚した言論を保持し，助成するためには，他人の名誉を傷つける言論を，単に事後的に真実である旨証明されたときにだけ罪にならぬものとして保障するだけでなく，たとえ事後において真実であることが証明されなかったときでも保障する必要があるとする。すなわち，**確実な資料・根拠**に基づいて真実と信じていた言論については，正当な権利の行使として，35条に基づいて違法性が阻却されるとするのである。したがって，Aには名誉毀損罪が成立しない。

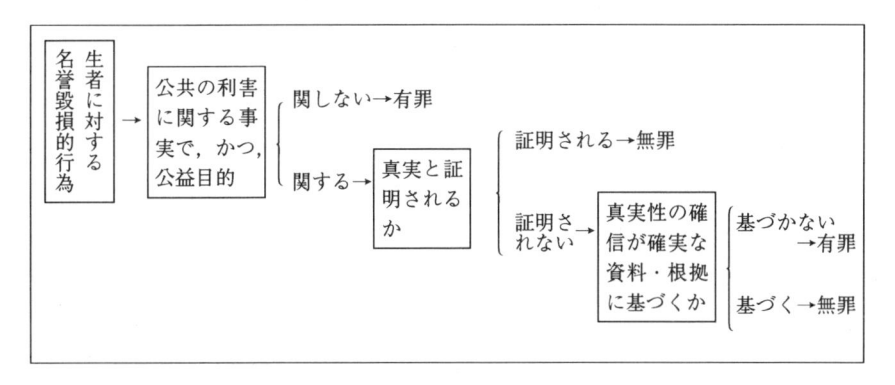

```
生者に対する       公共の利害     関しない→有罪
名誉毀損的  →    に関する事
行為              実で，かつ，    関する→ 真実と証    証明される→無罪
                 公益目的              明される
                                      か           証明さ → 真実性の確    基づかない
                                                   れない    信が確実な   →有罪
                                                            資料・根拠
                                                            に基づくか    基づく→無罪
```

4　関連判例──**最決昭46・10・22刑集25巻7号838頁**

松川事件の第一審判決（福島地判昭26・12・6）を下した裁判長を誹謗したとして名誉毀損罪で起訴されたEは，松川事件被告人の無罪を確信した上での表現であった。

＊　「係属中の刑事事件の一方の当事者の主張ないし要求または抗議に偏するなど断片的で客観性のないもの」をもとにして確信したにすぎないとして，結局，有罪とされた。

なお，名誉毀損罪としてはこのような結着になったが，松川事件の被告人は全員無罪になっており，Eのとらえ方は正しい認識に基づくものだった。

No. 26 法人に対する侮辱罪

〈CASE〉 Aは，かねてから知人の交通事故に関し，B火災海上保険株式会社から損害賠償交渉の委任を受けている顧問弁護士Cと交渉を続けていたが，CとB会社関係者に圧迫を加えて交渉を有利に進めようと企て，ほか数名と共謀のうえ，某日午後2時半から3時半の間，B会社が入居しているビルの1階北側玄関柱に，管理者の許諾を受けないで，「D海上の関連会社であるB火災は，悪徳C弁護士と結託して被害者を弾圧している。両社は責任を取れ！」と記載したビラ12枚を糊で貼付した。Aの罪責はどうなるか。

1 問題のありか

Aの行為のうち，ビラを他人のビル玄関柱に貼付した点については，みだりに他人の工作物に「はり札」をしたことにあたるので，軽犯罪法1条33号に違反することは異論がない。次に，B会社の顧問弁護士Cとの関係で侮辱罪(231条)が成立することも問題がない。**侮辱**とは，事実の摘示をしないで，人に対し軽蔑の表示をすることであり，表示方法は，口頭，動作，文書のいずれでもよいとされている。

CASEで問題となるのは，B会社という法人に対して侮辱罪が成立するかである。これは，侮辱罪の**保護法益**をどうとらえるかにかかわる。それというのは，名誉毀損罪(230条)と侮辱罪の違いは，事実の摘示の有無という要素のみで説明がつくのか，という点から発している。その理由は次の通りである。第1に，名誉毀損罪の法定刑の上限は3年の懲役であるのに対し，侮辱罪の法定刑としては拘留と科料というきわめて軽い刑罰しか用意されていない。第2に，CASEもそうであるが，侮辱罪が成立するC弁護士との関係でも明らかなように，侮辱罪の場合にも多少の事実の摘示がなされることが通常である。以上の点を説明するために採られている考え方が，名誉毀損罪は客観的な社会的名誉を保護法益とし，侮辱罪は主観的な名誉感情を保護法益とする見解である。す

なわち，それは，両罪の法定刑の違いを説明するには，事実の摘示の有無というような行為態様の相違だけでは説明が困難であって，より本質的な保護法益の相違にその根拠を求めなければならないとするのである。そして，侮辱罪の保護法益を名誉感情のみとする立場では，名誉感情を持ちえないような法人を被害者とする侮辱罪は成立しないということになる。これに対し，名誉毀損罪と侮辱罪の保護法益をともに社会的名誉とする見解では，法人に対する侮辱罪も成立することになる。

2 決定要旨——最決昭58・11・1刑集37巻9号1341頁
* 「刑法231条にいう『人』には法人も含まれると解すべきであり……，原判決の是認する第一審判決が本件B火災海上保険株式会社を被害者とする侮辱罪の成立を認めたのは，相当である」。

3 論点の検討

本決定は，侮辱罪の保護法益を名誉毀損罪と同じく，客観的な社会的名誉とする大審院以来の見解に立って，法人も侮辱罪の被害者となることを明らかにしたものである。

なお，本決定の補足意見が，法人に対する侮辱罪を否定する見解の背景を考察しているので，触れておこう。すなわち，否定説は，法人については侮辱罪の成立を認めるだけの必要性が乏しいとの考慮も働いているのではないかと指摘している（事実，反対意見の中には，侮辱罪は非犯罪化の方向に向かうべきものとの見解もある）。そして，「現代社会においては，法人等の団体は，その構成員を離れた社会的存在を有し，かつ，固有の活動を営んでおり，かかるものとして独自の価値主体たりうるものであって，自己に対するさまざまな面からの社会的評価に対してはそれなりの関心と利益を有すると認められるから，これを自然人の場合と同様に独自の保護法益としてとらえることは，決して無意味とはいえない」としている。

思うに，名誉毀損罪も侮辱罪も，ともに**社会的名誉**と**名誉感情**を保護法益とするが，名誉毀損罪は社会的名誉に重点が置かれ，侮辱罪は名誉感情に重点が置かれると解する。なぜなら，①社会的評価が侵害されると当然に名誉感情も侵害されるし，②侮辱罪が必然性を要するとするのは単なる名誉感情だけではないからである。よって，Aには侮辱罪が成立する。

Ⅶ 業務妨害罪

No. 27 公務と業務妨害

〈CASE〉 Aは，平成4年の町長選挙の立候補届出受付順位を決定するくじ引きの際，「気を付け」と怒号したりして届出受理事務を著しく遅延させ，平成5年の衆議院議員選挙の届出の際，自己を含む10名の立候補予定者の届出封筒に加工し，あたかも汚物が在中するかのごとく装い，届出受付を著しく遅延させ，職員が制限時間を設けると，「誰がそんなことを決めたんや」と怒号してボールペンを机上に叩き付けた。Aの罪責はどうなるか。

1 問題のありか

Aは，選挙長が行う立候補届出受理事務という**公務**に対して威力を用いて妨害しており，何罪の適用が可能か，問題となる。公務に対しては，暴行・脅迫という手段を用いて妨害した場合に，公務執行妨害罪（95条1項）で対処しうる。ただし，その手段が暴行・脅迫に至らない**威力**の場合に公務を守るべき規定は用意されていない。もっとも，公務の中には，威力程度なら刑事制裁の対象にする必要がないものもある。たとえば，警察官のように，職務の性質上その執行を妨げる者を排除する実力を有する公務員については，暴行・脅迫に至らない威力なら，その公務員による実力排除をもってすれば足りるからである。

では，職務に対する妨害を排除するしくみや方法を有していない公務については，威力業務妨害罪（234条）における業務として保護するべきか。

2 決定要旨——最決平12・2・17刑集54巻2号38頁

＊ 「本件において妨害の対象となった職務は，公職選挙法上の選挙長の立候補届出受理事務であり，右事務は，強制力を行使する権力的公務ではないから，右事務が刑法（……）233条，234条による『業務』に当たるとした原判断は，正当である」。

3 論点の検討

判例は、公務の中の一部について業務妨害罪における「**業務**」として保護することによって、公務なるがゆえに威力による妨害を受けてもなんら犯罪が成立しないというアンバランスが生じないように配慮したものと解される。

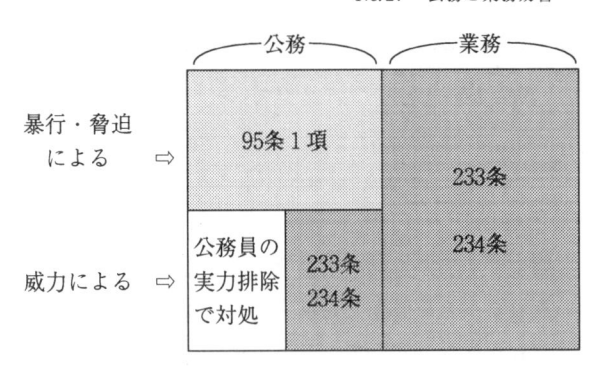

	公務	業務
暴行・脅迫による ⇒	95条1項	233条
威力による ⇒	公務員の実力排除で対処 / 233条 234条	234条

　判例で採り上げられた例として、県議会の委員会への乱入事件がある。約200名が県議会の委員会の開催を妨げようとして、委員に対し大声で罵声を浴びせたり、委員席に置いてあったプラスチック製の名札で机を叩くなどして、委員達が退室することを余儀なくさせたのである。同じ会議の妨害に関し、会社の取締役会を同様の方法で妨害すれば、威力業務妨害罪が成立することは疑問がない。これに対し、県議会の委員会は、公務であるところから業務ではないとされれば、威力業務妨害罪は成立しないことになる。判例は、県議会の委員会の条例案採決等の事務は、「強制力を行使する権力的公務ではない」から、威力業務妨害罪にいう「業務」に当たると判断した（最決昭62・3・12刑集41巻2号140頁）。Aには威力業務妨害罪が成立する。

4　関連判例――最決平14・9・30判時1799号17頁

　東京都が新宿駅西口地下通路の路上生活者約200名のダンボール小屋を撤去するため、都職員が退去を求める説得を行った後、撤去作業を開始したのに対し、路上生活者とその支援者が、バリケードを作り、約100名が座り込み、都職員・作業員に鶏卵や花火等を投げつけ、消火器を噴射して、約1時間半にわたって作業を妨害した。判決は、本件工事は、民間の業務と異なるところはなく、都職員は妨害があっても実力で排除する意思はなく、段ボール小屋の撤去作業は強制力を行使する**権力的公務**にあたるとはいえないとして、威力業務妨害罪の成立を認めた。なお、「道路管理者である東京都が本件工事により段ボール小屋を撤去したことは、やむを得ない事情に基づくものであって、業務妨害罪としての要保護性を失わせるような法的瑕疵があったとは認められない」とも判示された。

No. 28　「マジックホン」の取付けと偽計業務妨害罪

〈CASE〉　Aは，電気・電子機具などの製造販売を目的とする会社の代表取締役として，電話の受信側から発信側の度数計器を作動させるために発信されるべき応答信号を妨害する機能を有する電気機器である「マジックホン」を開発製造して，自社の電話に取り付けて使用し，さらに宣伝してこれを販売した。Aの罪責はどうなるか。

1　問題のありか

　CASE において，第1に問われるのは，有線電気通信法中の特別刑法に違反するかである。行為がなされた当時の同条21条では，「有線電気通信設備を損壊し，これに物品を接触し，その他有線電気通信設備の機能に障害を与えて有線電気通信を妨害した者は，5年以下の懲役又は50万円以下の罰金に処する」との規定が置かれていた(現在は13条で，罰金について100万円に引き上げられている)。「有線電気通信」とは，同法2条1項により，「送信の場所と受信の場所との間の線条その他の導体を利用して，電磁的方式により，符号，音響又は影像を送り，伝え，又は受けること」とされているから，「応答信号」が「符号」にあたるならば，その送出を妨害するマジックホンの使用行為は，同法21条に違反することになるはずである。

　第2に問われるのは，マジックホンの使用によって，電話会社の課金業務を妨害することが，偽計業務妨害罪（233条）を構成するかである。

2　決定要旨──最決昭59・4・27刑集38巻6号2584頁

＊　「日本電信電話公社の架設する電話回線において，発信側電話機に対する課金装置を作動させるため受信側から発信側に送信される応答信号は，有線電気通信法2条1項にいう『符号』にあたり，応答信号の送出を阻害する機能を有するマジックホンと称する電気機器を加入電話回線に取り付け使用して，応答信号の送出を妨害するとともに発信側電話機に対する課金装置の作動を不能にした行為が，有線電気通信妨害罪（同法21条）及び偽計業務妨害罪

にあたるとした原判断は，正当である」。

3　論点の検討

偽計業務妨害罪における**偽計**の意義については，「他人に錯誤を生ぜしめる不公正な策略，陰険な謀略的手段」(藤木英雄・刑法講義各論250頁)といわれている。その意味で，やや古い事例であるが，「軍港新聞」の購読者を募ってその業務を妨害しようと企て，Bが自分の経営する新聞を「佐世保軍港新聞」と改題し，題字欄の体裁等を「軍港新聞」に酷似させ，一見して「軍港新聞」と誤りやすいようにして発行したときは，偽計業務妨害罪が成立する(大判大4・2・9刑録21輯81頁)。

いわゆるイタズラ電話の一形態である**無言電話**に関して，偽計といえるかどうか争われたことがある。事例は，Cが，そば屋に約3か月の間に約970回にわたり，昼夜を問わず，繰り返し電話をかけたというものである。判例は，無言電話が，「相手方の錯誤ないし不知の状態を利用するもの」である点，また，「その目的，態様，回数等に照らし，社会生活上受容できる限度を超え不当に相手方を困惑させる手段術策に当たる」点を考慮して，偽計を用いた場合にあたると判示した(東京高判昭48・8・7高刑集26巻3号322頁)。

なお，業務妨害罪における偽計と威力の区別は，必ずしも明確ではない。判例では，漁場の海底に障害物を沈めて漁網を破損させた行為は偽計業務妨害罪にあたるとし(大判大3・12・3刑録20輯2322頁)，他方，競馬場にくぎを1たる分まく行為は威力業務妨害罪にあたるとしている(大判昭12・2・27新聞4100号4頁)。この区別の根拠は，外形的な違いによると解する見解がある。

Aには，刑法上の罪としては偽計業務妨害罪が成立する。

4　関連判例——福岡地判昭61・3・24判タ595号95頁

Dは，九州電力が使用量を計量するために設置しているパチンコ店(E経営)内の電力量計の作動を減速させる目的で，電力量計内の軸受筒の中に長さ1.5cmのゴム様異物を挿入して円板軸との接触抵抗を増加させ，円板の回転速度を減速させて，実際の使用電力量より少ない電力量を指示するような工作をした。

＊　「偽計を用いて九州電力の右Eに対する正当な電気料金の計算徴収等を妨害した」として，偽計業務妨害罪の成立を認めた。

第２章　構成要件該当性

No.29　威力業務妨害罪の威力の意義

〈**CASE**〉　Ａは，町消防本部消防長Ｂの業務を妨害しようと企て，ひそかに，消防本部消防室長室にあるＢのロッカー内の作業服ポケットに犬のふんを，事務机中央引出し内にマーキュロクロム液で赤く染めた猫の死がいを入れ，Ｂに順次発見させ，よって恐怖感や嫌悪感を抱かせて，当日の朝行われる予定であった部下職員からの報告の受理，各種決裁事務の執務を不可能にさせた。Ａの罪責はどうなるか。

1　問題のありか

　威力業務妨害罪（234条）における「**威力**」とは，「犯人の威勢，人数及び四囲の状勢よりみて，被害者の自由意思を制圧するに足る犯人側の勢力と解するを相当とするものであり，且つ右勢力は客観的にみて被害者の自由意思を制圧するに足るものであればよい」とされる（最判昭28・1・30刑集7巻1号128頁）。
　威力の程度については，デパートの食堂の配膳部にしま蛇20匹をまきちらし，食堂を大混乱に陥らせた件について，威力業務妨害罪の成立が認められている（大判昭7・10・10刑集11巻1519頁）。また，営業中の商家の表をほとんど全面にわたって板囲いをして，看板，店灯などを街路から見えないようにし，玄関内，帳場など重要な各室内を暗黒にして執務不能にしたときも，威力業務妨害罪が成立する（大判大9・2・26刑録26輯82頁）。Ｃは，ＤがＣ方付近の山林において製材の業務を営むため製材機を搬入しようとしていたのに対し，Ｄがそれまでに同所で製材したかんな屑を約束に従い片付けていないことを詰問するため，「製材機はここから入れさせぬ，入れるなら他から入れ，入っても仕事をさせぬ」と言ったところ，ＤはＣに暴行罪の前科があるので，無理に搬入したらひどい目に合うかもしれないと思って製材機の搬入を中止した。**CASE**の第一審は威力と認めたが，控訴審では，Ｃには暴行罪の前科1犯があるが，いまだ暴行癖があるとして一般に怖れられていたわけではなく，ＤがＣの暴行を怖れたのは，「全く同人の特殊の恐怖感に基づいた一時的の思い過ごしに過ぎなかっ

た」として，威力とはいえず，軽犯罪法1条31号に該当するにすぎないとした（広島高判昭28・5・27高刑集6巻9号1105頁）。

　CASEについては，威力の程度とともに，被害者が気がつかなければ威力を用いたとはいえないのではないか，という点で犯罪の成否が問われている。

2　判決要旨——最決平4・11・27刑集46巻8号623頁

＊「被害者が執務に際して目にすることが予想される場所に猫の死がいなどを入れておき，被害者にこれを発見させ，畏怖させるに足りる状態においた一連の行為は，被害者の行為を利用する形態でその意思を制圧するような**勢力**を用いたものということができるから，刑法234条にいう『威力ヲ用ヒ』た場合に当たると解するのが相当であ」る。

3　論点の検討

本決定は，威力というためには，外形的に直接，被害者が意思を制圧されるばかりでなく，被害者が行うと予想される行為に伴って制圧されるような状況が出現する場合についても威力を用いた場合にあたるとしたものである。したがって，Aには威力業務妨害罪が成立する。

4　関連判例——最決昭59・3・23刑集38巻5号2030頁

　E女は，F弁護士に思慕の念が高じ，面談を求めたところ，Fからこれを拒否されたのに憤慨し，Fが所持していた訟廷日誌および訴訟記録等在中の鞄1個を奪い取り，約2か月間，自宅に隠匿し，Fの弁護士活動を困難ならしめた。

　この事例では，E女に鞄の奪取行為があるから窃盗罪（235条）の可能性もあるが，E女には領得罪に必要な**不法領得の意思**（権利者を排除し，他人の物を自己の所有物と同様に，その経済的用法に従い，ほしいままに利用しまたは処分する意思）が欠けるので領得罪にはあたらない。そこで，E女は威力業務妨害罪で起訴されたのである。

＊「弁護士業務にとって重要な書類が在中する鞄を奪取し隠匿する行為は，被害者の意思を制圧するに足りる勢力を用いたものということができるから，刑法234条にいう『威力ヲ用ヒ』た場合にあた」る。

5　設　　問

業務妨害罪が成立するためには，実際に業務が妨害されることを要するか。

No.30 電子計算機損壊等業務妨害罪にいう「電子計算機」

〈CASE〉 Aは，パチンコ遊技台に取り付けられている電子計算機の部分を，不正に作成した電子計算機に交換し，後で「大当たり」を人為的に発生させる目的で，深夜，甲パチンコ店に防犯センサーを破壊して入った。Aはパチンコ遊技台1台にAが用意した電子計算機を取りつけ，もとの物を持ち去った。次の朝，パチンコ店では，営業前の点検で，1つの電子計算機が勝手に取り替えられていることに気づき，他の99台についても全部点検したりしたため，開店が2時間遅れた。Aの罪責はどうなるのか。

1 問題のありか

Aが不正に作成した電子計算機をパチンコ遊技台に取りつける目的で，深夜甲パチンコ店に立ち入った点は建造物侵入罪（130条前段）にあたり，防犯センサーの破壊が器物損壊罪（261条）を構成することは異論がない。ちなみに，防犯センサーの破壊は，建造物の損壊（260条）にはあたらない。損壊行為の客体が建造物の一部であるか否かは，その客体の構造，機能，経済的価値および毀損しないで取り外すことの難易度，取り外しに要する技術等から総合的に判断するべきである（仙台地判昭45・3・30刑月2巻3号308頁）。

問題は，パチンコ遊技台に取りつけられている電子計算機が電子計算機損壊等業務妨害罪（234条の2）にいう「人の業務に使用する電子計算機」にあたるかである。仮にあたらないとすれば，偽計業務妨害罪（233条）に該当するのか。

2 判決要旨——福岡高判平12・9・21判時1731号131頁

＊「電子計算機損壊等業務妨害罪にいう『業務に使用する電子計算機』とは，それ自体が自動的に情報処理を行う装置として一定の独立性をもって業務に用いられているもの，すなわち，それ自体が情報を集積してこれを処理し，あるいは，外部からの情報を採り入れながらこれに対応してある程度複雑，高度もしくは広範な業務を制御するような機能を備えたものであることを要する」。

＊　パチンコ遊技台の電子計算機部分は，「自動販売機の電子計算機部分と同様に，個々のパチンコ遊技台の機能を向上させる部品の役割を果たしているにすぎない」から，234条の2にいう「業務に使用する電子計算機」にはあたらない。

3　論点の検討

電子計算機損壊等業務妨害罪にいう**「人の業務に使用する電子計算機」**の意義に関しては，233条・234条とは別に，より重い法定刑（上限で比べると，3年に対して5年）を用意しただけに，広い意味での電子計算機すべてを指すとは解されない。学説は，たとえば，「それ自体が自動的に情報処理を行う装置として一定の独立性を持って業務に用いられるもの」（大塚仁編・大コンメンタール刑法9巻147頁［米澤慶治］）と解してきた。本判決は同趣旨のことを述べたものにほかならない。すなわち，パチンコ遊技台の電子計算機部分は，電子計算機損壊等業務妨害罪にいう「電子計算機」ではないのである。

そこで残るのは，Aの行為が偽計業務妨害罪にあたるかである。233条の「偽計」とは，「他人に錯誤を生ぜしめる不公正な策略，陰険な謀略的手段」（藤木英雄・刑法講義各論250頁）と解されている。**CASE**において，不正に作成した電子計算機がパチンコ遊技台に取り付けられていたことにより，そのパチンコ遊技台を一時的に営業の用に供することができなくなるばかりでなく，他の遊技台の点検も必要となるなど，パチンコ店の営業が妨げられたことも明らかである。したがって，偽計業務妨害罪が成立する。なお，Aがもとの電子計算機を持ち去った行為は窃盗罪（235条）を構成する。

Aの罪責をまとめると，建造物侵入罪と器物損壊罪が成立し，両罪は牽連犯（54条1項後段）となり，そのほか，窃盗罪，偽計業務妨害罪が成立し，全体として併合罪（45条）となる。

4　設　　問

Bはタバコの自動販売機の電子計算機を勝手に自分の作った電子計算機に替え，千円札を一度入れると，連続して硬貨のおつりが出てくるようにし，約3万円を出させ，それを自分のものとした。Bの罪責はどうなるか。

第2章 構成要件該当性

名誉に対する罪の構造

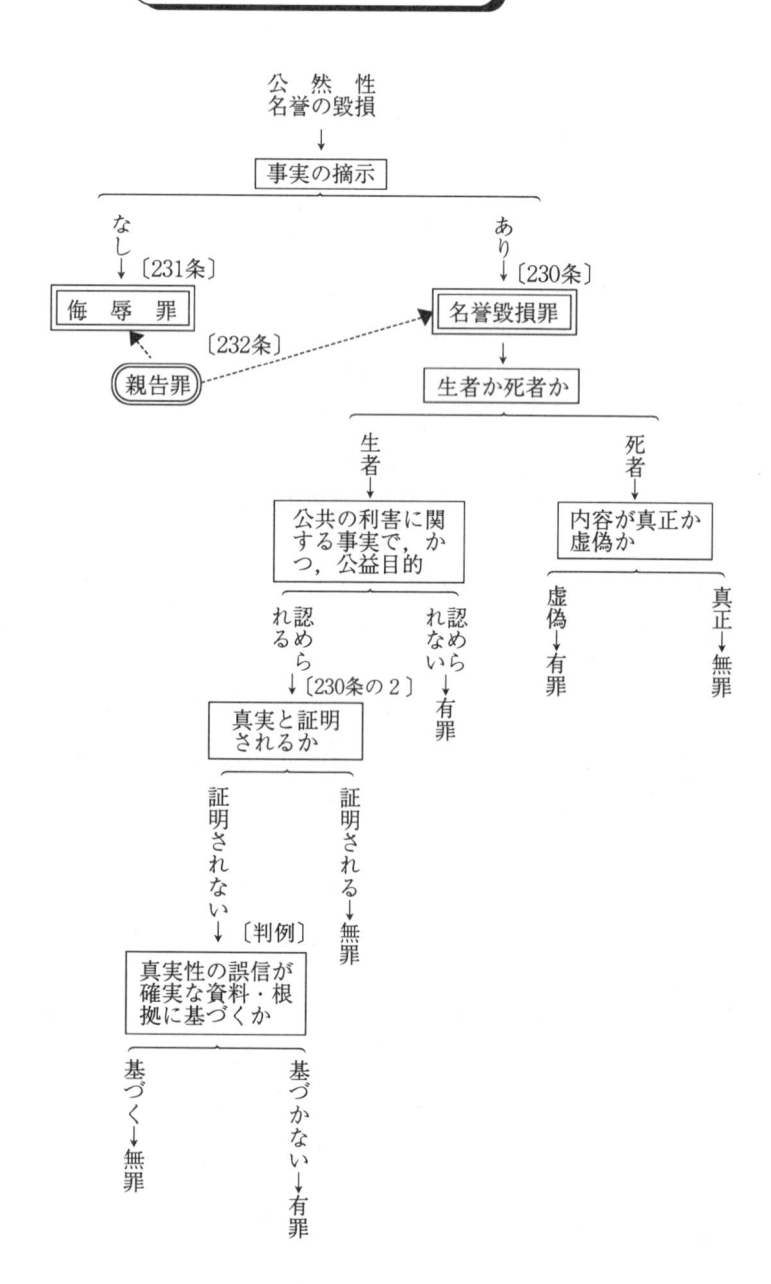

```
       公 然 性
       名誉の毀損
          ↓
       事実の摘示
      ╱         ╲
   なし           あり
   〔231条〕      〔230条〕
    ↓             ↓
  侮辱罪         名誉毀損罪
    ↑〔232条〕     ↓
   親告罪………      生者か死者か
                ╱         ╲
              生者         死者
               ↓           ↓
          公共の利害に関   内容が真正か
          する事実で，か   虚偽か
          つ，公益目的    ╱      ╲
          ╱      ╲     虚偽    真正
       認めら    認めら   ↓      ↓
       れる      れない  有罪    無罪
        ↓〔230条の2〕  有罪
       真実と証明
       されるか
       ╱      ╲
    証明さ     証明さ
    れない     れる
      ↓       ↓
            無罪
    〔判例〕
      ↓
    真実性の誤信が
    確実な資料・根
    拠に基づくか
    ╱      ╲
  基づく   基づかない
    ↓       ↓
   無罪     有罪
```

第3章

財産に対する罪

財物と財産上の利益
　ともに財産犯罪の保護法益である。財物とは，金銭・冷気のような有体物のほか，電気のような管理可能なものも含む。財産上の利益とは，タクシーに乗せてもらうような役務の提供を受けること，飲食したときの支払うべき債務を免れることなどを指す。両者の区別が一項犯罪と二項犯罪の違いになる。そこで，窃盗罪には二項犯罪の規定がないから，いわゆる利益窃盗は原則として犯罪とならない。

◆刑法用語ミニ辞典◆

第3章 財産に対する罪

I 窃盗罪

No. 31 窃盗罪の保護法益

〈CASE〉 Aは，買戻約款付自動車売買契約（自動車の時価の2分の1程度で自動車の売買をした形にしておき，一定期日までに当該金額に利息を付けた額を支払えば売り主は当該自動車を買い戻しできるとする特約を付けたもので，実体は譲渡担保による利息付き消費貸借契約）により自動車金融をしていたが，借主の保管し使用していた数台の自動車について，返済期限の前日または未明に，あるいは返済期限の翌日未明から数日後にかけて，密かに作らせていた合鍵等を利用し，またはレッカー車に牽引させて借主に無断で引き揚げた。Aの罪責はどうなるか。

1 問題のありか

CASE の場合，当該自動車の**所有権**はAに属しているが，現実の**占有**は金銭の借り主にあり，本権の帰属主体と占有の主体とが異なる形になっている。本来，窃盗罪（235条）が他人の所有権その他の本権を守るべく規定された犯罪類型だとするなら（**本権説**），Aはそうした他人の本権を侵害しておらず，窃盗罪は不成立だということになるが，窃盗罪が他人の占有を保護しようとしているのであれば（**所持説**），Aには窃盗罪が成立することになる。また，刑法は，自己の財物であっても，他人の占有に属するものであれば，他人の財物とみなすと規定しており（242条），本来，本権が保護法益であるとするなら，この規定は例外規定であって，限定的に権限のある占有のみを指していると解して，他人の占有する自己所有物についての窃盗が成立する範囲は狭められることになり，Aに窃盗罪が成立しない可能性もでてくる。しかし，占有が保護法益であるとするなら，この規定は単なる注意規定にすぎないことになるから，窃盗罪の成立が広く認められ，Aに窃盗罪が成立することになる。はたして窃盗罪の**保護法益**は何であろうか。

2 決定要旨——最決平1・7・7刑集43巻7号607頁

＊ 本件では自動車は借主の事実上の支配内にあったから、「仮に被告人にその所有権があったとしても、被告人の引揚行為は、242条にいう他人の占有に属する物を窃取したものとして窃盗罪を構成」する。

3 論点の検討

本権説、所持説ともに解釈として成り立ちうるが、242条の解釈において、本権説の立場はあまりに狭すぎる（賃借期限の切れた賃借物の占有者のなす占有などは全く保護されないこととなる）。それゆえにこそ、**一応理由のある占有**にまで拡大して解釈しようとする見解（**一応理由のある占有説**）が、本権説の修正として主張されることにもなるのである。一方、所持説ではあまりに広く占有を保護しすぎ、窃盗被害者の犯人からの取還行為も窃盗の実行行為となってしまうということから、所持説を修正して、限定的に（窃盗などの犯罪行為によらない）平穏な占有に限定して保護法益と解しようとする見解（平穏占有説）も主張されている。

本権説では狭きに失し、その修正である一応理由のある占有説も、その修正内容からすると占有事実の法益としての重要性を認めていることになるから、基本的に所持説が妥当ということになろう。また、所持説を修正しようとする平穏占有説は、被害者の取還行為を窃盗としないところから出発するが、窃盗被害者の取還行為を原則的に窃盗罪としないという姿勢に疑問がある。物の事実的支配状態に法益性が認められる以上、被害者による取還行為も、例外的な正当化事由に当たらない限り、原則的に窃盗罪となると解すべきであろう。民法上の占有権制度も物の事実的支配秩序を保護するための制度であり、それ自体に一定の法益性を認めているのであるから、刑法においても所持を窃盗罪の保護法益と解することが一貫すると考えられる。したがって、Aには窃盗罪が成立する。

4 関連判例——最判昭35・4・26刑集14巻6号748頁

BはX会社より、譲渡担保として自動車の所有権を得ていたが、X会社が会社更生手続に入って管財人が当該自動車を占有するに至ったときに、その自動車を無断で持ち去った。

＊ 「他人の事実上の支配内にある本件自動車を無断で運び去ったAの所為を窃盗罪に当たるとした原判決の判断は正当である」。

第3章 財産に対する罪

No. 32　財物の意義

〈CASE〉　Aは，河川管理者である府知事より，一定期間にわたる砂利採取の許可を得たが，当該許可期間の9日ほど前から河川の砂利を採取し始め，当該許可期間の過ぎた後も，1か月ほど砂利採取を続けていた。Aの罪責はどうなるか。

1　問題のありか

CASEでは，Aは，河川管理者の許可を得ず，その管理対象の河川の砂利を採取していたことから，砂利についての窃盗罪が成立するかが問題とされることになる。河川の砂利は水流の変化に応じて自ずと移動するものであるから，こうしたものに対して地方行政庁に窃盗罪の対象となりうる占有があったといえるのか，そして，そもそも管理占有できないものであるとすると，窃盗罪の対象たる財物といえるのかが問題となる。

2　判決要旨──最判昭32・10・15刑集11巻10号2597頁

＊　「地方行政庁の河川管理は，おのずから河川敷地内に堆積している砂利，砂，栗石（以下単に砂利等という）にも及ぶことは当然であるが，その採取を地方行政庁の許可にかからしめているのは，採取行為が河川法19条（引用者注：現行河川法29条参照）にいう流水または敷地の現状等に影響を及ぼす恐れのある行為であるからであって，地方行政庁が河川を管理するという一事によって，河川敷地内に存し移動の可能性ある砂利等を当然に管理占有することによるものではない。もとより，地方行政庁の職員が河川敷地内に堆積している砂利等を随時見廻り管理しているという事実のあることは，あながち否定できないけれども，それは河川の管理に附随してなされているものであるから，その管理は公共の利用を確保する等の行政的措置にほかならないのみでなく，これらの砂利等は，流水の変化に伴い移動を免れないので，その占有を保持するため他に特段の事実上の支配がなされない限り，右の事実だけでは刑法の窃盗罪の規定によって保護されるべき管理占有が地方行政庁

によってなされているものと認めることはできない」。

3 論点の検討

窃盗罪の目的となりうる**財物**の意義をめぐっては、有体物に限られるのか、それとも管理可能性があるものであればよいのかといった問題と、それが経済的交換価値を有していなければならないのかといった問題がある。

判例は、前者については、可動性および管理可能性の有無を標準として決すべきであるとし（大判明36・5・21刑録9輯874頁）、後者については、必ずしも経済的交換価値を有する物に限られず、消印済みの収入印紙も（大判明44・8・15刑録17輯1488頁）、支払期日を徒過して小切手法上無効の小切手も、本罪にいう財物であるとしている（最決昭29・6・1刑集8巻6号787頁）。

CASE では、砂利の交換価値は認められているから、主に前者が問題となりうるが、この点に関して2つの考え方がある。本罪にいう財物は、本来、有体物に限られるとする見解（有体物説）は、電気を財物とみなす245条は例外規定であり、だからこそ「みなす」と規定しているのだと説明し、管理可能性があれば、本罪の財物に含まれるとする見解は、245条を注意規定であると説明する。

窃盗罪を占有侵害罪であると解するなら、占有としての事実的支配が及びうる対象は、本罪の客体たる財物といってよいと考えられるし、その意味で、物理的管理の及びうる電気等のエネルギーも財物であって、245条は注意規定であると解すべきであろう。しかし、情報そのものに事実的支配が及ぶとは考えられないから、ここでの**管理可能性**は物理的な管理可能性に限定されるべきであり、**情報**そのものは窃盗罪の客体となりえないというべきであろう。

これを前提に考えるならば、あまりに微細な砂粒ならともかく、河川にある砂利程度のものであれば、物理的な管理占有は可能であろうから、河川の砂利であっても管理可能な有体物であって、窃盗罪の対象と考えることができる。ただ、通常はそうした管理をなすための特別の措置はとられておらず、河川管理者である地方行政庁がそこまでの管理占有を及ぼそうとしているとも思えない。それゆえ、前記判例のように、**CASE** においては河川管理者の占有を欠き、Aには窃盗罪は成立しないと考えるのが妥当なところであろう。

第 3 章　財産に対する罪

| *No. 33* | 占有の意義 |

〈CASE〉　Aは，混雑するバス待合室に並んでバスを待っていたBがカメラを約30センチメートル右の台の上に置き忘れ，行列が動き始めてBが同所より19.5メートル離れたときに置き忘れたことに気付いて引き返すまでの5分の間に，当該カメラを持ち去った。Aの罪責はどうなるか。

1　問題のありか

Aが，B所有のカメラを持ち去ったとき，Bが当該カメラを占有していたのであれば，Bが所有し占有していたカメラを盗ったものとして，窃盗罪（235条）が成立しうる。しかし，そのとき，Bが当該カメラを占有していなかったのであれば，Bが所有しながら占有を失った遺失物を横領したものとして，遺失物等横領罪（254条）が成立しうることになる（両罪は法定刑において大きな差がある）。それでは，刑法上の占有とはどのような状態を指し，何を基準としてその有無を判断すべきかが問題となる。

2　判決要旨——最判昭32・11・8刑集11巻12号3061頁

＊　「刑法上の占有は人が物を実力的に支配する関係であって，その支配の態様は物の形状その他の具体的事情によって一様ではないが，必ずしも物の現実的所持又は監視を必要とするものではなく，物が占有者の支配力の及ぶ場所に存在するを以て足りると解すべきである」。したがって，本件においては，「右写真機はなお被害者の実力支配のうちにあったもので，未だ同人の占有を離脱したものとは認められない」。

3　論点の検討

民法上の占有は，占有権発生の前提として，「物の所持」という客観的支配状態と，「自己のためにする意思」という主観的要素により構成されているが（民法180条），**刑法上の占有**は，窃盗罪の侵害対象（逆に言えば保護されるべき対象）として意味を持ってくるのであり，窃盗罪の成立範囲を画定するものであるから，自ずと概念理解の仕方が異なってくる。刑法上の占有は，より事実的

ないしは現実的な概念であって，事実上の支配であるといわれるのは，そのせいである。それゆえ，刑法上の占有たる事実的な支配とは，社会通念上，排他的な支配といえる状態であり（客観的要素），当該支配状態を主観的に裏打ちする支配意思（主観的要素）がある場合であるといわれても，客観的要素の方に重点が置かれ，支配意思は，民法の「自己のためにする意思」程明確なものでなくともよいし，物の具体的所在を知らず監視していなくても支配の可能性の認識や潜在的な支配継続意思があればよいとされる（刑法判例百選II各論［第2版］60頁［小暮得雄］）。

そうであれば，余計に客観的基準の明確化が望まれることになるが，これまでの判例から，①現実的握持・監視の現存，②包括的自己支配圏内における存在，③性質上の離脱不可能状態の存在，④支配力推及に相当な場所的区域内における存在，⑤特別事情の解消による握持再開予想の存在，⑥占有とされる特別な慣習の存在，⑦所在の意識だけで占有とされる特別事情の存在，⑧断続的監視だけで占有とされる特別事情の存在といった，8類型が占有認定事例として分析されている（中義勝「刑法における占有の概念」総合判例研究叢書(4)98頁以下）。しかし，新たな類型が表れないとも限らないし，具体的状況に即した判断の必要性を考えるならば，結局，基準としては，対象物の特性を前提としながら，占有者の主観的な状況と物の支配についての客観的状況の相互関係をあげる他ないであろうし，最終的には，（構成要件要素の問題であるといっても）占有として保護されるべき状況といえるかどうかという規範的判断に依らざるを得ないことになろう。

CASE の場合，この程度の時間的，場所的間隔があったとしても，通常は所有者の支配があると考えられるし，一時失念していたとしても，継続的に占有し続ける潜在的な意思があったと解され，いまだ占有としての保護を受けるべき状況にあったと判断されるから，Bの事実的支配が及んでいたとみるべきであろう。したがって，Aには窃盗罪が成立することになる。

［参考文献］
　刑法判例百選II各論［第4版］54頁［荒川雅行］

第3章　財産に対する罪

No.34　ロストボールの占有

〈CASE〉　Aは，Bゴルフ場内の人工池にゴルファー達が打ち込んで放置してあったロストボールを無断で持ち去ったが，Bとしては，早晩その回収，再利用を予定していた。Aの罪責はどうなるか。

1　問題のありか

　ゴルファー達が人工池にボールを打ち込んで，そのボールの所有権留保の意思表示もせず，あきらめてその場を立ち去ったというのであれば，こうしたロストボールの所有権はゴルファー達にないと考えるのが通常であろう（法的構成をするなら所有権放棄）。しかも，ゴルファー達が占有を継続しているともいえない。Aがロストボールを持ち去ったとき，Bに所有権もなく占有も認められないとするなら，Aは無主物先占（民法239条1項）によりその所有権を取得することになる。したがって，Aの行為は何らの犯罪を構成するものではないことになる。逆に，Bに所有権ならびに占有が認められるとするなら，Aは他人の財物を窃取したことになるから，窃盗罪が成立することになる。この場合，本権説によるなら，窃盗罪の成立にはBに所有権があることが不可欠となる。だが，所持説にあっても，占有の保護を通じて所有権を保護するという側面があることを窃盗罪に認める以上，所有権の所在は重要な問題となる。また逆に，所持説では窃盗罪の成立にBが占有していたことが不可欠となるが，本権説にあっても，遺失物横領罪ではなく，窃盗罪が成立するとするためには，Bに占有があることが必要となる。したがって，いずれの立場においても，所有権と占有の所在が問題となる。

2　決定要旨──最決昭62・4・10刑集41巻3号221頁

＊　「本件ゴルフボールは，無主物先占によるか権利の承継的な取得によるかは別として，いずれにせよゴルフ場側の所有に帰していたのであって無主物ではなく，かつゴルフ場の管理者においてこれを占有していたものというべきであるから，これが窃盗罪の客体になるとした原判断は，正当である」。

3　論点の検討

　まず，**所有権**の所在について検討すると，**CASE** において，ゴルファー達に所有権がないと解することは容易であるが，（ゴルフ場の経営管理の実態に即しているとはいえ）Bに所有権があるとする法律構成には問題がないではない。というのも，こうした場合を無主物先占として構成すると，先占の事実までの間に一時的な所有関係の断絶を認めることになり，そこに他者による無主物先占の可能性を認めることになってしまうからである。しかも，どのボールが何時人工池に入るか認識されていないところからすると，Bの所有意思の擬制にもなってしまう。それゆえにこそ，前記判例は，Bの無主物先占による所有権取得の可能性ばかりではなく，ゴルファー達からの所有権の承継取得の可能性をも示唆するものとして評価されているのである。こうした承継取得を認めうるかどうかは，ゴルファーとゴルフ場との間の契約解釈，すなわち，ゴルフ場利用契約の合理的な当事者意思解釈の問題に帰着する。ゴルフ場の経営管理の実態からすると，ロストボールについてはゴルフ場の所有に移すという事項が，ゴルフ場利用契約に含まれていると解するのが妥当なところであろう。そうであれば，Bに所有権が認められることになる。

　次に，**占有**について検討すると，そもそも刑法上の占有は事実的なものであり，民法上の占有とは異なるものであって，必ずしも握持や常時監視を必要としないものであることが認められている（本書 **No. 33** 参照）。その上で，ロストボールの占有状況を考察してみると，当該ボールは，客観的にはゴルフ場内の人工池に所在するものであって，他に流れ出ることのないものであり，ゴルフ場による大がかりな作業をしなければ容易に拾い集められない状況にあることなどからすれば，Bゴルフ場の排他的な支配を認めることができよう。しかも，**CASE** ではゴルフ場側も，それを回収，再利用する意思があったのであるから，主観的な支配意思も認められることになる。したがって，**CASE** においては，ロストボールはBの占有下にあったといえるから，Aには窃盗罪が成立することになる。

〔**参考文献**〕

　法学教室判例セレクト'86～'00, 386頁［丸山雅夫］

第3章 財産に対する罪

No. 35　窃盗と委託物横領罪の限界

〈CASE〉　新聞販売員Aは，その勤務先近くの食堂で，同僚Bが夕食の弁当を買いに近くの弁当屋へ行く間，Bの集金カバンを預かったが，Bが出かけると，まもなくその集金カバンの止め金をはずして上蓋をあけ（施錠はされていなかった），その中にあった現金の中から17万円余りを抜き取り，持ち逃げした。Aの罪責はどうなるか。

1　問題のありか

窃盗罪（235条）は他人に占有がある物を領得した場合に成立するのであって，自己の占有する他人の物を領得した場合には，**委託物横領罪**（252条）が成立することになる。それゆえ，窃盗罪が成立するためには，行為者に対象物の占有がなく，未だ被害者にその占有があったことが必要になる。CASEでは，AはBから集金カバンを預かっており，それによって当該カバンとその在中現金の占有がBからAに移ったのではないか，との疑問が生じることになるから，この点をどうとらえるかが問題となってくる。その際，在中物については，預けられたカバンが施錠されていたのであれば，なお委託者の事実上の支配下（占有下）にあったと考えることもできるから，施錠の有無をどのように評価するべきか，といったことも検討されなければならない。

2　判決要旨──東京高判昭59・10・30刑月16巻9＝10号679頁

＊　「Aは，Bから施錠されていない集金かばんを預かったものであって，その在中物である現金に対してAの事実上の支配がある程度及んでいたことは否定しえないとしても，……Bが自由に出入りする場所で看視するとの趣旨で預かったものであり，また，右集金かばんは，上蓋の止め金はかけられていて，Aがその在中物を取り出すことは許されていたものではないことにかんがみると，Aが右現金に対し排他的な事実上の支配をしていたものとは到底認めることはできず，Bにおいてなお右現金につき実質的な事実的支配を有していたものと認められる。したがって，被告人が右集金かばんから現金

を抜き取りこれを以て同専売所から逃走した行為は，Bの右現金に対する占有を侵害しこれを窃取したというべきことが明らかであ」る。

3 論点の検討

判例は，他人からその所有の衣類在中の縄掛け梱包した行李1個を預かり保管していた者が，質種に供する目的で梱包を解き，衣類を取り出したときは，行李在中の衣類の占有は所有者である他人に属するから，窃盗罪を構成するとし（最決昭32・4・25刑集11巻4号1427頁），重油船の船長が，重油運送の途中，蓋に封印のない船艙から，ほしいままに重油を汲み取る行為は，業務上横領罪にあたり，蓋に封印のある船艙から汲み取る行為は，窃盗罪にあたるとしている（大判昭14・5・25刑集18巻294頁）。これらからすると，封や梱包をしてある物の中身については，その物を預けた者に占有があり，それを取得した場合には窃盗となるが，そうした封がなされていない場合は，中身も預けられた者の占有下にあるから横領罪となるとしているものと解される。しかしそうすると，預かった物全体を領得した方（横領罪）が，その中身の一部だけを領得した場合（窃盗罪）よりも軽く処罰されることになってしまい，バランスを失することになる。

そもそも，**預けられた物**の包装物と在中物を分けて考えることに無理があるように思われるし，刑法上の占有は事実的支配を意味するといっても，やはり規範的な概念であり，窃盗として保護すべき状況にあるかといった実質的判断からは離れられないであろう。そうであれば，委託の状況，両当事者の意思等を考慮したうえで，占有の所在を決定すべきであって，施錠の有無によって，画一的に委託者に在中物の占有があったかどうかを判断するべきではない（もちろん施錠をしていたという事実から委託者に強い支配があったという委託状況を推認することはできるであろう）。**CASE**においては，短時間のにわかな委託であり，かばんと在中現金のいずれについてもBに事実上の支配を認めて，Aに窃盗罪の成立を認めるのが妥当と思われる。

〔参考文献〕

刑法判例百選Ⅱ各論［第4版］52頁［虫明　満］

No.36 死者の占有

〈CASE〉 Aは，Bを強姦し，その直後に犯行の発覚をおそれて，Bを殺害した。Aは，その犯行隠蔽のために穴を掘ってBを埋めようとしたが，その際，Bの腕に腕時計がはめられているのに気付き，領得の意思を生じてこれをもぎ取った。Aの罪責はどうなるか。

1 問題のありか

Aは，強姦行為終了後にBを殺害し，その死体を遺棄しているのであるから，強姦罪と殺人罪および死体遺棄罪が成立することになる。それでは，Bの死体から腕時計を奪った行為はどのように評価されるべきであろうか。死者にも占有が認められるとするなら，窃盗罪ないし強盗罪の成立も考えられよう。しかし，死者の占有が否定されるべきであるなら，占有離脱物横領罪（254条）の成立が考えられることになる。だが，自己が殺害しておきながら，そう評価することが妥当なものといえるのか，問題となる。

2 判決要旨――最判昭41・4・8刑集20巻4号207頁

＊ 「Aは，当初から財物を領得する意思は有していなかったが，野外において，人を殺害した後，領得の意思を生じ，右犯行直後，その現場において，被害者が身につけていた時計を奪取したのであって，このような場合には，被害者が生前有していた財物の所持はその死亡直後においてもなお継続して保護するのが法の目的にかなうものというべきである。そうすると，被害者からその財物の占有を離脱させた自己の行為を利用して右財物を奪取した一連のAの行為は，これを全体的に考察して，他人の財物に対する所持を侵害したものというべきであるから，右奪取行為は，占有離脱物横領ではなく，窃盗罪を構成するものと解するのが相当である」。

3 論点の検討

死者の占有に関しては，殺害がそもそも財物窃取の手段となっている場合と，殺害した後になって財物窃取の意思が生じた場合とが区別されて論じられてい

る。前者では，強盗殺人罪が成立するというのが通説・判例（大判大2・10・21刑録19輯982頁）であり，その理由付けが問題となるにすぎないが，後者ではその場合に成立する罪責をめぐっても，見解が対立している。

　そもそも刑法上の**占有**は事実上の支配であり，それには支配意思が必要であるはずであるから，そうした事実や意思のない死者にも占有があるとするのには無理がある。

　そこで，強盗罪説は，死者の占有は否定しながら，先行する殺害行為により被害者は死亡という抗拒不能の状態に陥っていると考え，それを利用しての財物の奪取として，強盗罪が成立するとする。だが，確かに抗拒不能状態は利用されているが，財物奪取の手段としてそうした状況が作られているのではないから強盗罪とするのには無理がある。

　一方，窃盗罪説は，死者の占有そのものは否定するが，生存中の占有は保護されるべきであり，そうした生存中の占有が殺害行為により侵害され，それを利用して，時間的・場所的に近接したその後の奪取行為がなされているので，そうした占有侵害行為と占有奪取行為を全体的に考察して，窃盗罪が成立するとする。この場合，占有侵害と占有奪取の時間的・場所的近接性が重要になってくるが，どの程度の近接性があれば全体的に考察することになるのか不明確であり，結局，この見解は，全体的な考察によって，財物窃取意思が生じたときには失われていた生前の占有を死後にも擬制するもの，あるいは，占有侵害時にはなかった財物窃取意思を生前にも擬制するものであるといわざるを得ないであろう。

　やはり，死者の占有を認めない以上，財物窃取意思が生じたときには，死者の財物は占有を離脱した物となったといわざるを得ず，占有離脱物横領罪説が妥当であろう。前提としての殺害は別罪をもって評価すべきだと思われる。したがって，Aには強姦，殺人，死体遺棄ならびに占有離脱物横領の各罪が成立することになる。

〔参考文献〕
　刑法判例百選Ⅱ各論［第4版］56頁［大沼邦弘］

No. 37　不法領得の意思

〈CASE〉　Aは，午前5時30分頃までには元の場所に返しておく意思で，午前0時頃，X市内の給油所駐車場から他人の所有する乗用車を乗り出し，同市周辺を乗り廻していたところ，午前4時10分ころに警察官に検挙された。Aの罪責はどうなるか。

1　問題のありか

窃盗罪は故意犯であるから，窃盗事実の認識が当然必要となるが，これ以外に主観的要件として**不法領得の意思**を必要とするかどうかにつき見解が分かれている。これが問題とされるのは，こうした不法領得の意思から**使用窃盗**の不可罰性を基礎付けられるのではないか，こうした不法領得の意思が領得罪と毀棄・隠匿罪との区別の基準となるのではないかと考えられるからである。**CASE**では，Aに元に戻す意思があったということから，不可罰な使用窃盗とされるかどうかの判断基準として，不法領得の意思が問題とされることになる。

2　決定要旨——最決昭55・10・30刑集34巻5号357頁

＊ 「Aは，深夜X市内の給油所の駐車場から，他人所有の普通乗用自動車(時価約250万円相当)を，数時間にわたって完全に自己の支配下に置く意図のもとに，所有者に無断で乗り出し，その後4時間余りの間，同市内を乗り廻していたというのであるから，たとえ，使用後に，これを元の場所に戻しておくつもりであったとしても，Aには右自動車に対する不正領得の意思があったというべきである」。

3　論点の検討

判例は，窃盗罪の成立には不法領得の意思が必要であるとして，その内容を「所有者として振る舞い，その経済的用法に従い使用する意思」と解し(大判大4・5・21刑録21輯663頁)，権利者を排除する意思と経済的用法に従った利用意思の2つの要素から不法領得の意思をとらえている。こうした理解からすれば，使用後に元の所有者に戻すつもりで他人の物を無断で持ち出すといった使用窃

盗は，権利者を排除する意思を欠き窃盗罪とならないことになるはずである。しかし，判例では，不法領得の意思を否定して窃盗罪とならないとしたものもないではないが（大判大4・5・21刑録21輯663頁），もともと乗り捨てるつもりであった場合や（大判大9・2・4刑録26輯26頁），使用後元の所有者に返す意思があっても長時間にわたって使用した場合には窃盗罪が認められるとしており（最決昭55・10・30刑集34巻5号357頁），不法領得の意思における，権利者を排除するという意思を事実上厳格には要求しなくなってきている。

　学説には，不法領得の意思を権利者排除意思として要求するもの，利用意思として要求するもの，さらに，不法領得の意思を不要とするものがある。

　そもそもレンタル業が発展し，さまざまな物の占有自体に取引上の価値が認められる現状では，使用窃盗の場合でも実際上処罰されるべき場合が多いといわざるをえず，権利者排除意思を特に要求して，使用窃盗を不可罰とすべき必要性があるのかどうか疑わしい。また，利用意思も，そこに反復可能性を見出し，毀棄罪よりも領得罪が重く処罰されることの根拠として要求されるとするなら，それは刑事政策的な観点からの根拠付けがなされているに過ぎず，犯罪そのものの性質といった観点から利用意思が領得罪においてとくに要求される根拠とはなっておらず，説得力を欠く。そもそも財産所有制度の侵害こそ重大だという観点に立てば，財物そのものを侵害する毀棄罪よりも，占有移転によって財産所有制度自体を侵害する領得罪の方が，法制度そのものに対する侵害性が高いということができ，その処罰の重さをその犯罪性の違いから十分に根拠付けることができると思われる。そうであれば，利用意思の有無によってではなく，そうした占有移転の有無によって窃盗罪などの**領得罪**と，**毀棄・隠匿罪**とを区別するべきであろう。

　以上の点からすれば，権利者排除意思としても，利用意思としても，不法領得の意思は必要ではないと解されることになる。こうした不法領得の意思不要説からは，**CASE**においてAに元に戻す意思があったとしても，窃盗の故意に欠けるところはないから，Aに窃盗罪が成立することになる。

〔参考文献〕

　刑法判例百選II各論［第4版］60頁［林　陽一］

No. 38　親族間の犯罪に関する特例の適用範囲

〈CASE〉　Aは，B方において駐車中の自動車内から，Bが保管するX株式会社（代表取締役Y）所有の現金を窃取したが，AはBの同居していない6親等の親族にあたるものであった。この場合，Bからの告訴がなければ，当該現金の窃盗に関して，Aに対する公訴を提起することができないのか。

1　問題のありか

244条によれば，窃盗行為などが配偶者，直系血族，同居の親族の間でなされた場合には，窃盗罪などとしては処罰されず（244条1項），また，その他の親族間で窃盗行為などがなされた場合には親告罪として扱われることになる（244条2項）。CASEでは，Aは，現金の占有者Bとは同居していない親族の関係に立つが，現金の所有者Xやその代表取締役Yとはそうした関係には立たない。そこで，窃取行為者が誰と親族関係にあれば（占有者か，所有者か，それとも双方とか），244条2項の適用を受けるのか，どの範囲で親族関係があれば244条2項の適用を受けるのかが問題となる（ただし，これは2項に限った問題ではなく，1項においても同様の問題が生ずる）。

2　決定要旨——最決平6・7・19刑集48巻5号190頁

＊　「窃盗犯人が所有者以外の者の占有する財物を窃取した場合において，刑法244条1項（引用者注：平成7年改正後の現行規定では244条1項及び2項）が適用されるためには，同条1項所定の親族関係は窃盗犯人と財物の占有者との間のみならず，所有者との間にも存することを要するものと解するのが相当であるから，これと同旨の見解に立ち，被告人と財物の所有者との間に右親族関係が認められない本件には，同条1項後段（引用者注：現行規定では244条2項）は適用されないとした原判断は，正当である」。

3　論点の検討

ここでの問題を検討するに当たっては，244条の政策的趣旨から考察を進め

る方法と窃盗罪の保護法益論から考察を進める方法との2つの方向があるといわれる。しかし，244条が「法は家庭に入らず」という法格言に則った**一身専属的刑罰阻却事由**であるという刑事政策的な趣旨から，ここでの問題に対する解答を得ようとするには無理があると思われる。こうした理解からは「家庭」とはどの範囲の親族関係かといった問題に立ち入ることはできるが，窃盗罪の「被害者」はどの範囲の者かといった問題には立ち入ることができないと思われるからである。そうした点を検討するには，窃盗罪の構造理解に立ち戻らなければならないであろうし，そうであれば窃盗罪の保護法益論を参照せねばならない。

保護法益論からすると，**本権説**からは所有権者と親族関係にあることが要求され，**所持説**からは占有者と親族関係が要求され，それらを修正しようとする中間的な見解（平穏占有説や一応理由のある占有説）においては双方との親族関係が要求されるといわれる。しかし，本権説にあっても，横領罪との区別などからして占有侵害は必要であるし，所持説にあっても，最終的には所有権をも保護しようとしていると考えられるのであるから，いずれの立場にあっても，所有権者と占有者の双方との親族関係を要求することはできると思われる。したがって，前記のような関連は，必然的なものとまではいえないだろう。要はどちらに重点を置くかの問題にすぎない。

そうした理解を前提におきつつ，所持説をもって妥当とする立場からは，本来，窃盗罪の保護法益としてあげられるのは占有であるが，それを通じて所有権をも保護しようとしているとの見解に立って，原則的に双方との親族関係を必要とすると解することができよう。そして，所有権者の利益が過小な場合（動産が，長年にわたり使用貸借契約に基づき貸与されているが，所有権者も返還を求めるつもりもなく，実質上贈与に近いというような場合）には，例外的に占有者との親族関係さえあれば，244条の適用を認めうると解すべきであろう。

ただ，**CASE**は例外的場合とは認められないから，双方との親族関係が必要であり，所有権者との親族関係を欠くAには244条の適用はなく，Bからの告訴がなくとも，窃盗罪として公訴提起が可能となる。

〔**参考文献**〕

刑法判例百選Ⅱ各論〔第4版〕66頁〔川口浩一〕

第3章 財産に対する罪

No. 39　不動産侵奪罪における侵奪の意義

〈CASE〉　Aは，都立公園予定地の中央付近にある110.75㎡の土地を不法占拠し，中古電気製品等を置いてリサイクルショップを営むようになっていたが，商品への雨風対策として，建築面積64.3㎡の簡易建物（基礎工事はなされておらず，土台として角材を置き，その上に柱を釘打ちし，屋根や壁にはビニールシートを使用したもので，その解体には大きめのハンマーを用いて6名で作業して1時間程度かかるもの）を建てた。この土地の用途は，有事の際の緊急用務等のほか，日常的には隣接して通る区道の通行車両のすれ違い等のために利用されており，都側の管理状況も比較的緩やかであって，簡易建物建築以前の土地の不法占拠の際にも都側はAに対して強い警告を発せず，建物建築後も，「不動産侵奪」ということを指摘することもなく，従前と同様の対応をしていた。Aの罪責はどうなるか。

1　問題のありか

　235条の2は，他人の土地の侵奪を処罰対象としている。この実行行為である**侵奪**とは，窃盗罪との対比から，**不法領得の意思**をもって不動産に対する他人の意思に反し，その事実上の占有を排除し，これに自己の事実上の支配を設定する行為をいうものと解されるが（大阪高判昭40・12・17高刑集18巻7号877頁），具体的にどのような状態となった場合に，不動産侵奪罪にいう「侵奪」と解されるのか，これだけでは明らかでない。

　仮設的塀に囲まれた他人所有の空地を建築資材置場として一時使用していた者が，台風でその塀が倒れた際に，所有者の制止に反し，周囲に半永久的なコンクリートブロック塀を築造し，建築資材倉庫として使用するに至ったというような場合は，侵奪といえようが（最決昭42・11・2刑集21巻9号1179頁），**CASE**のように簡易建物が建てられたにすぎないような場合も，侵奪にあたるといえるのか，問題となる。

2　判決要旨——最判平12・12・15刑集54巻9号923頁

＊「刑法235条の2の不動産侵奪罪にいう『侵奪』とは，不法領得の意思を持って，不動産に対する他人の占有を排除し，これを自己又は第三者の占有に移すことをいうものである。そして，当該行為が侵奪行為に当たるかどうかは，具体的事案に応じて，不動産の種類，占有侵害の方法，態様，占有期間の長短，原状回復の難易，占有排除及び占有設定の意思の強弱，相手方に与えた損害の有無などを総合的に判断し，社会通念に従って決定すべきものであること」はもちろんである。ただ，本件簡易建物は，「容易に倒壊しない骨組みを有するものとなっており，そのため，本件簡易建物により本件土地の有効利用は阻害され，その回復も決して容易なものではなかったということができる。加えて，Ａらは，本件土地の所有者である東京都の職員の警告を無視して，本件簡易建物を構築し，相当期間退去要求にも応じなかったというのであるから，占有侵害の態様は高度で，占有排除及び占有設定の意思も強固であり，相手方に与えた損害も小さくなかったと認められる。そして，Ａらは，本件土地につき何ら権原がないのに，右行為を行ったのであるから，本件土地は，……Ａらによって侵奪されていたものというべきである」。

3　論点の検討

僅かの間，他人の空き地上に自己の荷物を置くに過ぎないような場合，たとえ形式的には侵奪にあたりうるとしても，実質的に見れば，不動産侵奪罪としての**可罰的違法性**を欠くものであって，こうした行為は，235条の2が予定する侵奪にはあたらないと解すべきであろう。こうした帰結が納得のいくところであるとすれば，問題は，どのような実質的観点をこの「侵奪」の判断基準として用いるか，ということになってくる。その際，行為の実質的限定が問題となっているのであるから，利用可能性の侵害やその期間といった客観的側面からのみではなく，行為者の意思といった主観的側面からの考察も必要であろう。そこで，客観的に見て，利用可能性侵害があり，占有が容易に回復できない状況にあるか，行為者に占有者の占有を強く排斥する意思があるといった主観的状況（侵奪期間からも推測しうる）があるならば，本罪に値するほどの占有侵害状況があるものといえるのではなかろうか。**CASE**では，容易に占有が回復できない状況にあることから，Ａに不動産侵奪罪が成立すると思われる。

Ⅱ 強 盗 罪

No. 40 強盗罪の成立に必要な暴行・脅迫

〈CASE〉 Aは，Dに因縁をつけて痛めつけ，金員を奪取しようと企て，B，CとともにDに模擬刀を突きつけたり，顔面や腹部を殴ったり蹴ったりし，「叩き殺す」などと言って脅かし，「金で勘弁してくれ」と哀願するDに対し，現金を支払わせることにし，Dを見張りつつ自宅に預金通帳を取りに帰らせ，銀行近くの駐車場まで同行して，預金40万円を引き出させて，これを受け取った。DはAらの一連の暴行で加療5日間を要する顔面打撲等の傷害を負った。A，B，Cの罪責はどうか。

1 問題のありか

強盗罪が成立するためには，財物奪取の手段として暴行または脅迫が用いられることが必要である。**暴行**とは有形力の行使のことであり，**脅迫**とは恐怖心を生ぜしめる害悪の告知のことである。また，その暴行・脅迫は，相手方の反抗を抑圧するに足りる程度のものであることが必要である。この程度に至らない暴行・脅迫により財物を交付させたときは恐喝罪となる。しかし，現実には，この程度の差による強盗罪と恐喝罪との区別は，多くの場合，非常に微妙とならざるを得ない。**CASE**では，Dを自宅に帰らせていることなどから，反抗を抑圧する程度の暴行・脅迫といえるかどうかが問題となる。これが肯定されれば，強盗致傷罪（240条前段）が成立し，否定されれば恐喝罪（249条1項）と傷害罪（204条）とが成立することになる。

2 判決要旨──福岡高判昭63・1・28判時1269号155頁

＊ 「強盗罪に言う暴行，脅迫は，当該暴行，脅迫がその性質上社会通念により客観的に判断して相手方の反抗を抑圧するに足りると認められることを要し，かつそれで足りるものであり，反抗の抑圧とは被害者側が完全に反抗の能力を失うことあるいは反抗の意思を完全に喪失することを必要としないと

解されるところ，前記認定の事実，とりわけ，Dに加えられた暴行，脅迫の態様，過程，同人の畏怖状況並びに金員の調達及び交付状況に照らすと，金員調達の過程においてもDが被告人らに反抗して財物奪取を免れる余地はなく，本件一連の暴行，脅迫が金員調達過程も含めAの反抗を抑圧するに足りるものであったことは否定できない」。

3 論点の検討

　強盗罪の成立に必要とされる暴行・脅迫は**相手方の反抗を抑圧する程度**のものでなければならないことに異論はないが，その判断基準については客観説と主観説との争いがある。客観説は，一般人を基準として，社会通念上一般に被害者の反抗を抑圧するに足りる程度のものであるかどうかという客観的基準によって決せられるとする。ただ，一般人を基準として客観的に判断するといっても，具体的な事情を捨象して抽象的に判断するというのではなく，性別，年齢，場所，時刻その他精神上，体力上の関係，行為者の態度，反抗の方法などの具体的事情を類型的に考慮した上で社会通念に基づいて客観的に判断する。これに対して，主観説は，被害者の主観を基準として，現に被害者がその主観において反抗を抑圧されたかどうかを問題とする。問題となるのは，①一般には反抗を抑圧する程度の暴行・脅迫ではなかったのに，被害者が特別の臆病者であったために反抗を抑圧された場合であって，行為者がこのことを知っていたという場合である。客観説によれば，一般には反抗を抑圧する程度の暴行・脅迫ではなかったのであるから，強盗罪とはならず，恐喝罪が成立するにすぎないとされ，主観説によれば，被害者は現に反抗を抑圧されたのであるから強盗既遂罪が成立するとされる。

　CASEの場合，Bを自宅に帰しているなどの状況から，反抗を完全に抑圧したとはいえないのではないかとの疑問もありえようが，主観説によれば，現に被害者は反抗を抑圧されているのであるし，客観説によっても，暴行・脅迫の強度，精神上，体力上の関係，行為者の態度，反抗の方法などからして，金員調達の過程，交付状況に照らすと，一般的に反抗を抑圧する程度の暴行といえるであろう。したがって，いずれの立場においても強盗致傷罪が成立するものと思われる。A，B，Cは強盗致傷罪の共同正犯となる。

〔**参考文献**〕

前田雅英『最新重要判例250刑法［第4版］』164頁

No. 41　財物奪取後の暴行と2項強盗罪

〈CASE〉　AとBは，Cを殺害する目的で覚せい剤の取引の斡旋を装ってCをホテルの一室に呼び出し，Aが買主と値段の交渉をするために必要だと騙してCから覚せい剤を受け取り，これを持ってホテルから逃走した。その後，Aから連絡を受けたBは，Cを殺害するためCの部屋に入ってCを拳銃で狙撃したが，Cに重傷を負わせただけで殺害するに至らなかった。AとBの罪責はどうか。

1　問題のありか

CASEにおいては論点は多岐にわたるが，ここでは，とりわけ①すでに財物の占有を確保した後にCを狙撃したことについて1項強盗殺人（未遂）罪が成立するか否か，②その後の狙撃が2項強盗殺人（未遂）罪を構成するか，③先行する財物の占有を確保する行為と2項強盗殺人（未遂）罪との罪数関係が問題となる。

2　決定要旨──最決昭61・11・18刑集40巻7号523頁

＊　「Bによる拳銃発射行為は，Cを殺害して同人に対する本件覚せい剤の返還ないし買主が支払うべきものとされていたその代金の支払を免れるという財産上不法の利益を得るためになされたことが明らかであるから，右行為はいわゆる2項強盗による強盗殺人未遂罪にあたるというべきであり……先行する本件覚せい剤取得行為がそれ自体としては，窃盗罪又は詐欺罪のいずれに当たるにせよ，前記事実関係にかんがみ，本件は，その罪と2項強盗殺人未遂罪のいわゆる包括一罪として重い後者の刑で処断すべきものと解するのが相当である」として，先行する覚せい剤の取得行為と（2項）強盗殺人未遂罪との包括一罪を認めた。

3　論点の検討

①の点については，1項強盗罪は相手方の反抗を抑圧するに足りる程度の暴行・脅迫を手段として財物を奪取する罪であるから，これが成立するためには，

単に暴行・脅迫と財物の取得とがほぼ同一の機会に行われたというだけでは足りず，まさに暴行・脅迫によって財物の占有の移転がもたらされたことが必要とされる。強盗の犯意のもとに，犯行現場で，まず財物を奪取し，その占有の取得が未完成の時点でそれまでの占有を維持・確保するために暴行・脅迫を行う場合には，なお1項強盗罪を認めることは可能である。これに対して，先行する財物の占有の移転が暴行・脅迫なしに行われ，その後の暴行・脅迫の時点では，すでに先行する財物の占有の取得が完成していたという場合には，もはや暴行・脅迫を財物奪取のための手段とみることはできないので，1項強盗罪を認めることはできない。したがって，**CASE** では1項強盗殺人未遂罪は否定されることになる。

次に，②の点については，まず，覚せい剤のような法禁制品の取得が2項強盗罪にいう「**財産上不法の利益**」の取得に該たるか否かが問題となる。Cには法禁制品についての返還請求権がないとしても，**不法原因給付物**について詐欺罪あるいは強盗罪の成立を認めるのが確立した判例であることからすれば，判例上は「財産上不法の利益」といえる。刑法上の財産は，経済的評価を基礎にしつつあくまでも事実的に観念すべきものであるから，Aの欺罔によってCからAに財物が交付された以上，違法行為による占有侵害に該たると解されるからである。それゆえ，AがCから覚せい剤を騙取した後に，BがCからの返還請求を免れるために暴行・脅迫を加えたことは2項強盗罪の対象となる。先行する財物それ自体の占有侵害とは別個の法益侵害と考えられるからである。

また，2項強盗罪の成立に被害者の**財産的処分行為**が必要か否かも問題となるが，強盗罪には，自由意思がまったく働く余地のない程度の暴行・脅迫が必要とされることから，判例はこれを不要とし，学説上も近時不要説が有力となってきている。

さらに，③の罪数関係については，判例は，**CASE** と類似の事案につき，2項強盗に基づく2項強盗殺人（未遂）罪の**包括一罪**としている。先行する財物取得とその返還請求を免れる狙撃行為とが時間的・場所的に接着していたこと，および，被害者の同一性と被害法益の類似性が考慮されたものと思われる。

以上により，AとBの行為には詐欺罪と強盗殺人未遂罪とが成立するが，強盗殺人未遂罪の包括一罪の罪責を負う。

| *No. 42* | 暴行後の財物奪取の意思 |

〈CASE〉 AとBは，往来でCと喧嘩になり，共同してCに暴行を加えて傷害を生じさせた。その後，Cがほとんど抵抗しない状況にあることに乗じ，共謀して，さらにCの顔面を手拳で殴打する暴行を加えて，Cの財布を奪った。その際，財物奪取の犯意成立後の暴行は強盗の手段として用いられる暴行より弱いものであったが，その犯意成立前の暴行によって被害者が極度の畏怖状態に陥っていたとした場合，AとBの罪責はどうか。

1 問題のありか

強盗罪における暴行・脅迫は財物奪取を目的としてなされることを要する。
CASEでは，強盗以外の目的で暴行を加えて相手方の反抗を抑圧した後はじめて財物奪取の犯意を生じた場合に，①強盗罪が成立するためには新たに強盗目的での暴行・脅迫を加えることが必要なのか否か，また，②これを必要とした場合，その暴行・脅迫は相手方の反抗を抑圧するに足りる程度のものが必要なのか否か，という点が問題となっている。①については，必要説（多数説）と不要説とがあり，②については，通常の強盗罪における暴行・脅迫よりも弱い程度のもので足りるとするのが通説といってよい。

2 判決要旨——大阪高判平1・3・3判タ712号248頁

＊ 「財物奪取以外の目的で暴行，脅迫を加え相手方の反抗を抑圧した後に財物奪取の意思を生じ，これを実行に移した場合，強盗罪が成立するというためには，単に相手方の反抗抑圧状態に乗じて財物を奪取するだけでは足りず，強盗の手段としての暴行，脅迫がなされることが必要であるが，その程度は，強盗が反抗抑圧状態を招来し，これを利用して財物を奪取する犯罪であることに着目すれば，自己の先行行為によって作出した反抗抑圧状態を継続させるに足りる暴行，脅迫があれば十分であり，それ自体反抗抑圧状態を招来するに足りると客観的に認められる程度のものである必要はない」。

3 論点の検討

自ら加えた暴行・脅迫によって相手方が**抗拒不能**状態になっているのに乗じて財物を奪取したときは，新たな暴行・脅迫を加えなくても強盗罪が成立するという見解がある（不要説と呼ぶ）。判例にも，強姦目的で暴行・脅迫を加えて被害者の反抗を抑圧したところ，同人が男性であることに気づき，金品を奪取したという事案につき，強姦罪と強盗罪とは犯罪構成要件の重要なる部分である暴行・脅迫の点で重なり合いがあるので，強姦目的での暴行・脅迫をそのまま強盗の手段である暴行・脅迫と解してさしつかえないとして，「たとい強盗の犯意に基づく新たな暴行・脅迫を加えていないときでも，強盗罪の成立を肯定するのが相当」としたものがある。
　しかし，不要説によれば，先行する暴行・脅迫により相手方が抗拒不能に陥っていれば，その後に財物奪取を行えばすべて強盗罪が成立することになろう。相手方が先行する暴行・脅迫により失神している場合，あるいは財物奪取に全く気づかなかった場合なども強盗罪となり，相手方を殺害した後に財物奪取の意思を生じた場合も，殺害は最大の反抗抑圧状態の作出であるから，強盗殺人罪の成立を認めざるを得なくなろう。やはり，強盗罪は，財物奪取を目的としてその手段たる暴行・脅迫が行われる罪であるから，財物奪取の犯意が生じた後に，これを目的とした暴行・脅迫が行われる必要がある。
　もっとも，被害者は行為者によって以前に加えられた暴行・脅迫の影響により既にある程度反抗が困難な状態に陥っているのが通常であろうから，その後の暴行・脅迫は通常の強盗罪の場合と比べてより軽度のもので足りよう。また，以前に行為者が暴行・脅迫を加えている関係から，被害者はさらに暴行・脅迫を加えられるかもしれないと畏怖する状況にあるから，行為者の些細な言動も被害者の反抗を抑圧するに足りる脅迫となることがあろう。それゆえ，反抗抑圧後に新たな暴行・脅迫があった場合には，それが通常の強盗罪の程度より軽いものであっても強盗罪を認めるというのが最近の通説である。とりわけ強姦の際の財物奪取は，すでに被害者に強い恐怖心が生じているのが通常であろうから，極めて軽度の暴行・脅迫であっても強取と評価されることが多いであろう。強姦犯人が現場を立ち去らないという残留行為も反抗抑圧状態を継続させるに足りる脅迫といえるとした判例もある。
　以上により，AとBは，傷害罪と強盗罪の併合罪の罪責を負う。

No. 43 事後強盗の予備

〈CASE〉 生活費に窮していたAは，深夜，事務所などから金員を盗むため，窃盗のいわゆる「七つ道具」を携行し，窃盗に入り，もしも人に発見されたときには脅かすために模造拳銃やナイフなども同じく携行して，適当な場所を物色しながらビル街の路上を徘徊していたところ，警邏中の警察官に発見され，職務質問されたのち，逮捕された。Aの罪責はどうか。

1 問題のありか

237条の強盗予備罪は，「強盗を犯す目的で，その予備をした」ときに成立する。CASE の問題点は，同条にいう「強盗の罪を犯す目的」に238条の事後強盗の目的を含むかという点，言い換えれば，事後強盗罪にも強盗予備罪の規定が適用されるかどうかという点である。CASE に即していうと，窃盗の実行の着手前にあらかじめ事後強盗を目的とした準備行為をした場合に強盗予備罪を認めてよいかどうかという問題である。

2 決定要旨──最決昭54・1・19刑集33巻7号710頁

＊ 「刑法237条にいう『強盗ノ目的』には，同法238条に規定する準強盗を目的とする場合を含む」。

3 論点の検討

事後強盗とは，窃盗犯人が窃盗の実行に着手した後に，財物を得てこれを取り返されることを防ぎ，逮捕を免れ，または罪跡を隠滅するために，暴行・脅迫を加えることをいう（238条）。また，強盗予備とは，強盗を実行するための準備をいう（237条）。

強盗予備罪は既遂結果を生ぜしめることを目的とした**目的犯**である。目的犯であることを否定する見解もあるが，予備罪の故意は準備をすることの認識・認容であるのに対して，強盗予備罪の規定（237条）はこの故意を超えたものを要求しているのであるから，やはり目的犯である。そして，この目的は未必的なものでは足りず，確定的なものでなければならないとされる。もっとも，こ

の目的は条件付のものでも足りる。窃盗に入るにあたって、もし家人が目を覚ませば脅かすつもりで凶器を携帯したという場合も強盗予備罪が成立し得る。

窃盗の実行の着手前にあらかじめ事後強盗を目的とした準備行為をした場合に強盗予備罪を認めてよいかどうかという問題については、学説上、消極説と積極説とがある。消極説は、その理由を、①強盗と事後強盗とでは、暴行・脅迫の目的が異なり、犯罪類型を異にするから、238条の「強盗として論ずる」というのは強盗罪と同じ法定刑で処罰する趣旨であるにすぎないとし、②強盗予備罪の規定の後に規定されている事後強盗罪に強盗予備罪を適用することは他の予備罪の規定との関係上可能でないとし、③事後強盗罪は窃盗犯人にのみ成立しうる身分犯であるから、窃盗の実行に着手していない以上、事後強盗とはいえないとし、④強盗予備罪における「強盗の罪を犯す目的」は確定的であることを要するところ、窃盗の着手前においては事後強盗の目的は不確定であるから、「強盗の罪を犯す目的」は認められない、などとしている。

しかしながら、①については、事後強盗は単なる窃盗と異なって、相手方の反抗を抑圧するに足りる程度の暴行・脅迫を用いるという点で強盗罪と同様の性質を有するということから「強盗として論ずる」とされているのであり、事後強盗は強盗と同様に取り扱われるのであって、強盗予備罪の「強盗の罪を犯す目的」には準強盗も含まれるのであり、②については、強盗罪（236条）と強盗予備罪（237条）とを基本型として規定し、その後に強盗の異型として事後強盗罪（238条）と昏酔強盗罪（239条）を規定したと解するときは、この点についての消極説の批判は該たらないし、③については、身分犯における身分はある程度継続的なものであることが必要であるから、行為時だけの一時的な状態を身分とすることはできないし、仮に事後強盗罪を**身分犯**と解するとしても、窃盗の実行に着手すれば発生する身分であるから、窃盗の実行の着手前であるということで事後強盗の予備罪を否定することはできないのであり、④については、単純強盗罪となる「居直り強盗」の場合も、人に見つかればその反抗を抑圧するに足りる程度の暴行・脅迫を用いて財物を強取しようというものであり、その意味では「強盗の罪を犯す目的」は不確定であるから、事後強盗の場合にのみ確定的でなければならないとする理由はないと思われる。よって、積極説が妥当である。判例は積極説を採っている。

以上により、Aは強盗予備罪の罪責を負う。

No. 44 強盗殺人と強盗の機会

〈CASE〉 強盗を共謀したA，B，Cは，D宅に侵入して，Dに暴行を加え始めたが，別室で寝ていたDの家族が騒ぎ出したため，B，Cが逃げ出した。そこで，Aも何も奪わずに逃走しようとしたが，Dの息子のEとFがAを捕まえようと追いかけてきたので，D宅の玄関先付近で，所持していた日本刀でEとFを殺害した。A，B，Cの罪責はどうか。

1 問題のありか

CASEでは，住居侵入罪（130条前段）が成立することは当然として，とくに財物の強取自体は未遂に終ったが，犯行現場から逃走する際に逮捕を免れるため，被害者宅の外で追跡者を殺害したことが，240条後段の罪に該当するか否かが問題となっている。ここでは，240条にいう致死傷の結果が，強盗の手段たる暴行・脅迫によって生じたことを要するのか，それとも「強盗の機会」に生じたもので足りるのかという点が問題である。

2 判決要旨——最判昭24・5・28刑集3巻6号873頁

＊ 「刑法240条後段の強盗殺人罪は強盗犯人が強盗をなす機会において他人を殺害することにより成立する罪である。……即ち殺害の場所は同家表入口附近といって屋内か屋外か判文上明でないが，強盗行為が終了して別の機会に被害者両名を殺害したものではなく，本件強盗の機会に殺害したことは明である。然らば原判決が刑法第240条に問擬したのは正当であって所論のような違法はない」。

3 論点の検討

240条にいう致死傷の結果については，①強盗の手段たる暴行・脅迫によって生じたことを要するとする見解（手段説ないし限定説）と，②「強盗の機会」に生じたものであれば足りるとする見解（機会説）とが対立している。①の見解は，240条は強盗罪の結果的加重犯である強盗致傷罪と強盗致死罪とを規定したものであって，本条にいう死傷は，強盗の手段たる暴行・脅迫の加重結果

であるとする。これによれば，**CASE** におけるEとFの殺害は強盗の手段として行われたものではないから，240条は成立せず，強盗未遂罪と殺人罪との併合罪ということになろう。

しかしながら，①の見解によれば，強盗の被害者が暴行・脅迫から逃れようとして転倒し死亡したような場合，その死亡結果は，まさに強盗に手段たる暴行・脅迫から生じたものといえるから240条後段が適用され，その刑は死刑または無期懲役となるのに対して，これよりも犯情の重い **CASE** のような場合には，強盗未遂罪と殺人罪との併合罪ということで処断刑の下限が5年の懲役となるという不合理な結論を生じることになる。また，①の見解によるときは，窃盗犯人が逮捕を免れるために被害者に暴行・脅迫を加えて死亡させた場合にも，その暴行・脅迫は，強盗の手段として加えられたものではないということで，240条を適用できないということになろう。換言すれば，事後強盗罪にも強盗致死傷が適用される以上，致死傷の原因を強盗すなわち財物奪取の目的で行われたものだけに限定することは妥当でないのである。

そこで，通説・判例は，240条の死傷の結果は，たんに**強盗の機会**に生じたものであれば足りるとする②の見解に立っているのであり，この見解が妥当であろう。強盗の機会においては，財物の取還を防ぎ，逮捕を免れ，または罪証を湮滅する等のために，致死傷という重い結果を生ずるような残虐な行為をともなうことが多いので，これを強盗罪の加重情状として重く処罰するものと解するのである。

もっとも，強盗の機会に生じたものであれば死傷の結果はすべて240条の適用を受けるとするのは広きに失する。強盗行為と一定の時間的・場所的近接性・関連性が必要である。たとえば，暴行・脅迫が，強盗行為後間もない機会に加えられたこと，被害者によって強盗の現場から追跡されており，これらの者による財物の取還や逮捕の可能性があるような場合である。**CASE** の場合，殺害がA宅の玄関先で行われている点が問題になろうが，強盗行為と場所的・時間的に近接した状況にあり，その殺害も逮捕を免れる目的で行われたものであるから，240条後段が適用されることになる。

CASE においては，A，B，Cは，住居侵入罪および強盗殺人罪の共同正犯（60条・130条前段・240条後段）の罪責を負うことになる。

〔参考文献〕
　刑法判例百選Ⅱ各論［第4版］80頁［藤尾　彰］
　新判例マニュアル刑法Ⅱ各論45頁［佐久間修］

III 詐欺罪

No. 45 　国家的法益に対する詐欺罪の成否

〈CASE〉　Aは，払下げを受ける適格を有さず，また，開拓の意思もないのに，これがあるかのように装って，国有地の払下げを受けた。Aに詐欺罪は成立するか。

1　問題のありか

国家が農業政策という特定の行政目的で国有地等を売却し，これに応じて売却代金を支払い払下げを受けた場合，それが欺罔（欺くこと）に基づく場合には，農業政策という国家的法益に対する侵害があるとしても，なお，刑法246条の詐欺罪を適用できるか。

2　決定要旨──最決昭51・4・1刑集30巻3号425頁

被告人らは，耕作者の地位の安定と農業生産物の増進を図ることを目的とする農地法61条の趣旨に反して，未墾地を開拓利用する意思がないのに，これを秘匿して，国有地の売渡しを受けた。

＊　「被告人らの本件行為が，農業政策という国家的法益の侵害に向けられた側面を有するとしても（農地法にはかかる行為を処罰する規定はない。），その故をもつて当然に，刑法詐欺罪の成立が排除されるものではない。欺罔行為によつて国家的法益を侵害する場合でも，それが同時に，詐欺罪の保護法益である財産権を侵害するものである以上，当該行政刑罰法規が特別法として詐欺罪の適用を排除する趣旨のものと認められない限り，詐欺罪の成立を認めることは，大審院時代から確立された判例であり，当裁判所もその見解をうけついで今日に至つているのである」。

3　論点の検討

国家や地方公共団体に対して詐欺行為を用いて，財物等の給付を不正に受けたり，徴収権を不正に免れたりした場合に，詐欺罪の成立があるか否かについ

ては争いがある。通説である肯定説は，国家等も財産権の主体となりうる以上，その財産を欺罔行為を用いて移転させるならば，そのような行為が国家の作用を侵害する側面を有していたとしても，それが同時に国家等の財産を侵害するものであるならば，詐欺罪の成立要件は否定されないとする。一方，否定説は，個人的法益を保護する詐欺罪によって国家的法益を保護することはできず，「本来の国家的法益に向けられた詐欺的行為は，詐欺罪の構成要件の予想する犯罪定型の範囲に属しない（。）……農地法にしかるべき罰則……がない現行法のもとでは……犯罪を構成しない（裁判官団藤重光の反対意見）」という。

判例は，従来から，統制物質，配給食糧（最判昭23・7・15刑集2巻8号902頁），生活保護などに関する不正受配・不正受給，そして CASE のような未開墾の農業用地の不正取得について詐欺罪の成立を認めている。その一方で，判例は，脱税や印鑑証明証・旅券・運転免許証等の**不正取得**については詐欺罪の成立を否定している。前者は，国家には強制徴収権があり，また，税法上の罰則も用意されていることに理由があり，後者は，単に一定の資格を付与する証明書を発行するにすぎず，（証明書という「物」の受給を受けてはいるが）財産的利益の侵害はないと考えているのである。なお，同じ証明書に属するとはいえ，市町村の係員を欺いた国民健康保険証の不正取得については，詐欺罪を肯定する判例（大阪高判昭59・5・23高刑集37巻2号328頁）とこれを否定する判例（名古屋地判昭54・4・27刑月11巻4号358頁）とに分かれている。以上を整理すると，欺罔行為によって国家等から金品等の交付を受け，その行為を個々の法令が処罰の対象としていない場合には，そこに個人的法益に対する詐欺罪に相応する関係をみてとれるのであり，したがって詐欺罪が肯定されているのである。その場合に相当な対価が支払われても詐欺罪成立に影響はないであろうし，また，法益関係的錯誤はなかったとしても寄付と称して欺いて金員を徴収する行為や公共施設を設けると偽って私人から土地を買い受ける行為については，その行為の社会的意味を認識していないという理由で詐欺罪の成立が肯定されるであろう。とするならば，CASE においても，国家から不正に土地を取得しており，また，農地法にはそのような行為を処罰する規定はないことからすると，詐欺罪を肯定しうると思われる。

〔参考文献〕

刑法判例百選Ⅱ各論〔第4版〕86頁〔伊藤　渉〕

No. 46 商品先物取引と詐欺罪

〈CASE〉 顧客に商品先物取引を勧誘し委託証拠金(商品先物取引を委託する際に担保として預託するもの)を徴収していた商品取引員Aは，先物取引に無知な家庭の主婦や老人に対して，指示通りに売却すればもうかる旨強調し，顧客には相場の動向に反する取引を頻繁にさせ，顧客が取引で利益を得てもその利益を委託証拠金に振り替えさせ，委託手数料を増大させ，また，利益の支払要求を引き延ばす等の方法(客殺し商法)により，結局，委託証拠金の返還および利益金の支払いを免れようとした。また，顧客の売り買いの委託玉の差について一定割合「向かい玉(顧客の委託玉に対当させて建てる商品取引員の自己玉)」を建てて対当する売買をし，相場の動向により顧客の損失に見合う利益を自社に帰属させようとした。Aの罪責はどうか。

1 問題のありか

いわゆる客殺し商法を行う意図で顧客を取引に勧誘し，顧客から委託証拠金の交付を受けることは，246条の詐欺罪に該当するか。

2 決定要旨——最決平4・2・18刑集46巻2号1頁

最高裁は，高等裁判所が下した有罪判決(詐欺罪)を支持した。

＊「被告人らは，前記……のようないわゆる『客殺し商法』により，先物取引において顧客にことさら損失等を与えるとともに，向かい玉を建てることにより顧客の損失に見合う利益をDに帰属させる意図であるのに，自分達の勧めるとおりに取引すれば必ずもうかるなどと強調し，Dが顧客の利益のために受託業務を行う商品取引員であるかのように装って，取引の委託方を勧誘し，その旨信用した被害者らから委託証拠金名義で現金等の交付を受けたものということができるから，被告人らの本件行為が刑法246条1項の詐欺罪を構成するとした原判断は，正当である。先物取引においては元本の保証はないこと等を記載した書面が取引の開始に当たって被害者らに交付されてい

たこと，被害者らにおいて途中で取引を中止した上で委託証拠金の返還等を求めることが不可能ではなかったことといった所論指摘の事情は，本件欺罔の具体的内容が右のとおりのものである以上，結論を左右するものではない」。

3　論点の検討

詐欺罪の構成要件は，人を欺いて（欺罔して）財物を交付させることであり，「人を欺く」とは，他人をだまして錯誤に陥れること，すなわち，財物交付の手段として人を錯誤に陥れるような行為をいい，「財物を交付させ」とは，相手方の錯誤にもとづいて財物を交付させること，すなわち，相手方の財産的処分行為によって財物の占有を取得することをいう。

では，CASE で，詐欺行為はなにか。それは，顧客の先物取引への知識のないことを利用して，委託証拠金を交付させ，頻繁に売買を行い，資金を売買手数料として支払わせ，解約を引き延ばし，最終的には委託証拠金の返還や利益の支払いを免れるといういわゆる「客殺し商法」と，顧客の損失に見合う利益を自己に帰属するように細工する「向かい玉」である。たしかに，仲介手数料の徴収や，仲介する会社自身の先物取引を行うことも許されており，また，取引の慣行上許されている多少の駆け引き，誇張，事実の緘黙も許されている。しかし，それらが，商品取引の通常性を逸脱した方法態様のものである場合には，「駆け引きとして許される範囲の詐欺行為」とはならないのである。もっとも，先物取引自体に投機的要素があり，その仕組み自体に精通している者であれば，錯誤に陥ることはない。しかし，一定地域の家庭を無差別に訪問して探し出された，先物取引に無知な家庭の主婦・老人を対象として，「必ずもうかる」ことを強調して行う CASE の詐欺の形態は，一種の間接正犯にも擬することができるとされている。詐欺の実行行為を客体ごとに相対化して理解するのである。このような相対化は，強盗や恐喝等他の財産罪の手段としての行為についてもみられることであり，成立要件の不明確化を招くとまではいえないであろう。

なお，CASE で詐欺罪を認めた場合に，どの段階で財物・利益が行為者に移転したか，既遂時期が問題となる。対価を支払ってもそれにみあう効用が生じないというのであれば，客殺し商法によって利益を得た段階ということなろう（2項詐欺罪）が，当初から顧客の委託業務がなされず，委託証拠金を当該取引にあてない CASE の行為は，右証拠金を受け取った段階で既遂に達するとしてよいとされている。

No. 47　不法原因給付と詐欺罪

〈CASE〉　Aは，遊興客に気づかれないようにカジノゲームに仕掛けをして思い通りの数字を出すことができるようにし，それを知らないでゲームに興じていた客Bから，現金100万円をだまし取った。Aの罪責はどうか。

1　問題のありか

　民法708条は，「不法の原因のため給付をなした者は，その給付した物の返還を請求することを得ず」と規定している。したがって，この規定を前提とするならば，麻薬を買ってやると欺いて代金を交付させた場合，その交付は不法な原因に基づくものであり，一旦交付した後は，その物についての返還を請求できないことになる。このように民法上は返還請求権を失った代金について，それを詐取したとして刑法上処罰できるかが問題となる。

2　論点の検討

　法秩序の統一性という観点からは，また，可罰的違法性を認めず違法一元論の立場では，民法上違法でない限り刑法でも違法でないことになる。では，不法原因によって負担した債務は公序良俗に違反し無効であり，また，当該返還請求権は法的に保護されず，したがって刑法上Aの行為は無罪とすべきであろうか。この点については学説の間で争いがある。

　詐欺罪の成立について，否定説は，民法上返還請求が認められていない以上，財産上の損害はなく，民法上保護されない利益を刑法で保護する必要はなく，したがって詐欺罪は成立しないという。これに対して，肯定説は，民法と刑法ではそのよって立つ基礎を異にし，これに応じてその目的・機能も異なる。いわば，わが国では違法一元論は採られていない。したがって，刑法では，民法上保護されない利益であっても保護すべき場合があり，本事例はその場合であるという。そして，詐欺罪を認める根拠については，①被害者は欺かれなければ財物を交付しなかったということ，②交付する財物・財産上の利益そのものは，交付するまでは不法性のあるものではなく，詐欺行為によって被害者の保

護に値する財産状態が侵害されたということ，③肯定説によっても不法を促進することにならず，むしろ不法な行為を抑制することにつながるので合理的であること，に求められるとしている。ただ，この立場に立っても不法な原因に基づく給付物の返還請求権を否定するならば，はやり財産的損害が生じたとする点については疑問が残るし，また，盗品等に関する罪の本質に関する追求権説によれば給付物には盗品性が否定されてしまい不都合であることになる。そこで近時の学説の中には，肯定説の②説によりつつも，その根拠を，行為者が不法の原因を作り出した点に求め，不法の原因は受益者についてのみ存するとして，この場合には民法708条の但書（「ただし，不法の原因が受益者についてのみ存したときは，この限りではない」）が適用されて，それ故返還請求権が肯定されるという理論構成を採るものもある。このように解すれば，確かに，民法と刑法との間の財産犯に関する矛盾を回避できることになろう。

　したがって，**CASE**では詐欺罪が成立する。なお，詐欺的手段を用いて財物ではなく「淫売料」の支払いを免れる行為が2項詐欺罪に当たるかという問題がある。判例・学説上，否定説・肯定説ともに主張されている。刑法の機能を行為無価値的に理解するかぎり，処罰する方向に向かうことになる。

3　関連判例——最決昭43・10・24刑集22巻10号946頁

　Cらは，花札使用のいかさま賭博によってDに現金2万円を支払わせるとともに，139万円の債務を負担させた。

　最高裁は，以下のような理由で詐欺罪の成立を肯定した原審判断を支持した。

　すなわち，原審は，**詐欺賭博**は公序良俗に反する無効な行為である以上，これを原因として債権関係は発生せず，したがって，本件では財産上の利益に対する侵害は存在しないとする弁護人の主張にこたえて，「刑法第246条第2項の罪は人を欺罔し，これを錯誤に陥れて財産上不法の利益を得又は他人をしてこれを得させることにより成立するものにして右に所謂不法とはその利益を取得する手段が不法である場合と解すべく，右利得のよつて生ずる法律行為が私法上有効なると否とは詐欺罪の成立に影響がないものと解するを相当とする」と判示した。

〔参考文献〕

　林幹人『刑法の基本判例』154頁

第3章　財産に対する罪

No. 48　無銭飲食・宿泊

〈CASE〉　Aは，旅行先のホテルで食事をしその後同ホテルで宿泊したが，翌朝，現金およびカードを自宅に忘れていることに気づいたものの，支払いを免れようと考え，フロントの係員に「今晩戻ってくる」と欺いて，そのまま逃走し，代金3万円の支払いを免れた。Aの罪責はどうなるか。

1　問題のありか

246条の詐欺罪は，人を欺く行為によって相手を錯誤に陥れ，その錯誤の結果として，相手方の財産的処分行為により，行為者（または第三者）が財物または財産的利益を取得することによって成立する。そして，この「欺く行為」から「財産的利益」へ至る一連の要素が，客観的には**因果関係**によって，主観的には故意によって包摂されていることが要件とされている。したがって，**財産的処分行為**がなければ，詐欺罪は未遂となるか，あるいは不可罰な利益窃盗となる。CASEでは，財産的処分行為が認められるかどうかが問題となる。

2　論点の検討

無銭飲食・宿泊の形態には，犯意先行型，すなわち当初より代金支払いの意思を持たずに飲食・宿泊の注文・申込みをする場合と，飲食・宿泊先行型，すなわち飲食等の後，支払い段階になって代金支払いの意思を放棄し立ち去る場合がある。後者は，さらに，相手の隙を見て逃走する単純逃走型と，相手を欺いて逃走する偽計逃走型に分けることができる。

CASEの論点は相手方の財産処分意思の要否にあるが，これについては，①処分意思必要説と②処分意思不要説とに学説は二分されている。①必要説は，窃盗と詐欺罪とを客観的に区別することは容易ではなく，不要説に立つと不可罰的な**使用窃盗**まで処罰されてしまうことになるという。一方，②不要説は，財物（利益）が被詐欺者の意思に基づいて相手側に移転していれば詐欺罪を認めうること，財産上の利益の移転が被詐欺者の認識のないままに行われる行為（電気計量器の針を逆回転させる行為など）も詐欺罪として処罰されるべきであ

ると主張する。後掲昭和30年最高裁決定は，事案を犯意先行型と認めて，相手を欺いて飲食・宿泊したことをもって1項詐欺罪にいう人を欺く行為であるとし，その時点がまた既遂時期であるとしたものであるが，傍論ながら，意識的処分行為を要するとして必要説を採用したものである。もっとも，その後の判例は，処分行為の内容を緩やかに解しており，後掲最高裁決定と同様の事案において処分行為を認めた例もあり（東京高判昭33・7・7裁特5巻8号313頁），また，学説も，詐欺行為がなかったならば欺かれた者は必要な作為を行っていたであろうという場合には，「無意識の処分行為」「不作為の処分行為」によって2項利得罪は成立するとしている。

　さて，犯意先行型の場合には，いずれの説によっても1項詐欺罪が成立することになる。これに対して，**CASE** のような偽計逃走型については，不要説からすると2項詐欺罪が成立し，必要説からは利益窃盗となる（民事上の賠償責任は生じる）が，詐欺罪の典型例においても，処分行為は無意識で行われていることに留意すべきである。さらに，単純逃走型については，相手の処分行為はないのであるから，いずれの見解からも**利益窃盗**として不処罰となる。

3　関連判例——最決昭30・7・7刑集9巻9号1856頁

　被告人Bは，所持金もなくまた代金支払いの意思もないにもかかわらず，それがあるように装って料亭Cにおいて，宿泊・飲食をし，自動車で帰宅する知人を見送ると料亭のDを欺いて外出したまま逃走し，代金3万円の支払いを免れた。原判決は，代金の支払いを免れた点に詐欺罪の成立を認めた。

＊　「刑法246条2項にいわゆる『財産上不法の利益を得』とは……すべて相手方の意思によつて財産上不法の利益を得る場合をいうものである。従つて，詐欺罪で得た財産上不法の利益が，債務の支払を免れたことであるとするには，相手方たる債権者を欺罔して債務免除の意思表示をなさしめることを要するものであつて，単に逃走して事実上支払をしなかつただけで足り」ない。「されば，原判決が……代金支払を免れた詐欺罪の既遂と解したことは失当であ」るが，「本件では，逃亡前すでにDを欺罔して，代金32,290円に相当する宿泊，飲食等をしたときに刑法246条の詐欺罪が既遂に達した」と認めることができる。

〔**参考文献**〕
刑法判例百選Ⅱ各論［第4版］88頁［立石二六］

第3章 財産に対する罪

| *No. 49* | キセル乗車 |

〈CASE〉　Aは，X―Y―Z間の有料道路を利用した際，あらかじめYインターチェンジからの通行券を用意しておき，Y―Z間の料金しか支払わなかった。Aの罪責はどうか。

1　問題のありか

キセル乗車やCASEのように高速道路において一定区間のみの使用料しか払わないで通行する行為が**2項詐欺罪**に該当するかについては判例・学説上見解の対立が存する。争点は，①不法な利益は何か，②欺罔行為は何か，そして，③処分行為は何か，ということである。

2　論点の検討

キセル乗車と詐欺罪の成否については，上述の①～③の論点があるが，詐欺罪の成立を認める肯定説の理論構成には，乗車駅基準説と下車駅基準説がある。

まず，乗車駅基準説は，ⓐ当初からキセル乗車の意思がある場合と，ⓑ乗車後に不正乗車の意思を生じた場合に分けて検討し，前者ⓐの場合には，乗車駅で乗車券を呈示する行為が鉄道企業体に対する作為による人を欺く行為で，改札口の通過および乗車を許した結果である，目的地までの輸送は有償的役務の提供であるとする。後掲大阪高判昭和44年判決は，この立場である。後者ⓑについては，不正な乗車券を係員に示す行為が作為による人を欺く行為であり，係員が改札口の通過を認めることが鉄道企業体としての運賃債務を免除する処分行為であるとしている。

下車駅基準説は，ⓐⓑの場合を区別することなく，下車駅改札口で，正規の運賃支払いが済んでいるかのように装って改札員を欺き（作為による欺罔行為），その結果，係員をして運賃を精算せずに出場させるという不作為による処分行為を介して，事実上の運賃の支払いを免れ，財産上不法の利益（債務免除）を得たと構成するのである。

他方，キセル乗車については詐欺罪は成立しないとする否定説も有力である。

その論拠は，後掲大阪高判の事例でいえば，A―B駅間の乗車券は有効であり，かつ，乗車駅で乗り越しの申告義務はないから乗車駅係員乙に対して詐欺行為はなく，下車駅係員が支払い免除の意思表示をしない限り支払い義務を免れるものではないから財産上不法の利益を得たものとはいえない（東京高判昭35年2月22日東高刑11巻2号43頁），また，改札口通過時に正当な乗車券を呈示した以上，通過させた駅員に錯誤はなく，処分行為を作為あるいは不作為に求めても，その間に因果関係はない，というのである。

詐欺罪肯定説と否定説との争いは，無意識の処分行為を認めるか否かについての争いということができる。**CASE** についても，判例（福井地判昭56・8・31判時1022号144頁）は，**無意識の処分行為**を認めて詐欺罪の成立を認めた。学説では無意識の処分行為を肯定するか否かに対応して，無罪説と有罪説とに分かれているが，処分行為を意識的なものにかぎる理由はないと思われる。

3　関連判例——大阪高判昭44・8・7刑月1巻8号795頁

被告人甲は，あらかじめ購入しておいたC―D駅間の乗車券を所持して，A駅でB駅までの乗車券を購入し，A駅の改札係員乙からそれに入札を受けて列車に乗車しD駅で下車した。第一審は，B―C駅間の乗車券運賃を免れる意図を秘して乙にA―B駅間の乗車券を呈示した行為は，途中区間乗車の許諾処分に直接むけられた詐欺行為ではないとして，詐欺罪を否定したため，検察側が控訴したところ，第二審判決は第一審判決を破棄し自判した。

*　「A駅からD駅まで継続乗車しながら，途中区間の運賃の支払をしない意思……を秘してA駅改札係員に対しA駅，B駅間の乗車券を呈示したというのであるから，その乗車券の呈示は，被告人が改札係員に対し，乗車区間に応じて運賃を支払う正常な乗客であるように装いD駅行列車に乗車して……不正乗車の目的を達するための手段としてなされたことが明らかである。……また，右欺罔行為により改札係員をして正常な乗客と誤信させた結果，同係員が乗車券に入鋏して改札口を通過させ，D駅行列車に乗車させ，国鉄の職員が被告人をD駅まで輸送したことは，被告人に対し輸送の有償的役務を提供するという処分行為をしたものというべきであ」る。

〔参考文献〕
刑法判例百選Ⅱ各論［第4版］90頁［神山敏雄］

第3章 財産に対する罪

No. 50　クレジットカードの不正使用

〈CASE〉　Aは，デパートで指輪を購入し，自分の銀行口座の預金残高が少ないことを知りながら，代金支払いの意思なくクレジットカードで支払いをした。Aの罪責はどうか。

1　問題のありか

クレジットカードは，加盟店（デパートなど）が商品を購入者（カード利用者）に交付すると，その後，その代金は信販会社から加盟店に立替払いされ，後日，カード利用者から信販会社へ返済されるというシステムでなりたっている。この，クレジットカードの不正使用に詐欺罪が成立するとした場合，欺かれた者は誰か，処分者は誰か，被害者はだれなのか，そして詐欺罪の客体は何か，については見解の対立がある。Aには詐欺罪が成立するか。

2　論点の検討

クレジットカードの不正使用について詐欺罪を肯定する説のうち，①説は，加盟店を介しての間接正犯と解し，欺かれた者，処分者，被害者はすべて信販会社であるとする（信販会社から加盟店に代金が支払われた時点で2項詐欺罪が成立。客体は代金債務）。②説は，加盟店は事情を知っていれば取引を拒絶すべきは信義則上当然であり，したがって，加盟店に対する関係で詐欺罪が成立するとする（欺かれた者も，処分者も，被害者も加盟店であり，1項詐欺罪が成立。客体は商品）。③説は，欺かれた者は加盟店であるが，終局的に財産上の損害を受けるのは信販会社であるとして信販会社に対する2項詐欺罪が成立するとする（欺かれた者，処分者は加盟店で，被害者は信販会社となり2項詐欺罪が成立。客体は代金債務）。④説は，加盟店は確実に立替払いを受けるのであるから加盟店には錯誤がなく，加盟店を欺く行為もないので無罪であるとする。

そこで検討するに，①説には，騙されたと分かっていても支払いをしなければならない信販会社の行為は処分行為とはいえない，①説，③説には，信販会社の決済時まで詐欺罪は既遂とならず不都合である，また，④説には，無罪と

するのは余りにも形式的である，との批判がある。そして，残る②説には，加盟店は被害者とはなりえないとの批判もたしかにあるのだが，もし詐欺行為がなければ財物を交付しなかったであろうという関係が成立する以上，行為者の行為に「占有」侵害を見て取ることができよう。また，この説は明快であり，財物を得た段階で既遂と解することは社会通念にも合致するのである。

さて，後掲東京高判平成3年判決は，「支払い意思の仮装」ばかりか，「カード名義人であるかのごとく装ったこと」，および「支払い能力の仮装」もまた欺く行為にあたるとしたが，その点に判例としての意義があり，後二者も加盟店にとってはそれ自体欺く行為にほかならず，その結論は支持できよう。**CASE**は，**自己名義のカードの不正使用**についての事例であるが，支払い意思がないにもかかわらずそれがあるように仮装している点は，いずれにせよ，欺く行為の本質であることにかわりはないといえよう。Aには，したがって1項詐欺罪が成立すると解する（福岡高判昭56・9・21刑月13巻8＝9号527頁）。

3　関連判例──東京高判平3・12・26判タ787号272頁

被告人は，電気店の店員に対して**他人名義のクレジットカード**を提示して，正当な権限を有する者が所定の方法で代金を支払うかのように装って洗濯機を購入した。本判決は，1項詐欺罪を認めた原判決の結論を支持した。

＊　「クレジットカード制度は，前述したようにカード名義人（カード会員）本人に対する個別的な信用を供与することが根幹となっているのであるから，カード使用者がカードを利用する正当な権限を有するカード名義人本人であるかどうかがクレジットカード制度の極めて重要な要素であることは明らかで，カード名義人を偽り自己がカード使用の正当な権限を有するかのように装う行為はまさに欺罔行為そのものというべきであ」る。「支払いの能力を欠いた場合には，そのこと自体から支払いの意思は存在しないのであるから両者を独立して論ずる実益はないが，支払いの能力がある場合でも支払いの意思がないときがあるのであるから，両者は欺罔行為として別個に考え得るものであって，支払いの能力及び支払いの意思ともに欠けるとして起訴されている本件のような場合……支払いの能力がないのにこれあるように装う行為も詐欺罪の構成要件事実である欺罔行為そのものであるといわなければならない」。

〔参考文献〕
刑法判例百選Ⅱ各論［第4版］92頁［吉田敏雄］

No. 51　価格相当の商品提供と詐欺罪

<CASE>　Aは，医学博士でないにもかかわらず，これを装い，コンビニ等で一般に市販されている1,000円程度のビタミン剤を,「革命的な痩身剤」であると偽って，同じく1,000円程度で販売した。Aの罪責はどうか。

1　問題のありか

詐欺罪は，相手を欺いて財物を交付させる罪であり，相手方には財産上の損害の発生が見られるのが通常である。では，行為者が交付を受けた金員について，価格相当の，あるいはそれ以上の物を提供している場合はどうか。この場合には，財産的損害はみられず，したがって，詐欺罪は成立しないとも考えられるのである。そして，かりにそれでも詐欺罪が成立するとした場合，どのように論理構成するかが問われるのである。

2　論点の検討

詐欺罪の成立について，通説は財産的損害の発生を要件としている。そして，その場合の**財産的損害**については，①説（通説）は，人を欺く行為による個別財産の喪失自体が損害であるとし，②説は，全体財産が悪化したことをもって財産的損害と解する。そして，欺いてはいるものの，相当な対価を支払って財物を得た（事例Ⓐ）とか，逆に，CASEのように，売買という形で金員の交付を受けたが相手にもその金額に相当する財物を交付したという場合（事例Ⓑ）には，①説によれば，詐欺罪は個別財産を対象とするのであるから，損害の存否の判断は，対象となっている財物，CASEでは現金1,000円それ自体に対してなされることになる。そして，上記事例Ⓐ，Ⓑについて，通説は，欺かれることがなかったならば，財物（金員）を交付しなかったであろうという関係にあれば，詐欺罪は成立するというのである。一方，②説によれば，被害者が財物（金員）を交付してもそれに相当する対価（財物）を得ているのであれば，その者の全体財産の悪化はなく，したがって財産的損害はないことになり，結局詐欺罪は成立しないことになる。

判例は，後掲昭和34年最高裁決定のように，犯人が真正の事実を告知した場

合には相手方が財物を交付しなかったであろうという関係が認められる場合には，詐欺罪が成立するとして，一貫して①説に立っている。たとえば，相手方が処分禁止の株券であることを知ったならば取引をしないであろうことを知りつつ，その事実を秘して，右株券を売却した場合には，たとえ民事上の損害がないとしても，詐欺罪が成立するとされているのである（大判昭11・5・4刑集15巻559頁）。このような判例に照らすと，**CASE** において，Aの販売する商品が単なるビタミン剤であって，痩身には効果がないということを相手方が知っていればその物を購入したとはいえないことは明らかであるから，たとえ商品の対価は本来の価格と同額であったとしても詐欺罪は成立することになる。Aが自分は医者でないことを明らかにしていても同様である。もっとも，医者でない者が医者であると称してある薬を相当価格で販売しても詐欺罪は成立しない（大判昭3・12・21刑集7巻772頁）。この場合には，医者と偽ったことは財産的損害を基礎づけているわけではなく，相手は希望通りの薬を手にしているからである。未成年者が成人であるように装って酒を買っても，詐欺罪は成立しないのも同様である。現在の有力説は，これを，財産的損害の発生の有無は，被害者が獲得しようとしてできなかったものが，経済的に評価し直せる内容のものかどうかで判断するとしている。

3　関連判例——最決昭34・9・28刑集13巻11号2993頁

　被告人は，医師であるかのように偽り，電気器具店で一般に市販されている普通の電気アンマ器を，中風や小児麻痺等の疾病に特効があり，一般には入手困難な新しい特殊治療器で高価なもののように装い，17名の者から売買代金等の名義で，2,200円前後の現金の交付を受けた。

＊　「たとえ価格相当の商品を提供したとしても，事実を告知するときは相手方が金員を交付しないような場合において，ことさら商品の効能などにつき真実に反する誇大な事実を告知して相手方を誤信させ，金員の交付を受けた場合は，詐欺罪が成立する。」そして本件の電気アンマ機が「小売価格が2,100円であつたとしても……被告人はB外16名に対し……虚構の事実を申し向けて誤信させ」，同人から売買名義のもとに，「現金の交付を受けたというのであるから，被告人の本件各所為が詐欺罪を構成するとした原判示は正当に帰する」。

〔**参考文献**〕
　刑法判例百選Ⅱ各論［第4版］98頁［木村光江］

Ⅳ 恐 喝 罪

| No. 52 | 黙示の処分行為と2項恐喝 |

〈CASE〉 Aは，レストランで飲食後，同店の従業員Bからの飲食代金2000円の請求に対して「そんな請求をして俺の顔を汚すきか，こんな店をつぶすのは簡単だ」などと言って脅迫し，Bおよび経営者Cにその代金請求を一時断念させた。Aの罪責はどうか。

1　問題のありか

AのBおよびCに対する飲食代金の拒絶とその代金請求を断念させたことについて，2項恐喝罪（249条2項）の成否が問題となる。2項恐喝罪の成否では，とくに，客体としての財産上の利益と被害者の処分行為の内容が重要である。CASEの場合に，B，Cに対する脅迫による飲食代金の支払いの猶予が財産上の利益に該当するが，BおよびCのAに対する飲食代金の債務免除の積極的な意思表示がないままに，その支払いを一時的に免れたことが処分行為に当るか否かが問題となる。

恐喝罪は，詐欺罪とその構造が類似し，被害者が恐喝行為により畏怖し，その処分行為により財物または財産上の利益が移転すること，すなわち，被害者の瑕疵ある意思に基づいた処分行為が必要であることは，学説・判例ともに一致している。しかし，処分行為の要件については，恐喝罪の場合には，恐喝という詐欺罪の欺罔とは異なる方法によってなされることから，両者に求められる処分行為の意味が異なることに注意してこの問題を検討する必要がある。

2　決定要旨──最決昭43・12・11刑集22巻13号1469頁

＊　「原裁判所が，被告人が一審判決判示の脅迫文言を申し向けて被害者等を畏怖させ，よって被害者側の請求を断念せしめた以上，そこに被害者側の黙示的な少なくとも支払猶予の処分行為が存在するものと認め，恐喝罪の成立を肯定したのは相当である」。

3　論点の検討

2項恐喝罪の成立において，被害者の**処分行為**が必要であることは，学説・判例で認められているが，詐欺罪の場合のように，積極的な債務免除の意思表示を必要とするような厳格なものと解されてきたわけではない。判例は，恐喝罪の処分行為を直接的に問題にするのではなく，畏怖による請求の断念が，財産上の不法の利益を得たことに該当するかを判断し，それを肯定してきた。この点で，無銭宿泊・飲食の場合に，「詐欺罪で得た財産上の不法の利益が，債務の支払を免れたことであるとするには，相手方たる債権者を欺罔して債務免除の意思表示をなさしめることを要する」（最決昭30・7・7刑集9巻9号1856頁）とされる詐欺罪の場合とは異なる。決定要旨は，恐喝罪の成立要件として処分行為を認めつつ，「被害者側の黙示的な少なくとも支払猶予の処分行為」で足りるとした点に意義がある。

　2項恐喝罪など財産上の利益を目的とする犯罪では，被害者側の現実的な意思表示による処分行為を要求することが，その可罰性の限界を示す上で重要な機能を果たすことになる。しかし，恐喝罪は詐欺罪と異なり，脅迫・暴行を手段として人を畏怖させ財産上の利益を得るものであり，被害者側が利益移転を黙認せざるを得ない場合が多い。その意味で，**黙示の処分行為**を認め，処分行為の要件を詐欺罪の場合と比べて緩やかに解することは相当である。しかし，処分行為の緩和は，実質的に処分行為を求める意義を失わせる可能性があるので，黙示の処分行為の現実的な意味を十分に検討する必要がある。

　CASEでは，Aの脅迫によって，B，Cは，本来請求しうる飲食代金をAの言動などに畏怖して代金の請求を一時的ではあっても事実上断念したのであるから，黙示の処分行為を認めることができ，Aに2項恐喝罪が成立する。

4　関連判例──最判昭32・9・13刑集11巻9号2263頁

　2項強盗罪の場合，財産上の処分行為を不要としている。

　＊　「236条2項の罪は1項の罪と同じく処罰すべきものと規定され1項の罪とは不法利得と財物強取とを異にする外，その構成要素に何らの差異がなく，1項の罪におけると同じく相手方の反抗を抑圧すべき暴行，脅迫の手段を用いて財産上不法利得するをもって足り，必ずしも相手方の意思による処分行為を強制することを要するものではない」。

［参考文献］
　刑法判例百選Ⅱ各論［第4版］104頁［本間一也］
　前田雅英『最新重要判例250刑法［第4版］』189頁

No. 53 　権利行使と恐喝罪

〈CASE〉　Aは，Bがリストラにより職を失い生活費に困っているというので期限を定めて20万円を貸した。その後，約束の返済期日がきて，Bは10万円を返済し，Aはそれを受け取ったが，残金は，Aが支払いの請求を何度も求めたのにもかかわらずなされなかった。そこで，Aは友人Cと共謀して，Bに残金の支払いを求め，「要求に応じない場合には身体に危害を加えるぞ」と脅迫して，Bを畏怖させ，残金10万円を含む20万円を交付させた。Aの罪責はどうなるか。

1　問題のありか

Aが社会通念上認められる方法で，Bに対して借金の全額返済を求める権利を有することは当然である。その意味で，Bの任意による10万円の返済金の受領は全く適法である。しかし，残金10万円については，Bの自由な意思に基づくものではなく，さらに10万円は債務の範囲外のものである。そこで，Aの貸し金の返還請求という**権利行使と恐喝罪**の成否が問題となる。とくに，①権利行使の場合といえども脅迫・暴行により相手方を畏怖させて金銭を交付させた場合には，恐喝罪が成立するか，②恐喝罪の成立は債権額も含まれるのか，という問題がある。

2　論点の検討

権利行使と恐喝罪の関係については，判例・学説ともに変遷している。

判例は，大審院の当初，権利の実行者は，権利の範囲内であるならば恐喝罪は成立しないという立場にあったが，その後，詐欺罪に関する判例（大判大2・12・23刑録19輯1502頁）の原則が，恐喝罪にも適用されるものとされた。その原則とは，債権の範囲内で財物・利益が取得された場合には恐喝罪が成立せず，権利の範囲を超えた財物・利益が取得された場合には，可分の場合には権利を超えた部分だけが恐喝罪となり，不可分の場合に全部に恐喝罪が成立するというものである。

しかし，最高裁は，権利の実行が社会通念上の受容すべき範囲・程度を逸脱したときは，たとえ債権の範囲内でも恐喝罪または脅迫罪の成立可能性を示し，決定要旨では，債権額にかかわらず金銭の全部に恐喝罪が成立するとされた。

学説も，判例の流れに対応して，無罪説，脅迫罪説，恐喝罪説がある。無罪説の根拠としては，①恐喝罪は全体財産に対する罪であって債権の実行の場合は，全体財産の減少を生じないので恐喝罪の構成要件に該当しないとする説（この考え方は少数説である）。②手段としては違法であるが，その違法は権利行使そのものを違法とするものではないとする説などがある。なお，この点で，手段の違法に着目して，脅迫罪を認める説もある。

たしかに権利行使の実現性を法的保護の内容として高く評価することは大切であるが，暴力・脅迫による権利実行は，社会通念上認められる程度を超える場合には，その暴力的性格を鑑みるともはや正当な権利行使とは言えず，その行為全体が違法であると解される。したがって，恐喝によって得た利益は，その可分・不可分を問わず債権額のいかんにかかわらず利益全体に恐喝罪が成立すると解するべきである。しかし，権利行使という観点から，正当行為（35条）による違法性の阻却が十分に考慮されるべきである。

Aは，Bに対して債権者としてその債務の弁済を求めたが，その手段としては，脅迫という社会通念上許されない方法で，しかも債権額を超えた20万円を交付させたのであるから，その全額について恐喝罪が成立すると解される。

3 関連判例——最判昭30・10・14刑集9巻11号2173頁

＊「被告人等が所論債権取立のために執った手段は，原判決の確定するところによれば，若し債務者において被告人等の要求に応じないときは，同人の身体に危害を加えるような態度を示し，且同人に対し被告人A及びB等は『俺たちの顔を立てろ』等と申し向けCをして若しその要求に応じない時は自己の身体に危害を加えられるかも知れないと畏怖せしめたというのであるから，もとより，権利行使の手段として社会通念上，一般に認容すべきものと認められる程度を逸脱した手段であることは論なく，従って，原判決が右の手段によりAをして金六万円を交付せしめた被告人等の行為に対し，被告人Wの債権額のいかんにかかわらず，右金六万円の全額について恐喝罪の成立を認めたのは正当であって，所論を採用することはできない」。

V　横　領　罪

No. 54　使途を定めて寄託された金銭と横領罪

〈CASE〉　Aは、Bら数名から数回にわたり製茶買付の依頼を受けて、その買付資金として、金銭を預かり保管していたが、この金銭を無断で自己の生活費や遊興費などの用途に費消した。Aの罪責はどうなるか。

1　問題のありか

AがBらから**寄託された金銭**を無断で自己の生活費や遊興費に費消した行為に対する横領罪の成立が問われる。横領罪の客体は、「**自己の占有する他人の物**」である。通常の場合、金銭は、民法上ではその高度な代替性に着目してその所有と占有は一致し、金銭の所有権は占有者にあるとするのが通説・判例の立場である。したがって、この民法理論を純粋に適用すれば、AはBらから金銭の占有を受けた時点でその所有権を取得したものであり、その金銭は「他人の物」にあたらず、Aの行為に横領罪は成立しないことになる。しかし、CASEのように、寄託者が使途を定めて寄託した金銭のように当該金銭の自由な処分が禁止されていると解される場合にもその金銭の他人性を否定して横領罪を不成立と解することには問題がある。

2　判決要旨——最判昭26・5・25刑集5巻6号1186頁

＊　「使途を限定されて寄託された金銭は、売買代金の如く単純な商取引の履行として授受されたものとは自からその性質を異にするものであって、特別の事情がない限り受託者はその金銭について刑法252条にいわゆる『他人ノ物』を占有する者と解すべきであり、従って、受託者がその金銭についてほしいままに委託の本旨に違った処分をしたときは、横領罪を構成するものと言わなければならない」。

3　論点の検討

(1)　横領罪の客体としての「他人の物」と金銭の関係

金銭が横領罪の客体としての「他人の物」に含まれるか。金銭は、紙幣や貨

幣として紙や金属に価値が化体されたもので，その物質的な個性に着目する場合（例えば，記念コイン）には，横領罪の客体としての「他人の物」に含まれる。しかし，金銭のそのような役割は例外であって，通常は，経済取引における交換価値の媒介機能が中心である。そこでは，金銭は，内在的な交換価値自体が問題となり，物的性格はほとんど問題とされない。

この金銭の抽象的・代替的な性格により，民法理論では，金銭の所有権の取得については，占有権と所有権が一致するとされ，金銭の占有が移転すれば所有権も移転することになるとされている。その民法理論をそのまま横領罪に適用すれば，金銭の占有を受けた時点で，占有者はその所有権を取得することになり，横領罪の客体としての他人性が失われることになるので横領罪は不成立となる。

この結論は，経済取引における交換価値の媒体としての金銭の高度な流動性や代替性にからみると妥当性がある。このような経済取引の媒介物としての通常の金銭を横領罪の客体に含めることは，理論的および実際的にも適切でなく必要性にも乏しい。しかし，すべての場合に，金銭が横領罪の客体に含まれないと解すべきではない。その例外としては，使途を定めて寄託された金銭の場合が考えられる。

(2) 使途を定めて寄託された金銭と横領罪の成立

使途を定めて寄託された金銭を受託した者が，自己のために費消した場合に，学説も判例の立場と同様に横領罪の成立を認めている。横領罪における「他人の物」の判断は，民法の所有権の法理を基礎にしつつも，さらに，刑法的な立場から委託者の保護の必要性を考慮してなされるべきであり，必ずしも民法の金銭の所有と占有の一致の考え方が貫かれなければならないわけではない。

民法の目的が金銭の高度な流通性の保護であるのに対して，刑法は委託者の財産を保護することを目的するものであり，両者の「所有権」の意味が相違する場合があることはやむをえないと解される。かりに，民法理論を貫けば，金銭寄託に関しては横領罪の成立の余地はほとんどなくなり，背任罪のみで寄託者を保護することになり不十分である。なお，一時流用の場合で，完全な補填の意思と資力を有する場合には，横領罪の不法領得の意思を欠くものとして犯罪不成立となる場合があると解される。

Aは，使途を限定されて寄託された金銭を受託したのであるから，それを自己のために費消することは，横領罪が成立すると解される。

No. 55　不動産の二重売買と横領罪

〈CASE〉　Aは，本件山林の所有権が売買によりBに移転していることを知り，その売却を交渉し断られたが，登記簿上の所有名義がBではなくCにあることを利用して，Cの相続人Dから山林を取得しようと企てた。Dは，最初は，山林がすでにEに譲渡されたものであることを理由にその申し出を拒否したが，Aは，Dに法的知識がなく経済的にも困っていることにつけこんで「山林を売却しても裁判沙汰になるようなことはなく，万一そのようなことになっても自分で引き受ける」と言葉巧みに誤信させ，Dから山林を買い受けて登記を取得した。AおよびDの罪責はどうなるか。

1　問題のありか

　まずDの罪責から検討する必要がある。他人に売却した不動産を，所有権移転登記完了前に，第三者に売却してその者に所有権移転登記をなした場合に横領罪の成立が問われる。横領罪の客体は，「自己の占有する他人の物」であるが，本件山林はすでに売買によって所有権がCからBに移転しておりDにとって他人の財物であること，横領罪における不動産の占有は登記名義人にあるとされていことから，それらの要件をみたし，DのAへの本件山林の売却は横領罪を構成する。
　Aの罪責が，CASEの中心的な問題であるが，Aは**二重売買**における第二買受人の地位にあり，Dの横領罪の教唆ないし共同正犯の成立が問われる。

2　判決要旨──福岡高判昭47・11・22判タ289号292頁

＊　「不動産の二重譲渡の場合，売主Dの所為が横領罪を構成することは明らかであるが，その買主については，単に二重譲渡であることを知りつつ買受けることは，民法177条の法意に照らし，経済取引上許された行為であって，刑法上も違法性を有しないものと介すべきことは，所論のとおりである。しかしながら本件においては，買主たる被告人は，所有者Bから買い取ることが困難であるため名義人D（Cの相続人）から買い入れようと企て，前述の

とおり単に二重譲渡になることの認識を有していたのに止まらず，二重譲渡になることを知りつつ敢えてDに対し本件山林の売却方を申入れ，同人が二重譲渡になることを理由に右申入れを拒絶したのにもかかわらず，法的知識の乏しい同人に対し，二重譲渡の決意を生ぜしめるべく，借金はもう50年以上たっているから担保も時効になっている，裁判になっても自分が引受けるから心配は要らない等執拗且つ積極的に働きかけて，その結果遂に同人をして本件山林を二重譲渡することを承諾させて被告人と売買契約を締結するに至らしめたものであるから，被告人の本件所為は，もはや経済取引上許容されうる範囲を逸脱した刑法上違法な所為というべく，右Dを唆かし，更にすすんで自己の利益を図るため同人と共謀のうえ本件横領行為に及んだものとして，横領罪の共同正犯としての刑責を免れないものというべきである」。

3　論点の検討

CASEは，不動産の二重売買における第三者である**第二買受人の刑事責任**の問題である。不動産の二重売買とは，不動産の売主が，第一買受人に売却した後，登記移転が完了していないことを利用して，第二買受人に売却することをいう。まず，売主Dに第一買受人Bに対する横領罪が成立する場合のか否かが問題となる。そして，Dに横領罪が成立する場合に，その第二買受人Aに，Dの横領罪に対する共犯の成立が問われる。

第二買受人が，二重売買について民法上善意である場合，さらに悪意の場合でも経済取引上許された行為によって売主から不動産を購入し登記を完了させた場合には，第一買受人にその権利を対抗できる（民法177条）ので，刑法上，売主の横領罪に対する教唆犯や共同正犯が成立することはない。しかし，民法上，判例・学説によって，第二買受人が許容される経済取引ルールを逸脱して，第一買受人を侵害するような場合に，背信的悪意者として登記取得による所有権を第三者に対抗できないとされている。このような場合には，第二買受人は，第三者としての権利を主張できず，第一買受人の所有権を侵害して財物を得たのであるから，横領罪の共犯が成立すると解されている。

CASEにおけるAは，Cによって山林がすでにBに売買されていることを知りながら，Dから民法上許容される経済取引ルールを逸脱した方法で山林を買い受けたのであり，背信的悪意者として自己の権利を第三者に主張できない。その行為は，Dの横領の幇助や教唆に止まらず，積極的に参加したものであり，横領罪の共同正犯が成立すると解される。

No. 56　不法原因給付と横領罪

〈CASE〉　Aは，Bが宝石店Cから盗んできた宝石をそれが盗品であることを知りながら，Bの委託を受けてDに売却の斡旋を行い百万円の代金を受け取ったが，それをBに渡さずに自己の遊興費として費消した。Aの罪責はどうなるか。

1　問題のありか

　Aは，Bから委託を受けてDから受け取った代金百万円をBに渡さずに自己のために費消したのであるから，Bに対する横領罪の成否が問題となる。横領罪が成立するためには，AとBとの間に委託関係の存在が必要であるが，Bの委託を受けてDに売却した宝石は，盗品であり，AとBはそのことを知っていたのであるから，AとBの盗品に関する委託関係は，民法90条の公序良俗に違反して無効であると解される。
　民法708条は，「不法の原因のため給付をなしたる者はその給付した物の返還を求めることができない」（不法原因給付）と規定している。この規定により，BのAに対する代金の返還請求権は認められないことになる。その結果として，売買代金の所有権はBではなくAにあり，横領罪の成立がしないのではないかという問題がある。すなわち，**不法原因給付と横領罪**の関係をいかに解するかということである。

2　論点の検討

　不法原因給付物に対する横領罪の成否については，横領罪成立説と不成立説の対立がある。判例は，大審院以来，不法原因給付の場合は給付者に所有権が残ることを前提に横領罪を肯定してきた。しかし，民事判例（最判昭45・10・21民集24巻11号1560頁）が，不法原因給付物は，給付者が返還請求しえない反射的効果として，所有権は受給者に移転する判示することにより，この根拠は失われることになった。しかし，判例は，民法と刑法の所有権概念の相対性や給付者の要保護性を根拠に，刑法上では，不法原因給付の場合においても所有権は

給付者にあり，横領罪が成立するという立場を維持してきた。

　これに対して，学説は，横領罪不成立説が有力である。その理由は，不法原因給付によって，給付者が法律上の返還請求権を持たない場合には，給付者には保護されるべき所有権が存在しないこと，法律上の保護すべき委託関係が存在しないこと，民法上返還義務のない受給者に刑罰により返還を強制することは，法秩序の統一性に反することなどがあげられる。かりに，民法と刑法の所有権概念の相対性を認めるとしても，民法上の返還請求権が完全に否定されている場合にまで，刑罰の適用を認めることは，**刑法の謙抑性**に反し妥当ではないといえよう。以上から，不法原因給付によって給付者が返還請求をなしえない場合には，不成立説が相当であると思われる。

　しかし，民法上の不法原因給付は，所有権の移転のように受託者に利益の最終的な移転が必要であり，保管として目的物の占有のみを移転する趣旨で委託された場合には，民法708条の適用はないと解されている。

　CASEのAは，Bから宝石を売却する斡旋の依頼を受けてその代金を保管する立場に過ぎず，代金百万円の最終的な所有権の受給者には該当しない。したがって，民法708条の適用はなく，Aには横領罪が成立する。

3　関連判例——最判昭23・6・5刑集2巻7号641頁

　第三者に賄賂として交付する目的で他人から委託された金銭を自己のために消費した事案について，次のように判示している。

＊　「不法原因の為給付をした者はそのものの返還を請求することができないことは民法第708条の規定するところであるが刑法第252条第1項の横領罪の目的は単に犯人の占有する他人の物であることを要件としているのであって必ずしも物の給付者において民法上その返還を請求し得べきものであることを要件としていないのである。そして前示原判示によれば被告人は他に贈賄する目的をもって本件金員を原審相被告人XおよびYから受取り保管していたものであるから被告人の占有に帰した本件金員は被告人の物であるということはできない。又金銭の如き代替物であるからといって直ちにこれを被告人の財物であると断定することもできないのであるから本件金員は結局被告人の占有する他人の物であってその給付者が民法上その返還を請求し得べきものであると否とを問わず被告人においてこれを自己の用途に費消した以上横領罪の成立を妨げないものといわなければならない」。

No. 57　横領罪における不法領得の意思

〈CASE〉　Aは，B市の会計業務を担当する部長で，公園建設の資金に後日使用するために2千万円相当のC株式の保管していたが，株式市場におけるC株式の下落を懸念して，その株式の1千万円分を許可なく売却した。そして，C株式が値上がり後に買い戻すことによって不足分を補塡しようと考えていた。Aの罪責はどうなるか。

1　問題のありか

Aは，公園建設のためにB市が保有するC株式を権限なしに売却したので，自己の占有する他人の物を勝手に処分したのであり，横領罪の成立が問われる。横領罪の成立には，不法領得の意思が必要であるというのが通説・判例の立場であり，Aに不法領得の意思が認められるかが問題となる。

2　判決要旨──最判昭24・3・8刑集3巻3号276頁

＊　「横領罪の成立に必要な不法領得の意思とは，他人の物の占有者が委託の任務に背いて，その物につき権限がないのに所有者でなければできないような処分をする意思をいうのであって，必ずしも占有者が自己の利益取得を意図することを必要とするものではなく，又占有者において不法に処分したものを後日に補塡する意思が行為当時にあったからとて横領罪の成立を妨げるものではない」。

3　論点の検討

横領罪の本質をめぐって，学説では，①．委託権限を越えて他人の財物になすすべての処分を横領罪と認める越権行為説と，②．不法領得の意思を必要とする領得行為説の対立があるが，今日では，通説・判例では，横領罪の成立には，不法領得の意思が必要であるとされている。すなわち，横領罪とは，領得罪の一種であり自己の占有する他人の物に**不法領得の意思**を実現する行為であるとされている。しかし，不法領得の意思の内容については，見解が分かれている。

判例は，横領罪と同じく領得罪である窃盗罪の不法領得の意思について，「権利者を排除して他人の物を自己の所有物としてその経済的用法に従いこれを利用もしくは処分する意思」（大判大4・5・21刑録21輯663頁）としている。すなわち，窃盗罪の不法領得の意思は，権利者を排除する意思，所有者としてふるまう意思，経済的用法にしたがう意思，という三要件が必要であるとする。

これに対して，横領罪の不法領得の意思は，権利者を排除する意思や経済的用法にしたがった意思は必要ではないとされ，「他人の物の占有者が委託の任務に背いて，その物につき権限がないのに所有者でなければできないような処分をする意思」（判決要旨）であるとされている。

学説では，横領罪は，窃盗罪のように占有移転を要件としていないので，権利者を排除する意思は必要ではないが，経済的用法にしたがう意思も不要とすることは，毀棄・隠匿罪との区別があいまいになるとの批判がある。なお，横領罪の不法領得の意思は，必ずしも占有者が自己の利益取得を意図することを必要でなく，自己利益に限定されるものではない（判決要旨）。

一時使用や補塡意思と不法領得の意思との関係について，窃盗罪の判例では，自動車の一時使用について，「たとえ，使用後に，これを元の場所に戻しておくつもりであったとしても，被告人には右自動車に対する不正領得の意思があったというべきである。」（最決昭55・10・30刑集34巻5号357頁）と判示している。横領罪も，「占有者において不法に処分したものを後日補塡する意思が行為当時からあったからとて横領罪の成立を妨げるものではない」（判決要旨）とする。一時使用の意思や補塡意思があったとしても，横領罪の不法領得の意思を欠くことにはならないとするのが妥当であると解される。

CASEにおいて，Aが，保管していたB市の株式を許可なく売却したことは，Aが所有者でなければできない処分をしたものであり，横領罪の不法領得の意思が認められる。後の株式の値上がり後に買戻し不足分を補塡する意思があっても，不法領得の意思は認められ，Aには横領罪が成立すると解される。

〔参考文献〕
刑法判例百選Ⅱ各論〔第4版〕112頁〔佐久間修〕

No. 58　情報の不正入手と横領罪

〈CASE〉　Aは，B社のコンピュータシステムの研究開発を担当する企画本部の部長であったが，新会社を設立することを思い立ち，部下Cおよび資金提供者Dと共謀して，Cの保管する機密資料であるシステム・ファイルのコピーを依頼した。Cは，B社のために保管していたシステムの設計書，仕様書などを社外でコピーするために持ち出し，コピーをとった後，すぐに元の保管場所に戻しておいた。AおよびCの罪責はどうなるか。

1　問題のありか

Aと共謀してCが，B社の機密資料であるシステム・ファイルのコピーのため社外への持ち出した行為について業務上横領罪（253条）の共同正犯の成立が考えられるが，以下の点が問題となる。第1に，横領罪の成立に不法領得の意思が必要であると解する場合に，社外でコピーをするという目的で，書類を一時的に持ち出すことに不法領得の意思が認められるかということである。第2に，機密書類の文書が横領罪の客体としての財物に含まれるかということである。

2　判決の要旨——東京地判昭60・2・13判時1146号23頁

＊「他人の物を一時的に持ち出した際，使用後返還する意思があったとしても，その間，所有権者を排除し，自己の所有物と同様に経済的用法に従ってこれを利用し又は処分する意図がある限り，不法領得の意思を認めることができると解され———，被告人らが持ち出した本件資料は，N社が多大な費用と長い期間をかけて開発したコンピューターシステムの機密資料であって，その内容自体に経済的価値があり，かつ，所有者であるN社以外の者が同社の許可なしにコピーをすることは許されないものであるから，判示のとおり被告人等が会社の許可を受けずほしいままに本件資料をコピーする目的をもってこれを同社外に持ち出すにあたっては，その間，所有者であるN社を排除し，本件資料を自己の所有物と同様にその経済的用法に従って利用する意図

があったと認められる。したがって，被告人らには不法領得の意思があったといわなければならない」。

3　論点の検討

横領罪の通説・判例は，領得行為説の立場から，**不法領得の意思**を必要とする。判例によれば，横領とは不法領得の意思を実現する一切の行為であり，不法領得の意思とは，「他人の物の占有者が委託の任務に背いて，その物につき権限がないのに所有者でなければできないような処分をする意思をいう」(*No. 52* 参照) とされている。

そこで，Cのように機密資料のファイルをコピーするために社外に一時的に持ち出し，後に元の場所に戻しておいた場合に，横領罪の不法領得の意思を認められるかが問題となる。物体としてのシステムファイル自体は，一時的に持ち出されただけで，すぐに元の場所に返却されたのであるから，所有者の利用を排除して，所有者でなければできない処分をしたとは，必ずしもいえない。

しかし，そのファイルによって保管されている**機密情報**は，会社の機密に属し，自由な処分が禁じられているので，その情報の所有者は，B社であり，その情報がファイルに化体されていることから他人の財物にあたるといえる。したがって，Cがそれをコピーするために社外に持ち出した行為は，一時的であり，その後元の場所に返還したとしても，Bは，情報の独占的な利用権を侵害されることになり，通常の一時的使用とは異なり，横領罪の不法領得の意思が認められる。

現代社会では，情報の財産的価値が高まり，その法的保護が課題である。情報自体は，抽象的で財物には含まれないが，ファイルなどの媒体に化体された場合には，その財物性を認めることにより，刑法で保護することが必要である。したがって，機密書類の内容に財産的価値がある場合には，横領罪の客体としての財物に含まれると解される。

Cは，B社の社員でコンピュータシステムの保管者の地位にあり，Aと共謀して，機密情報のファイルをコピーのために社外に無断で持ち出した行為に業務上横領罪が成立し，AもB社の企画本部長という役職であり，Cとの横領罪の共謀共同正犯となる。

Ⅵ 背任罪

No. 59 　背任罪と横領罪の区別

〈CASE〉　甲町森林組合の組合長Aは，法律により造林資金以外の用途では使用できないことになっている政府貸付金を保管し，また役員会では，次の年に行われる組合改組まではこの資金を使用しないことが決定されていたが，その資金の一部を組合の名義で甲町役場に貸与した。Aの罪責はどうなるか。

1　問題のありか

ここで問題なのは，保管している資金を貸与する行為が，背任にあたるか横領にあたるかということであるが，両者の関係あるいは区別を論ずることは困難であるとされている。

ただし，背任罪と横領罪との関係が論点となるような場合において，判例は，まず横領罪の成否を検討し，これが否定されたときに背任罪の成否を論ずるという態度をとっている。そして横領罪の成立を認めるにあたって，判例は不法領得の意思がなければならないとする見解をとっていることから，その内容を明らかにする必要がある。

2　判決要旨──最判昭34・2・13刑集13巻2号101頁

＊　「甲町に対する貸付が組合名義をもって処理されているとしても，……金員流用の目的，方法等その処分行為の態様，特に本件貸付のための支出は，かの国若しくは公共団体における財政法規違反の支出行為，金融機関における貸付内規違反の貸付の如き手続違反的な形式的違法行為に止まるものではなくて，保管方法と使途の限定された他人所有の金員につき，その他人の所有権そのものを侵奪する行為に外ならないことにかんがみれば，横領罪の成立に必要な不法領得の意思ありと認めて妨げなく，所論指摘の事由は未だもって横領罪の成立を阻却する理由とはならず，背任罪の成否を論ずる余地も存

しない」。

3　論点の検討

　横領罪と背任罪の関係は，両者は背信的行為という点で共通性を有しているが，横領罪のほうがより利欲犯的性質をもつことから法定刑が重く規定されていると解されている。さらに，両罪は**法条競合**における特別関係にあり，たとえば1個の背信的行為が両罪に該当するような場合は横領罪のみが成立することになる。

　判例によると，横領罪は，委託された物を不法に領得する意思をもって領得する犯罪であり，ここでいう**不法領得の意思**とは，「他人の物の占有者が，委託の任務に背いて，その物について権限がないのに，所有者でなければ出来ないような処分をする意思」とされている（最判昭24・3・8刑集3巻3号276頁）。**CASE**に照らすと，Aは，保管の方法および使途が制限されている他人すなわち組合所有の金員をその使途以外に支出することは，他人の所有権を侵奪する行為であり，不法領得の意思が認められることになる。

　また一方で，判例は，直接的に自己の利益を図った場合には横領罪が成立するが，第三者の利益を図る目的しかない場合で「本人の名義（本人の計算）」によるものであれば背任罪が成立するにとどまるとしている。ただそのうえで，行為者あるいは本人が行うことを禁止されている処分をした場合には，それが本人の名義で行われたものであっても横領罪になるとしている。

　では，たとえばAあるいは組合が行うことが禁止されている処分をした場合，それが**CASE**のように組合（本人）の名義でなされたとしても，自己の利益を図ることになるといえるのか。また，単に，所有者のごとく処分したというだけでなく，町への貸付によって組合員に対する貸付が行えなくなった等の具体的な事由を示す必要はないのか。これらの点について検討すべきであろう。本人の名義で行われている場合には，行為者が自己の利益を積極的に図ったことが明らかでないかぎり，不法領得の意思があるとすべきではないと思われる。

　このように考えると，Aの行為は不法領得の意思を欠くものであるから，業務上横領罪は成立しない。しかし，決められた使途以外の貸与は組合たる本人のためにした行為とはいえず，したがって背任罪は成立することになる。

〔参考文献〕

刑法判例百選Ⅱ各論〔第4版〕116頁〔斎藤信治〕

No. 60　二重抵当と背任罪

〈CASE〉　Aは，Bから500万円を借り，自己所有の家屋に極度額を500万円とする根抵当権設定契約を締結し，Bに対して抵当権設定登記のために，登記権利証・白紙委任状・印鑑証明を交付した。しかし，Bが移転登記をしない間に，同一家屋を根抵当としてCからも500万円を借り，Cは登記を完了した。このためBは第二抵当権者となった。Aの罪責はどうなるか。

1　問題のありか

背任罪の主体は，**他人のためにその事務を処理する者**である。すなわち，その行為者の担当する範囲内の事務について任務違背行為があった場合に背任罪は成立する。

そこで，AはBのために事務を処理する者にあたるのかが問題となる。また，抵当権の順位が下がることは財産的損害を生じたことになるのかも検討しなければならない。さらに，仮にAが事務処理をする者にあたらないなど，Bとの関係で背任罪の成立が否定された場合に，Cとの関係でいかなる犯罪が成立しうるのかも検討する必要がある。

2　判決要旨──最判昭31・12・7刑集10巻12号1591頁

* 「抵当権設定者はその登記に関し，これを完了するまでは，抵当権者に協力する任務を有することはいうまでもないところであり，右任務は主として他人である抵当権者のために負うものといわなければならない」。
* 「抵当権の順位は当該抵当物件の価額から，どの抵当権が優先して弁済を受けるかの財産上の利害の関する問題であるから。本件被告人の所為たる乙の一番抵当権を，後順位の二番抵当権たらしめたことは，既に刑法247条の損害に該当するものといわなければならない」。

3　論点の検討

この最高裁判決の事案に関しては，第一審判決は，Aは登記移転に関する書類をすべてBに交付しており，したがって登記完了はBがなすべきものである

として、Aの任務違背性を否定していた（なお、Cとの関係でも実害を生じていないことを理由に詐欺罪の成立も否定し、Aは無罪であるとした）。こうした考え方は、事務処理者であるかどうかは代理権にもとづく法律行為を為す義務があるかどうかによって決する、権利濫用説によるものといえる。しかし、背任罪の本質を信任関係の侵害ととらえる背信説によるならば、処理すべき義務の内容は法律行為に限定されず、単なる事実行為も含まれることになるので、たとえば、抵当権の担保価値が損なわれる事態がある以上、Bに対して登記を促す義務があるということができる。

次に、抵当権の順位が下がることが財産的な損害にあたるのかという点であるが、判例はこれまで**財産上の損害**には実害だけでなくその危険も含むとしており（最決昭38・3・28刑集17巻2号166頁など）、このような立場からすると、一般的にみて抵当権の順位の変更は債務弁済の確実性を害する危険があるものといえるため、財産上の損害はあるということになる。

ところで、Bとの関係で背任罪が成立するとして、さらにCとの間で詐欺罪が成立しうるであろうか。かつて判例は、**CASE**のような**二重抵当**の場合には、背任罪の成立は否定し詐欺罪のみ成立するとしていた（大判大1・11・28刑録18輯1431頁）。この事案を**CASE**に則していうと、Cには、AとBとのあいだで抵当権が設定されていることを知っていたのであれば契約をしなかったであろうという点で欺罔および錯誤があるとし、財産的損害については一番抵当が設定できたと思って金銭を貸与したBに生じたものとしていた。これに対して昭和31年の最高裁判決は背任罪の成立のみを認めて詐欺罪については言及していない（最高裁は、事案自体が類似したものであるといえるのにもかかわらず、大正元年の大審院判決は本件には不適切なものであるとしている）。

昭和31年の最高裁判決は背任罪のみが成立するとしたが、Aについては背任罪と詐欺罪がともに成立し、両者は観念的競合になると解すべきであろう。

〔参考文献〕
刑法判例百選Ⅱ各論［第4版］118頁［西原春夫］

No. 61 情報の不正入手と背任罪

〈CASE〉 Aは，コンピュータソフトの開発会社甲の社員としてプログラム開発に携わっていたが，ライバル会社である乙社から引き抜きの話をもちかけられた。そして，その際に条件としてAが開発に携わり甲社が新たに販売しようとするプログラムを持ってくることを提示されたため，Aは，甲社内で自ら所有するノートパソコンにプログラムデータをダウンロードしたうえで乙社にこれを渡した。Aの罪責はどうなるか。

1 問題のありか

現行刑法は，いわゆる**企業機密**などの財産的情報を不正に入手した場合について直接処罰する規定を持たない。そこで，これらの行為がいかなる犯罪を構成しうるか議論のあるところである。

そこで，情報自体を財物としてとらえることはできないため，情報が付着している紙やディスクなどの「物」を持ち出すことに着目して窃盗罪あるいは横領罪になるのか，あるいは，社員等の情報の管理にあたる者が情報を漏らすことが背任罪になるのか。

2 論点の検討

CASEの場合，プログラムデータが入ったディスク等の原本を社外に持ち出したり，甲社が管理するディスク等にコピーして持ち出したりしているのではないため，窃盗罪あるいは横領罪が成立する余地はほとんどないといえる。

しかし，企業機密の不正持ち出しについては，むしろ窃盗罪および横領罪を適用する場合が多かった。たとえば，退社する際に記念・愛着の念から研究資料を持ち出したことについて業務上横領罪を認めたもの（神戸地判昭42・5・31判時494号74頁）や，たとえ複写後ただちに返却し，かつ物理的な磨耗がともなわないような場合であっても，情報が化体されたファイル自体を持ち出す行為は窃盗罪を構成するとするもの（東京地判昭59・6・28判時1126号12頁）などがある。

そこで背任罪との関係で検討すると，まず，Aは当該プログラムの開発当事者であることからすると，会社（本人）のための事務処理者にあたることは明らかである。ここではおおよそ甲社社員としての契約上の秘密保持義務があるというのではなく，開発担当者として会社のために「事務を処理する」義務があるというべきであろう。なお，企業情報の**守秘義務**については，取締役等の管理責任者以外の社員の場合には，直接情報を管理する立場にあるなど具体的な事務処理関係のあることが必要である。

また，Aの行為は，開発プログラムをライバル社に渡すものであるので，任務に背くものであり，乙社がこれを売り出すなどすれば甲社にとっては損害になるといえ，したがって背任罪が成立するといえる。

なお，ここでは著作権などの知的財産権については論じないが，今後はこうした観点からも論ずる必要性があろう。

3　関連判例──東京地判昭60・2・13刑月17巻1＝2号22頁

事案は，新会社を設立してその商品として販売する目的で，現在所属している会社のコンピュータシステムの設計書および仕様書をコピーするため社外に持ち出したというものである。

＊　「所有者であるN以外の者が同社の許可なしにコピーすることは許されないものであるから，判示のとおり被告人等が同社の許可を受けずほしいままに本件資料をコピーする目的をもってこれを社外にもちだすにあたっては，その間，所有者であるNを排除し，本件資料を自己の所有物と同様にその経済的用法に従って利用する意図があった」のであるから不法領得の意思が認められ，横領罪が成立する。

4　設　　問

ソフトの開発に携わっていない営業担当者が，社内のコンピュータから自ら所有のノートパソコンにデータをダウンロードした場合には，いかなる罪が成立しうるか。

〔参考文献〕
刑法判例百選Ⅱ各論［第4版］120頁［船山泰範］

No. 62 図利加害目的

〈CASE〉 Aは甲銀行乙支店の支店長であったが，取引先の丙社振出の小切手を紛失したことから，丙社代表取締役Bおよびその知人であった総会屋Cから丙社に対する貸付等で便宜を図るよう脅迫されていた。さらに丙社が経営難に陥った後も，BはB名義の当座口座に支払呈示された手形小切手について残高を超えて他店券過振り（銀行に支払資金がなく，あるいは預金額を超えて，その銀行を支払人または支払場所として手形小切手を振り出すこと）を認めるようにAに要求し，Aは合計2億5千万円の貸付を行った。Aの罪責はどうなるか。

1 問題のありか

背任罪は，故意以外に「自己若しくは第三者の利益を図り又は本人に損害を加える目的」を要求している。ここで**図利加害目的**が要件としてあげられることにより，たとえば，一時的には個々の取引で損失が生じることを認識しつつも，長期的な観点からすれば本人の利益を増大させるために経営判断等が行われたような場合には，背任罪の成立が否定されることになる。そこで，**CASE**のようにBおよびCの脅迫によって貸付を行った場合であっても，Aに図利加害目的があるとされ，商法上の特別背任罪が成立するといえるのかが問題となる。

2 決定要旨──最決昭63・11・21刑集42巻9号1251頁

＊ 被告人が，資金状態の改善の見通しがない丙社に対して，あえて回収不能のおそれある過振りを連続的に行ったのは，「同銀行の利益を図るためではなく，従前安易に行っていた過振りの実体が本店に発覚して自己の面目信用が失墜するのを防止するためであった」のである。「ところで，特別背任罪における図利加害目的を肯定するためには，図利加害の点につき，必ずしも所論がいう意欲ないし積極的認容までは要しないものと解するのが相当であり，……図利加害目的の存在を認めることができる」。

3　論点の検討

判例は，まず，背任罪の目的として規定されている「**利益**」は財産上の利益に限らず，人格的・身分的利益であっても足りるとしてきた（大判大3・10・16刑録20輯1867頁）。そのような立場からすれば，「自己の面目信用」が失墜するのを避けるためになされたものであっても，自己の利益を図る目的によるものと認められることになる。

ただし，自己の利益を図ることを目的とした場合でも，その行為が本人に損害を与えることを認識していなければ背任罪は成立しえない。この点についても **CASE** のような場合には，経営が悪化し回収の見通しがないような状況で貸付が行われていたのであるから，本人である銀行に損害を与える認識はあったといえる。

ところで，この判例が**加害目的**について「意欲ないし積極的認容までは要しない」としている点をいかにみるべきであろうか。たとえば，Aは，BおよびCの脅迫によって過振りを認めていたのであるから，少なくともその動機において，銀行に対し積極的に損害を与えようとする目的を持っていたとはいえない。ここでは，本人である銀行に利する目的を持っておらず，そのうえで本人に損害を加えるような事態を認識していれば，加害目的があるとしていると考えてよいだろう。

したがって，Aは，たとえ動機の点において甲銀行（本人）に加害目的がなかったにせよ，丙社が経営難に陥っており貸付資金の回収が困難となることを知りつつ，過振りが丙社およびBの利益となり，それが甲銀行に損害を与えることを認識していたのであるから，加害目的は認められ，特別背任罪が成立することになる。

4　設　問

資金状態が悪化している取引先に対して，倒産を防ぎ債権回収を図ろうとして貸付を継続したが結果的に倒産したという場合に，背任罪の成立を否定する根拠としてどのようなものがあげられるか。

〔参考文献〕

　刑法判例百選Ⅱ各論［第4版］126頁［長井　圓］

No. 63 背任罪における財産上の損害

〈CASE〉 Aが代表取締役を務める甲会社は，乙銀行丙支店との間で当座勘定取引を行い多額の融資を受けていたが，経営状態が悪化し，貸越額が信用供与の限度を超え，手形の決済能力を欠く状態に陥っていた。そこでAは，丙支店の支店長Bと次のような共謀を行った。

まず，甲社が振出した約束手形につき乙銀行に手形保証させる。そのうえで当該手形を額面金額で第三者に割り引かせ，その金額を甲社名義の当座口座に入金し，貸越残高を一時的に減少させることによって甲社の弁済能力があるような外観を作る。こうしたことを繰り返しながら甲社に対する乙銀行の融資を続けさせる。そして，この共謀のもとに，十分な担保をとることなく合計額面5億円の手形8通を乙銀行に手形保証させた。Aの罪責はどうなるか。

1 問題のありか

背任罪が成立するには，本人に「**財産上の損害**」を生じさせなければならないが，ここでいう財産上の損害とは「経済的見地において本人の財産状態を評価し，被告人の行為によって，本人の財産の価値が減少したとき又は増加すべかりし価値が増加しなかったときをいう」ものとされている（最決昭58・5・24刑集37巻4号437頁）。

CASEのように，決済能力を欠き十分な担保をも取れない状態で手形保証をすることが財産上の損害となることは明らかであろうが，形式的には入金の事実があるような場合にも財産上の損害が生じたといえるかは検討する必要がある。

2 決定要旨――最決平8・2・6刑集50巻2号129頁

＊ 「……入金により当該手形の保証に見合う経済的利益が同銀行に確定的に帰属したものとはできず，同銀行が手形保証債務を負担したことは，右のような入金を伴わないその余の手形保証の場合と同様，刑法（平成7年法律第91

号による改正前のもの）247条にいう『財産上ノ損害』に当たる」。

3　論点の検討

　判例および通説は，背任罪における財産を**全体財産**ととらえている。したがって，一方で損害が発生したとしてもそれに見合うだけの反対給付があれば「財産上の損害」は認められないことになる。

　CASEについて，最高裁は，券面額の入金があったととしても，金融取引全体を考察して判断すれば，入金が手形保証の反対給付とは評価できないとしている。すなわち，入金されたとしてもそれが保証手形の支払を担保するものではないことが明らかで，結局，満期が到来すれば銀行の危険の負担において決済しなければならなくなる蓋然性が極めて高いとして，損害があると判断している。ここでは手形保証と個々の入金の事実との関係だけではなく，これをもとにさらに融資が行われ続けたという点も合わせた，取引全体を考察したうえでの判断によって財産上の損害が認められているといえる。

　ところで，これまで判例は，決済能力を欠く取引先の手形保証をすること自体が財産上の損害を与えるものとしてきた（前掲最決昭58・4・24）。こうした流れのなかで論ずるならば，財産上の損害を認定するについてそもそも反対給付の有無を考慮する必要はないはずである。CASEに関して最高裁は，入金によって手形の保証に見合う経済的利益が銀行に「確定的に帰属したもの」なのかを判断したうえで，全体財産が減少したか，決している。これは，債務の負担があれば直ちに財産上の損害を認める従来の立場とは異なり，反対給付の有無など全体的な評価の必要性を認めたものとみることができよう。

　このように考えるとAには背任罪が成立する。なお，Aは乙銀行の事務処理者ではないが，65条1項により身分を有しない者であっても共犯となりうる。

4　設　　問

　反対給付の有無にかかわらず，債務の負担があった時点で財産的損害を認める立場によると，結果的に満期時に全てが振り込まれてあったとしても背任罪が成立することになるのか。

〔参考文献〕

　刑法判例百選Ⅱ各論［第4版］124頁［秋葉悦子］

Ⅶ 盗品等に関する罪

No. 64 被害者宅への盗品運搬と盗品運搬罪

〈CASE〉 製革用ミシン１台と甲皮40足分を窃取された製靴業者のDは、その発見に努力したが見つからず、かねてから盗難にあったら相談にのるといっていた同業者Aに取戻し方を依頼した。Aは知人Bに協力を求めたところ、ほどなくBが窃盗犯人Cをつきとめたので、AとBはCと交渉して、８万円でミシンを売ってもらうとの条件をとりつけ、Dもこの条件でミシンを買うことになった。そこで、AはDから現金８万円を預かり、Bとミシンの隠匿場所に行って、代金と引換えにミシンを受け取り、自転車に乗せて運搬してDに手渡した。AとBの罪責はどうなるのか。

1 問題のありか

平成７年の刑法の改正により、「贓物に関する罪」が「盗品等に関する罪」に改められた。**盗品等に関する罪**の本質については争いがある。追求権説は、被害者である所有者の盗品等に対する追求を困難にする犯罪であると解するのに対して、違法状態維持説は、本犯が犯した広く財産侵害を内容とする罪によって違法に成立した財産状態を維持存続させる犯罪であると解する。両説は追求権の困難化と違法状態の維持とが表裏の関係にあり、本犯の被害者からみれば追求権とみられるものが、盗品等に関する罪の犯人からみれば違法状態の維持となり、また、平成７年の刑法改正による256条の客体の定めにより、盗品の範囲が財産犯により取得された財物に限られるようになったため争う余地はなくなり、さらに、追求権を事実上のものと解すれば、両説の差異はほとんどなくなる。それに対して、利益関与・事後従犯説は、本犯者が得た不法な利益に関与し、本犯者の盗品利用を事後的に協力・援助する犯罪であると解するものであり、別の観点から本質を論じている。追求権説が判例（大判大４・６・２刑録21輯721頁、最判昭23・11・９刑集２巻12号1504頁）および通説的な見解である。

盗品運搬罪（256条2項）は，盗品であることを知りながら，委託を受けてそれを場所的に移動させることであり，有償，無償は問わない。被害者宅への盗品運搬であっても，それが被害者に盗品等を無償で返却するために運搬するのであれば，盗品運搬罪は成立しないが，**CASE** は，被害者が代価を支払ったうえでの被害者宅への運搬であることから，運搬行為をどうとらえるか，さらには盗品等に関する罪の本質をどうとらえるかが，盗品運搬罪の成立にかかわる可能性がある。

　第一審は，AとBは，Dの**自救行為**に協力しただけで，違法性が阻却されるとして，盗品運搬罪について無罪としたが，第二審はこれを覆して有罪としたため，上告した。

2　決定要旨——最決昭27・7・10刑集6巻7号876頁

＊　「原判決は，結局証拠に基づき被告人A並びに原審相被告人B等の本件贓物の運搬は被害者のためになしたものではなく，窃盗犯人の利益のためにその領得を継受して贓物の所在を移転したものであって，これによって被害者をして該贓物の正常なる回復を全く困難ならしめたものであると認定判示して贓物運搬罪の成立を肯定したものであるから，何等所論判例と相反する判断をしていない」。

3　論点の検討

　盗品等運搬罪は，追求権説からすると，運搬行為により別の場所に移されることにより，本犯のところにあるよりも，被害者の追求が困難になるため処罰されると解され，また，違法状態説からも，運搬行為により違法状態が維持されることから処罰されると解される。しかし，**CASE** の場合は，運搬行為は被害者の追求権を実現させるものであり，また，被害者への返却を意図した運搬であれば，違法状態を維持させることにはならず，盗品運搬罪は成立しない。ところが，**CASE** のように，運搬行為を被害者のための運搬ではなく，本犯の利益のための運搬ととらえ，利益関与を考慮すると，追求権の行使の困難化，違法状態の維持が認められ，盗品運搬罪が成立することになる。盗品等の罪が財産犯の一種と考え，追求権説を前提とするかぎりは，AとBには盗品運搬罪は成立しないと解する。

〔**参考文献**〕

　刑法判例百選Ⅱ各論〔第4版〕128頁〔相内　信〕

No. 65　盗品性の知情の時期

〈CASE〉　Aは，盗品とは知らずに，窃盗犯人Bから背広4点，翌日には鞄1個を預かって自室で保管していたが，数日後に，それらが他から窃取してきた物であることを知った。しかし，Aはその後もそのまま保管し続けた。Aの罪責はどうなるのか。

1　問題のありか

　盗品等保管罪（256条2項）は，平成7年の刑法改正前は贓物寄蔵罪といわれていた。**保管**（寄蔵）とは，委託を受けて本犯者のために盗品等の占有を得て管理することをいう。有償・無償を問わない。借り受けるとか，担保として預かる場合も含まれる。委託者は本犯に限られない。質物として盗品を受領することも保管にあたる。

　保管を開始した時点で，客体が盗品であることについて知っていれば，盗品等保管罪の故意が認められ，同罪の成立に争いはない。しかし，**CASE**のように，盗品とは知らずに預かった後，保管中に盗品だということを知るに至ったが，そのまま保管し続けた場合にも，盗品等保管罪が成立するかどうかが問題となる。盗品等保管罪を窃盗罪のように，法益侵害の発生後も法益侵害状態が継続するにもかかわらず，法益侵害と同時に犯罪が終了する**状態犯**ととらえるか，監禁罪のように，法益侵害の発生と同時に犯罪が成立し，法益侵害の継続中，犯罪が終了しない**継続犯**ととらえるかが，さらには盗品等に関する罪の本質（**No. 64**参照）をどうとらえるか。盗品等保管罪の成立が問題となる。

　第一審は，Aが知情を生じた時点から盗品等保管罪が成立するとし，第二審も，盗品の返還が不能である場合または盗品について質権などの留置する権利が生じた場合を除き，盗品等保管罪を構成するとした。それに対し，盗品であることを知っただけで直ちに物品の返還義務が生じるわけではないからその後に保管を継続しても，積極的な保管行為がなければ本罪は成立しないとして上告した。

2 決定要旨——最決昭50・6・12刑集29巻6号365頁

＊「贓物であることを知らずに物品の保管を開始した後，贓物であることを知るに至ったのに，なおも本犯のためにその保管を継続するときは，贓物の寄蔵にあたる」。

3 論点の検討

　盗品等に関する罪の本質について，被害者の追求権の侵害を重視すると，占有の移転によって追求権の行使が困難になるのであるから，単なる保管行為はその事態を変更しないにすぎないので，盗品等保管罪を状態犯と解することになる。この説によれば，保管行為は，盗品であることを知りながらそれを預かることであり，盗品を預かって占有を開始する行為が構成要件該当行為であるから，保管のための占有開始時に故意が必要とされ，後に盗品であることを知った場合には，保管罪は成立しないことになる。ただし，盗品であることを知った後に，保管場所を変えるなどの積極的な行為をした場合には，保管罪の成立もあり得る。盗品等に関する罪の本質について，違法状態維持説に立っても同様に論じることができる。

　それに対して，盗品等に関する罪の本質について，本犯者に協力する事後従犯的な要素を重視すると，占有の移転よりも保管を継続することが重視され，保管罪を継続犯と解することになる。この説によれば，保管行為は，盗品であることを知ってそれの保管を続けることであり，保管をそのまま継続することが構成要件該当行為であるから，保管のための占有開始後に盗品であることを知った場合にも保管罪が成立することになる。しかし，善意取得（民法192条以下）が成立する場合にも保管罪が成立し得るのかという問題や，保管の継続そのものを処罰対象とするならば，盗品をそのまま放置して返還しないという不作為を処罰することになるが，その場合に盗品の返還義務をどのように根拠付けるかという問題が指摘されている。

　無償譲受けや有償譲受けの場合は，財物の受領時に盗品であることを知らなければ，後で気付いても犯罪が成立しないことから，これらの犯罪との均衡を保つためにも，状態犯と解するのが妥当であり，Aには盗品等保管罪は成立しないと解する。

〔参考文献〕
刑法判例百選Ⅱ各論［第4版］132頁［恒光　徹］

Ⅷ 毀棄・隠匿の罪

No. 66 未完成の文書の廃棄と公用文書毀棄罪

〈CASE〉 公務執行妨害罪の現行犯で逮捕されたAは，取調べにあたった警察官Bから被疑事実の要旨と，弁護人を選任しうる旨を告げられ，これに対する供述をした。Bが，弁解録取書の住所・職業・氏名・生年月日欄と，前文の記載を終え，さらにAの供述を記載し始めたところ，Aはいきなり Bの手元から弁解録取書をひったくり，両手で丸め，しわくちゃにして床の上に投げ棄て，足で踏みつけ，さらに拾い上げてこれを引きちぎった。Aの罪責はどうなるのか。

1 問題のありか

公用文書毀棄罪（258条）は，公用文書の財産としての価値や効用を保護するためのものであり，この点で公文書の信用性を保護するための公文書等の偽造罪（155条以下）とは異なる。本罪の客体である「**公務所の用に供する文書**」とは，155条以下の公文書の意味ではなく，作成者，作成の目的などにかかわりなく，現に公務所において使用中の文書，または使用の目的で保管されている文書であり，本罪の行為である「**毀棄**」は，文書の本来の効用を害する一切の行為であるとされる。

CASE において，Aが「弁解録取書をひったくり，両手で丸め，しわくちゃにして床の上に投げ棄て，足で踏みつけ，さらに拾い上げてこれを引きちぎった」という行為が，毀棄にあたることには争いがない。問題となるのは，**CASE** における未完成の弁解録取書が，公務所の用に供する文書にあたるかどうかである。

第一審，第二審は，弁解録取書が未完成であることを理由に，公用文書毀棄罪の客体とならないとして，無罪判決を言い渡したため，検察側が上告した。

2 判決要旨——最判昭52・7・14刑集31巻4号713頁

＊「当該公務員が公務所の作用として職務権限に基づいて作成中の文書は，それが文書としての意味，内容を備えるに至った以上，右にいう公務所において現に使用している文書にあたるものと解すべきである。……本件弁解録取書は，その作成者が明示されていないとはいえ，公務員であるBが公務所の作用としてその職務権限に基づき……文書を記載し，すでに文書としての意味，内容をそなえるに至ったものであることが明らかであるから，刑法258条にいう公務所の用に供する文書に該当し，これらを前示の方法で毀棄したAの本件行為は，同条（258条）の罪に該当するものというべきである」。

3　論点の検討

　公用文書が未完成であっても妨げないとする先例（最決昭32・1・29刑集11巻1号325頁）を受けて，CASE の判決は，本文の記載も途中であり，所定の署名・捺印も欠いているなど，必要事項を完全には記入していない未完成の文書であっても，当該公務員が公務所の作用として職権に基づいて作成中で，それが文書としての意味・内容を備えるにいたった以上，公務所の用に供する文書にあたるとしている。公務員が作成中の未完成の文書について，どの程度に達すれば公務所の用に供する文書にあたるかの基準を示しているのである。

　しかし，第二審判決においても示されたように，CASE の文書は，供述の書き入れ自体が終了しておらず，その読み聞かせもなされていないから，加除訂正あるいは増減変更の可能性を残し，記載内容が不確定であることや，供述者の署名・捺印もなく，供述を録取した書面としての証拠能力を持たないこと，CASE の文書の程度に未完成なままでは，検察官・裁判官などに対して対外的に利用する価値は少なく，使用するために作成中であって，使用中とはいえないこと，記載部分が文書としての個性ないし非代替性を持つまでにはいたっていないことなどが指摘され，文書としての意味・内容を備えるにいたったというには疑問がある。

　公用文書毀棄罪の**文書概念**を拡張して，処罰範囲を拡大することは問題であり，Aには，公用文書毀棄罪が成立しないと解する。

〔参考文献〕
　新判例マニュアル刑法Ⅱ各論164頁〔安里全勝〕

| No. 67 | 建造物の他人性 |

〈CASE〉 Aは，売買代金債務の担保のため，B漁連と自己所有の建物などに根抵当権設定契約を締結して，登記も行った。その後，B漁連は，その根抵当権契約に基づいて地裁に申し立てた任意競売でその建物を競落し，それを登記原因とする所有権移転登記をなした。また，それと同時に，B漁連の申立により建物の引渡命令が発生し，執行官が引渡の履行を勧告したところ，憤激したAは，手斧で建物の床柱に切りつけ，柱や床面など19か所を損壊した。Aの罪責はどうなるのか。

1 問題のありか

建造物損壊罪（260条）は，他人の建造物の損壊を処罰対象としている。**建造物**とは，家屋その他これに類似する建築物で，屋蓋を有し，障壁または柱材で土地に定着し，その内部に人の出入りができるもので，「他人の」とは，他人の所有するという意味である。損壊とは，物の本来の効用を害する一切の行為とされている。

CASE においては，建造物の損壊であることには争いがないが，「他人の」といえるかが問題となる。**他人性**を，民事法に従属して解決するならば，Bの所有が民法上認められるかどうか，つまりAに対するB漁連の詐欺の成否によってそれが判断されることになるが，民事法から独立して解決するならば，詐欺の成否に関係なく，所有を判断することが可能になる。

建造物損壊罪での起訴に対し，Aは，根抵当権設定の意思表示は，B漁連職員が根抵当権の設定は形式だけで実行がありえないかのように言ったため，それを誤信してなしたものであり，建物の損壊以前に取消の意思表示をしたのであるから，建物の所有権は損壊当時Aにあったと主張した。第一審は，Aの主張を認め，B漁連の詐欺の可能性があり，損壊当時本件建物が他人の建造物であったことについて合理的な疑いを容れない程度に証明があったとはいえないとして，Aに無罪判決を言い渡したが，第二審は，B漁連の詐欺の成立を否定

し，本件建物の所有権はB漁連に移っているので，建造物損壊罪が成立するとしたため，上告した。

2　決定要旨——最決昭61・7・18刑集40巻5号438頁

＊　「刑法260条の『他人の』建造物というためには，他人の所有権が将来民事訴訟等において否定される可能性がないということまでは要しないものと解するのが相当であり，前記のような本件の事実関係にかんがみると，たとえ第一審が指摘するように詐欺が成立する可能性を否定することができないとしても，本件建物は刑法260条の『他人の』建造物に当たるというべきである」。

3　論点の検討

　建造物の他人性については，他人の所有に属すると解し，その所有権の帰属は民事法によって定まるとする従属説と，必ずしも民事法に従属するものではなく，刑法独自の立場で民事法からある程度離れた解釈をする余地があるとする独立説がある。CASEについては，第一審，第二審が従属説の立場，上告審が独立説の立場と思われる。独立説からは，従属説をとると，第1に，自己の物だと思いさえすれば，事実の錯誤として故意が阻却され無罪とせざるを得ず，他人の保護にかける，第2に，解決の予測が困難で，不定な民事訴訟などの結果によって，刑事裁判のなりゆきが左右される，第3に，検察官が他人性の立証責任を負うため，他人側に全面的に肩入れせざるを得なくなり，公権力が民事紛争に過度に介入するとの批判がなされている（安廣文夫・法曹時報41巻12号245頁以下）。しかし，第2の点については，刑事裁判の民事裁判への拘束までを従属説が要求するものではないとすると，この批判は当てはまらない。

　CASEの場合，従属説をとるか独立説をとるかによって結論が異なったのではなく，認定事実によって異なったと思われる。上告審が，外形から判断される現実の所有関係だけでなく，Aによる詐欺の主張は説得力に欠け，民事法上も建物の所有権がB漁連に帰属する可能性が高いと認定していることから，Aには建造物損壊罪が成立するとみられる。

〔参考文献〕
　刑法判例百選Ⅱ各論［第4版］137頁［阿部純二］

No. 68　ビラ貼りと建造物損壊罪

〈CASE〉　甲会社の労働組合員であるAらは、会社当局に対する闘争手段として、要求事項を記載したビラを、甲会社本社の壁、窓ガラスなどに糊で貼りつけ、会社側がはがした後にも再三貼りつけた。ビラの剝離を乙業者に請け負わせたが、壁は変色し、傷跡が残った。Aらの罪責はどうなるのか。

1　問題のありか

組合の争議手段としてのビラ貼りが、建造物損壊罪（260条）および器物損壊罪（261条）に該当するかが問題となる。建造物の構造部分のうち、損壊しなければ自由に取り外すことができないものは建造物の一部とされ、建造物損壊罪の客体となるが、損壊しなくても取り外しが可能なものは、器物損壊罪の客体となる。**損壊**とは、物を物質的に毀損するだけではなく、物の本来の効用を害する一切の行為とされている。

CASEにおいては、ビラ貼りが損壊にあたるのか、**労働争議**としての正当性が認められるのかが問題となる。

2　決定要旨──最決昭43・1・18刑集22巻1号32頁

＊　「Aらが、会社当局に対するいわゆる闘争手段として、四つ切り大の新聞紙等に要求事項を記載したビラを、会社本社の2階事務室に至る階段の壁、同事務室の壁、社長室の扉の外側および同室内部の壁に約50枚、同事務室の窓ガラス、入口引戸、書棚、社長室の窓ガラス、衝立に約30枚を、それぞれ糊を用いて貼りつけ、これらのビラの大部分を会社側がはがしたあとに合計50枚の同様のビラを貼りつけ、更にその大部分を会社側がはがしたあとに合計60枚の同様のビラを貼りつけ、更にその一部分を会社側がはがしただけで相当数が残存しているところに重複して合計80枚の同様のビラを貼りつけた行為は……刑法260条の建造物損壊および同法261条の器物損壊に該当する」。

3　論点の検討

ビラ貼りについては，物質的毀損が問題となることはほとんどなく，効用の侵害の有無が争われる。建造物の効用とは，その物を本来的用途に従って使用する場合の効用のみならず，その物が付随的に有する効用を含むとするのが通説的見解である。本来的な**効用の侵害**とは，ビラ貼りによって窓ガラスの採光が妨げられたり，窓からの見通しが阻害されたりする場合であり，付随的な効用の侵害とは，建造物の美観・威容が害される場合である。美観・威容の評価は，建造物の用途，機能，社会的価値などによって異なるので，建造物の新旧，文化的価値の有無，美観・威容の程度，用途，貼付されたビラの枚数，ビラの寸法・形状・紙質・体裁，文言，ビラ貼りの箇所，貼り方，貼付回数などの個別的・具体的な要素を総合的に判断し，通常人の感情においてビラを貼ったままの状態で建造物を使用することが絶え難いと感じられる場合には，美観・威容の侵害が認められる。また，原状回復の困難性も考慮される。汚損の程度が軽微で一時的なものにすぎないなど，効用に影響を及ぼさない場合は，本条の損壊にはあたらず，軽犯罪法1条33号（はり札の禁止）にあたる。

次に，労働争議行為に伴うビラ貼りは，労働組合法1条2項および刑法35条が適用され，**正当行為**として違法性が阻却されるか否かが問題となる。この判断は，動機，目的，手段，方法の程度，態様など争議行為全体を評価して判断すべきであり，正当な組合活動の範囲をこえる場合には施設管理権の侵害として処罰の対象になるが，原状回復が容易で，業務上，施設維持・管理上支障をきたさない程度のものであれば，処罰の対象とはならない。

CASEにおいては，貼付されたビラの枚数が比較的多く，ビラ貼りの箇所も広範囲で，貼り付け回数が数回に及んでいることなどを総合的に検討すると効用が害されていることから，ビラ貼りは損壊と認められると解する。また，労働争議としての正当性については，原状回復の困難性から業務上，施設維持・管理上支障をきたしているので認めることはできない。Aらには建造物損壊罪および器物損壊罪が成立する。

〔**参考文献**〕
新判例マニュアル刑法Ⅱ各論168頁［安里全勝］

第3章 財産に対する罪

財産犯罪の分類

	〔行為態様の特色〕	〔財物に対して〕	〔財産上の利益に対して〕

領得ないし不法の利益
- 領得
  - 占有侵害
    - ……………………遺失物横領罪（254条）
    - 占有侵害……………窃盗罪（235条）
    - 不動産侵奪罪（235条の2）
  - 相手方の反抗を抑圧する程度の暴行・脅迫……強盗罪（236条1項）　　2項強盗罪（236条2項）
  - 相手方の瑕疵ある意思表示
    - 暴行・脅迫…………恐喝罪（249条1項）　　2項恐喝罪（249条2項）
    - 欺く………………詐欺罪（246条1項）　　2項詐欺罪（246条2項）
    - 　　　　　　　　　　　　　　　　　　　　電子計算機使用詐欺罪（246条の2）
- 信頼関係を損う
  - 横領…………横領罪（252条）
  - 　　　　　　　業務上横領罪（253条）
  - 全体財産に対する侵害……………………………………………背任罪（247条）

毀棄・隠匿……………公用文書毀棄罪（258条）
　　　　　　　　　　私用文書毀棄罪（259条）
　　　　　　　　　　建造物損壊罪（260条）
　　　　　　　　　　器物損壊罪（261条）
　　　　　　　　　　境界損壊罪（262条の2）
　　　　　　　　　　信書隠匿罪（263条）

被害者の財産追求権の侵害……………盗品譲受け罪（256条）

第4章

公共の安全に対する罪

公共の危険
　放火罪が重く処罰されるのは，不特定多数人の生命・身体という公共の安全に対する危険がひき起こされる可能性があるからである。その意味で，公共危険罪といわれる放火罪も，けして抽象的な法益を保護する趣旨ではなくて，個人法益に結びつくのである。

◆刑法用語ミニ辞典◆

第4章　公共の安全に対する罪

I　放　火　罪

| *No. 69* | 放火罪の既遂時期 |

〈CASE〉　Aは、金策に窮し火災保険金を得る目的で、Bに賃貸中の家屋に放火してこれを焼損することを決意し、B方押入れの床下に仕掛けておいた放火の装置にライターで点火した。それによって、Bおよびその家族の現に居住する同家三畳間の床板約一尺四方（一尺は約30センチメートル）および押入れ床板および上段各約三尺四方等が焼損した。Aの罪責はどうか。

1　問題のありか

　Bやその家族が現に居住する家屋の床板約30センチメートル四方、および押入れ床板や上段約90センチメートル四方を焼損したAの行為が、現住建造物放火罪（108条）にあたるかどうかが問題となる。**放火罪**の構成要件は、放火して客体を「**焼損**」するという形をとっている。したがって、放火罪の既遂時期は、客体の「焼損」があった時ということになる。争点は、火勢がどの程度の段階に達した時に、「焼損」といえるかである。

2　判決要旨——最判昭25・5・25刑集4巻5号854頁

＊　「原判決は右のごとき現に人の居住する家屋の一部を判示程度に焼燬したと判示した以上Aの放火が判示媒介物を離れて判示家屋の部分に燃え移り独立して燃焼する程度に達したこと明らかであるから、人の現在する建造物を焼燬した判示として欠くるところはないものといわなければならない」。

3　論点の検討

　「焼損」については、学説はほぼ4つに分かれる。①火が媒介物を離れて目的物が独立に燃焼を継続する状態に達した時に「焼損」といえるとする見解（独立燃焼説、団藤重光・刑法綱要各論［第3版］194頁）。②目的物の重要な部分が焼失してその効用を失った時に「焼損」といえるとするもの（効用喪失説、曽根威

彦・刑法各論〔第3版〕217頁）。③いわば燃え上がったこと，すなわち，目的物の主要な部分が燃焼を開始した時点をもって「焼損」とするもの（燃え上がり説，福田平・全訂刑法各論〔第3版増補〕66頁以下）。④火力によって目的物が毀棄罪における損壊の程度に達した時点をもって「焼損」とする見解（毀棄説，大塚仁・刑法概説各論〔第3版〕373頁）。

　①は，②と比較し一般に**既遂時期**が早くなるものの，障子や畳のような比較的簡単に取り外せるものは建造物とはいえないとすれば，それが燃えただけでは放火未遂ということになる。また，刑罰の点からしても，酌量減軽をすれば現住建造物等放火罪でも**執行猶予**を付すことが可能である。したがって，不当な結論とはならない。②は，目的物の財産的価値の点に重きを置きすぎて，公共危険罪という性格を軽視しているといった批判を受ける。③に対しては，目的物の主要な部分の燃焼開始をもって「焼損」とするとしても，その主要な部分の範囲・基準が不明確であるといった批判が可能となる。④は，結論的に①と大差ないとされる。ちなみに，「焼損」の概念は，失火罪（116条・117条の2）についても用いられている。しかし，同罪には未遂処罰規定が存在しない。したがって，「焼損」の要件を厳格にしすぎると，同罪規定が空文化するおそれがないとはいえないことも考慮すべきである。以上のことから，①が妥当であるといえよう。なお，判例は一貫して①を採っている。

　よって，Aの行為は，108条の既遂に達し，現住建造物放火罪を構成するとするのが妥当である。

4　関連判例——最判昭23・11・2刑集2巻12号1443頁

　天井板約30センチメートル四方を焼いた事案につき，最高裁は以下のような判示をした。「原判決は……Cが原判示家屋の押入内壁紙にマッチで放火したため火は天井に燃え移り右家屋の天井板約一尺四方を焼燬した事実を認定しているのであるから，右の事実自体によって，火勢は放火の媒介物を離れて家屋が独立燃焼する程度に達したことが認められるので，原判示の事実は放火既遂罪を構成する事実を充たしたものというべきである。されば，原判決が右の事実に対し刑法第108条を適用して放火既遂罪として処断したのは相当であ」る。

〔**参考文献**〕

　刑法判例百選Ⅱ各論〔第4版〕146頁〔前野育三〕
　新判例マニュアル刑法Ⅱ各論176頁〔内田博文〕
　基本判例6刑法各論90頁〔井田　良〕
　判例講義刑法Ⅱ各論103頁〔安田拓人〕

第4章　公共の安全に対する罪

No. 70　不燃性建造物と放火罪

〈CASE〉　Aは，鉄骨鉄筋コンクリート造12階建マンション内に設置されたエレベーターのかごに燃え移るかもしれないと認識しながら，かごの床上に置かれたガソリンのしみ込んだ新聞紙等に火を放った。それによって，エレベーターの南側側壁化粧鋼板表面の化粧シートの一部（約30センチメートル四方）が焼失した。Aの罪責はどうなるか。

1　問題のありか

　Aは，マンション内部に設置されたエレベーター設備内で火を放ち化粧鋼板の一部を燃焼させた。このエレベーターのかごが**現住建造物**の一部にあたるかどうかが第1の問題である。

　次に，いわゆる**不燃性建造物**であるエレベーターのかごが放火の客体とされた場合に，その一部である可燃性部分が独立して燃焼するに至ったときには放火罪（上記第1の問題が肯定された場合には現住建造物放火罪・108条）は既遂となるかどうかが問題となる。

　なお，**建造物の一体性**については，外観上1個であることが明らかな建造物に関して内部の部分的独立性が問題となる場合と，外観上構造上の一体性が問題となる場合とが考えられる。**CASE** は，前者であるといえよう。

2　決定要旨――最決平1・7・7判時1326号157頁

＊　「Aは，12階建集合住宅である本件マンション内部に設置されたエレベーターのかご内で火を放ち，その側壁として使用されている化粧鋼板の表面約0.3平方メートルを燃焼させたというのであるから，現住建造物等放火罪が成立する」。

3　論点の検討

　当該エレベーターのかごが建造物の一部というためには，判例は「建具その他家屋の従物が建造物たる家屋の一部……に建付けられているだけでは足りず更にこれを毀損しなければ取り外すことができない状態にあることを必要と

146

する」としている（最判昭25・12・14刑集4巻12号2548頁）。この「毀損しなければ取り外すことができない状態にあること」という基準が問題となる。エレベーターのかごは取り外しのために毀損する必要はないと考えられる。しかし，取り外しのためには，専門家が専門的器具を用いても長時間を要するのである。したがって，同基準は，火事等のときにも容易に取り外すことが可能かというように解すべきであろう。そうすると，当該エレベーターのかごは，建造物の一部にあたるといえる。

また，現住建造物である当該マンションと当該エレベーターのかごが一体性を有するかについて，学説には以下のものがある。すなわち，①当該建造物の外観，構造，規模，目的，機能，物理的接続性等の客観的諸事情を総合的に考慮し，一般人の判断能力を基準として，社会通念上1個の建造物と認められるか否かにより判断するもの，②一方の建物に放火した場合，他方にも延焼の危険性があるのかを考慮して全体として一個の建造物とみられるか否かにより判断するもの，③構造上の観点に延焼可能性を加味して一体性を判断するもの，である。しかし，当該エレベーターのかごが当該マンションと一体性を有することは，どの説によっても否定するのは困難であるように思われる。したがって，当該エレベーターのかごは現住建造物にあたるといえよう。

次に，当該エレベーターのかごの一部が独立して燃焼するに至ったことに対して独立燃焼説の基準により判断してもよいのかについては，不燃性建造物の場合，独立燃焼が認められにくいため，放火既遂の成立が妨げられるのではないかといった批判がある。たとえば，「建造物本体が独立に燃焼することがなかったとしても，媒介物の火力によりコンクリート壁が崩落し」その火力によって建物の効用が失われるに至った場合には建造物損壊ではなくて，放火罪とするべきだとする見解などである。しかし，放火罪は，客体自体が燃焼する必要があり，そうでなければ，放火罪の予定する危険性は認められず，建造物損壊罪と変わらなくなってしまうのである。

以上のことから，依然として独立燃焼説が妥当であるといえよう。よって，Aには現住建造物放火既遂罪が成立する。

〔参考文献〕
　刑法判例百選Ⅱ各論［第4版］148頁［村井敏邦］
　前田雅英『最新重要判例250刑法［第4版］』207頁

No. 71　複合建造物の現住性——平安神宮事件

〈CASE〉 Aは，神社の本殿等を焼損しようと決意し，東西両本殿，祝詞殿，内拝殿，齋館，社務所等が東西各内外廻廊，東西各歩廊等により接続している構造の甲神社社殿の一部である祭具庫西側板壁付近にガソリン約10リットルを散布した。さらに，Aは，これに点火して火を放ち，祭具庫およびこれに接続する西翼舎，内拝殿，祝詞殿，東西両本殿等に燃え移らせて，その全部または一部を炎上させた。Aの罪責はどうなるか。

1　問題のありか

　複数の建物から構成されるいわゆる複合建造物である甲神社では，神職とガードマンは社務所で，守衛は守衛詰所で就寝することになっており，「現住性」が認められる。しかし，それらとAが放火した甲神社社殿の一部の人の現在していない祭具庫とはかなり離れているため，建造物としての**一体性**が認められなければ，複合建造物である甲神社に「現住性」は認められないことになる。したがって，甲神社の全体が1つの現住建造物といえるか否かによって，非現住建造物放火罪（109条1項）か，現住建造物放火罪（108条）かに分かれるゆえに，その「一体性」すなわち「現住性」が問題となる。
　ただし，CASEは，学校のような大きな建物の中に宿直室がある場合に夜中に放火されれば現住建造物放火罪が成立する場合とは異なる点に留意しなければならない。

2　決定要旨——最決平1・7・14刑集43巻7号641頁

＊　「右社殿は，その一部に放火されることにより全体に危険が及ぶと考えられる一体の構造であり，また，全体が一体として日夜人の起居に利用されていたものと認められる。そうすると，右社殿は，物理的に見ても，機能的に見ても，その全体が一個の現住建造物であったと認めるのが相当であるから，これと同旨の見解に基づいて現住建造物放火罪の成立を認めた原判決の判断は正当である」。

3　論点の検討

複合建造物であるCASEの神社が「一体性」を有するか否かについて，判例は，物理的一体性が認められる場合および物理的一体性が認められなくても機能的一体性が認められる場合には，全体を1個の建造物であるとする。

学説は，ほぼ3つに分かれる。①当該建造物の外観，構造，規模，目的，機能，物理的接続性等の客観的諸事情を総合的に考慮し，一般人の判断能力を基準として社会通念上1個の建造物と認められるか否かによって判断する見解，②一方の建物に放火した場合，他方にも延焼の危険性があるかを考慮して全体として1個の建造物とみられるか否かにより判断する見解，③構造上の観点に延焼可能性を加味して一体性を判断する見解，である。

①に対しては，「社会通念」には幅がありすぎるといった批判が可能である。②は，延焼の危険性を重視しすぎることに批判を受ける。③には，物理的視点と機能的視点を考慮して一体性を判断する方法は，両者の関係や延焼の危険性の位置づけが不明確になるおそれがあるといった批判がある。しかし，③は，108条が人の生命・身体の保護ということから109条と区別して規定されている点を重視して，社会通念においても**延焼の可能性**は一体性の判断にとって重要な要素となるとしている。③が妥当といえよう。

以上のことから，CASEの神社は「一体性」を有すると考えられ，「現住性」が肯定されるといえよう。したがって，Aには現住建造物放火罪が成立する。

4　関連判例——福岡地判平14・1・17判タ1097号305頁

宿泊棟および研修棟という外観上2棟の建物が渡り廊下で連結されている構造のホテルにおいて，Bが無人の研修棟に放火した事案につき，近時，福岡地裁は以下のような判示をした。現に人がいる現在の建物と非現住・非現在の建物とがある場合，「それらが全体として一個の現在建造物と認められるためには，……その構造上の接着性の程度，建物相互間の機能的連結性の有無・強弱，相互の連絡，管理方法などに加えて，非現住・非現在の建物の火災が現在の建物に延焼する蓋然性をも考慮要素とし，これらの諸事情を総合考慮して，一個の現在建造物と評価することが社会通念上も相当とみられることが必要と解される。そして，……抽象的危険犯としての性格を前提としても，非現住・非現在の建物から現在の建物へ延焼する可能性が全く認められない場合にまで，それら複数の建物を一個の現在建造物と評価することは許されない」。

II 往来妨害罪

No. 72　陸路の閉塞の意義

〈CASE〉　Aらは、共謀して県道（幅約5.9メートル）上に普通乗用自動車（車長約4.26メートル）1台を，反対車線側に遮断されていない部分が約2メートルの余地を残すだけで，ややななめ横向きに置いた。さらに，Aらは，車の内外に多量のガソリンを振り撒き，点火した火炎びん3本を投げ込んで火を放ち，炎上車両の燃料に引火爆発するおそれを生じさせるような状態で約10分以上激しく炎上させ，同車を焼損した。Aらの罪責はどうなるか。

1　問題のありか

　往来妨害罪（124条1項）は、「陸路，水路又は橋を損壊し，又は閉塞して往来の妨害を生じさせた」場合に成立する。**CASE**では，陸路の「**閉塞**」があったといえるかが中心的問題点である。したがって，「閉塞」の意義が検討されなければならない。また，「閉塞」が認められる場合には，Aらの行為につき，①2メートル余りの余地を残して車を置いた時，②車の炎上状態を含めた時点，③車の燃料に引火爆発するおそれを生じさせた時，のどの時点をもって陸路の「閉塞」があったといえるかも問題となろう。

　なお，Aらの普通乗用自動車を焼損した行為は，建造物等以外放火罪（110条1項・60条）を構成することには疑問はないであろう。

2　決定要旨──最決昭59・4・12刑集38巻6号2107頁

＊　「Aらは，…点火した火炎びんを投げ込んで右車両を炎上させ，これにより右車両の燃料に引火して爆発する虞を生じさせたというのであるから，たとえ，障害物として置かれた右自動車が県道の幅員を部分的に遮断したにすぎず，道路の片側に遮断されていない部分が約2メートル余り残されたとしても，右道路の効用を阻害して往来の危険を生じさせたものというべきであり，

右の行為は，……陸路を壅塞して往来を妨害したものにあたる」。

3　論点の検討

　124条1項の「閉塞」について，学説は，有形の障害物を置いて損壊と同視しうる程度に通路を遮断することで，相当な時間に渡ってその状態を継続されることが必要としている。たとえば，道路上に塀やバリケードにより通行不能にすることなどが「閉塞」にあたるとされる。なお，「閉塞」行為は，物理的・有形的であることを要するとしても，物理的側面と心理的側面から判断すべきであるとしている。また，「閉塞」には部分的に遮断することも含まれる。たとえば，道路に杭を打ち込み自動車の運行を遮断したときは，人の通行が十分可能であるとしても「閉塞」にあたるとされるが，妥当であるといえよう。

　判例は，陸上の通路に障害物を設け，該通路による往来の不能または危険を生ぜしめることとしている（最決昭32・9・18裁判集刑120号457頁）。部分的遮断については，否定的判断（名古屋高判昭35・4・25高刑集13巻4号279頁）を示したものもある。しかし，幅約1.6メートルの道路上に中古テレビ等多数のごみを投棄して通行を困難にしたという事案で，東京高裁は，「一般に往来を困難にならしめると認められるような方法，程度，態様において，物的障害物を道路上に堆積して遮断する場合をも含む（東京高判昭54・7・24判時956号135頁）」としている。後者が妥当である。以上のことから，Aらの行為は，陸路の「閉塞」にあたるといえる。

　「閉塞」時点については，「部分的遮断」も「閉塞」に含まれるということからすれば，前記①説に従うことも，それほど困難とは思われない。しかし，心理的側面および有形の障害物を置いたと同視しうる程度の遮断ということをも考慮に入れると，前記③説の方が適切・妥当であろう。

　よって，Aらの行為は，往来妨害罪を構成するといえよう。

4　関連判例──佐賀地判昭35・10・7下刑集2巻9＝10号1281頁

　幅約1.55メートル，長さ約50メートルの道路を幅0.5ないし1メートルにわたって削り取り，その泥土を約10メートルの区間の幅0.5ないし0.95メートルにわたって堆積した行為は，道路を損壊および閉塞したものにあたり，往来の妨害を生じさせたといえる。

〔参考文献〕

　刑法判例百選Ⅱ各論〔第4版〕154頁〔萩原玉味〕

| *No. 73* | 艦船の破壊の意義 |

〈CASE〉 Aは，B水産の代表取締役Cが所有する漁船（総トン数267トン，船質鋼）を故意に座礁させるなどしたうえ船体放棄して処分し，通常の海難事故のように仮装して保険金を騙取する計画を企て，ウルップ島穴埼海岸に座礁させた。さらに，Aは，同船機関室内に海水を取り入れ，同室備付けの機関起動用空気漕内の圧縮空気をすべて放出させて同船の航行機能を失わせた。ただし，船体自体に破損は生じていなかった。Aの罪責はどうなるか。

1 問題のありか

CASEの「座礁」が，船体自体に破損はなくても艦船の「破壊」（126条2項）にあたるかどうかによって艦船破壊罪（同条同項）の成否が左右される。したがって，艦船「破壊」の意義について検討がなされなければならない。とくに，Aの「座礁」行為には物理的破壊は伴わなくても，艦船としての機能・効用の全部または一部が実質的に害されるということも含まれるのかどうかが問題点となると考えられる。

また，126条2項は，客体を現に人がいる艦船としていることから，艦船内の人の生命・身体の危険を処罰根拠とする抽象的危険犯とされていることにも留意する必要があろう。なお，本罪を何らかの公共の危険の発生を必要とする準抽象的危険犯であるとする見解もある。

2 決定要旨——最決昭55・12・9刑集34巻7号513頁

＊ 「人の現在する本件漁船の船底部約3分の1を厳寒の千島列島ウルップ島海岸の砂利原に乗り上げさせて座礁させたうえ，同船機関室内の海水取入れパイプのバルブを開放して同室内に約19.4トンの海水を取り入れ，自力離礁を不可能ならしめて，同船の航行能力を失わせた等，本件の事実関係のもとにおいては，船体自体に破損が生じていなくても，本件所為は刑法126条2項にいう艦船の『破壊』にあたる」。

3　論点の検討

　126条2項の艦船の「**破壊**」について，判例は，「艦船の実質を害して航行機関たる機能の全部又は一部を不能ならしむべき程度に損壊したこと（大判昭2・10・18刑集6巻386頁）」としている。学説も，判例を支持する見解が通説的地位を占めているといってよい。

　船体自体に破損が生じていなくても，Aの座礁行為が，126条2項の「破壊」にあたるかについては，以下のような見解がある。①転覆・沈没の観念の中に座礁も包含するとする見解，②座礁に伴って損壊した場合には破壊にあたるとするもの，③破壊にあたるとする見解，④具体的態様により沈没または破壊となるとするもの，である。

　①は，座礁を転覆・沈没の中に含めるのは解釈上困難である。③は，座礁させたからといって，直ちに「破壊」とすることはできないと思われる。したがって，具体的事案により検討しなければならないことを考慮に入れると，②よりも④の方が適切・妥当であるといえよう。厳寒の北洋海域での自力離礁不可能な **CASE** の座礁は，航行能力を喪失させ，また，船内に現在する人の生命・身体に対する危険の発生も伴うことなどから判断すると，艦船としての機能・効用の全部または一部が実質的に害されたといえる。したがって，Aの行為は，たとえ船体自体に破損は生じていなくても126条2項の「破壊」にあたるとするのが妥当であろう。よって，Aには艦船破壊罪が成立する。

4　関連判例——広島高判平2・8・7高検速報平成2年6号

　船舶右舷中央部に損傷を与えたという事案につき，広島高裁は以下のような判示をした。「衝突された結果，……D丸の損壊は，…乗客を乗せ安全な運行をするには耐えられなかったもの……で，艦船の実質を害して航行機関たる機能の一部を不能ならしめる程度に損壊されたということができるから，D丸の損壊は刑法126条の破壊に該当する」。

〔**参考文献**〕
　刑法判例百選Ⅱ各論〔第4版〕156頁〔中空壽雅〕
　ジュリスト重要判例解説（昭和56年度）177頁〔阪村幸男〕
　基本判例6刑法各論100頁〔振津隆行〕
　判例講義刑法Ⅱ各論108頁〔安田拓人〕

第4章 公共の安全に対する罪

放火罪の危険犯の区別

条文	罪名	危険犯の種類	公共の危険の文言
108条	現住建造物等放火罪	抽象的危険犯	なし
109条1項	他人所有の非現住建造物等放火罪	抽象的危険犯	なし
109条2項	自己所有の非現住建造物等放火罪	具体的危険犯	あり
110条	建造物等以外放火罪	具体的危険犯	あり

誰の所有 \ 客体の種類	建造物 現住	建造物 非現住	建造物以外の物
他人	108条	109条1項	110条
自己	108条	109条2項	110条

第5章

公共の信用に対する罪

> **無形偽造**
> 　内容虚偽の文書を作成することで，名義を偽るわけではない。私文書の場合は，本人が作成した以上，本人に責任を負わせれば済むことであるから，処罰する必要はない。ただし，医師が公務所に提出すべき文書について内容虚偽のものを作成するときは，それが公的な信用に結びつき，権利・義務関係が形成されるから，例外的に処罰される。
>
> ◆刑法用語ミニ辞典◆

第5章　公共の信用に対する罪

I　通貨偽造罪

| No. 74 | 通貨の偽造と変造 |

〈CASE〉　Aは，行使の目的をもって，真正な日本銀行券1000円2枚を用いて，1枚を水で濡らしてはがれやすくしてから手でもんで表面と裏面に剝離し，はさみで各2片に切断し，1000円券片4片を作成した。その中の3片を印刷のない面を内側にして2つ折りにし，間に厚紙を挿入して糊付けした。残りの1片について，印刷のない面を内側にして，間に厚紙を挿入して4つ折りにし糊付けした。他の1枚の1000円券をはさみで2片に切断して，1000円券片2片を作り，いずれも裏側を内側にして4つ折りにして糊付けし，合計6片の紙片を作成した。Aの罪責はどうなるか。

1　問題のありか

日本銀行は，財務省令で定める範囲内の損傷紙幣を引き換えなければならないことになっている（日本銀行法48条）。引換え可能な程度の損傷の場合には，通貨偽造罪の保護法益として，通貨高権を考えるまでもなく，もっぱら通貨に対する公共の信用・取引の安全を考えれば足りるので，通貨偽造・変造罪は成立しないとする見解もある（団藤編・注釈刑法4巻213頁）。CASEのように，紙幣の表裏を剝がす場合は，もはや，引き換え可能な紙幣とはいえない範囲である。Aは行使の目的で，いわゆる1000円札2枚を切断し，6片の紙片を作成したのであり，行使の目的がある以上，通貨偽造および変造罪（148条）にあたるか否かが問題となる。さらに，作成された紙片が，一般人に真正な通貨と誤認させる程度の物か否かにより，通貨偽造及び変造罪の既遂罪となるか未遂罪（151条）となるかの問題がある。

2　判決要旨――最判昭50・6・13刑集29巻6号375頁

＊　「なお，原判示第六の事実につき，被告人が作出した六片の物件は，通常人をして真正の銀行券を四つ折り又は八つ折りにしたものと思い誤らしめる

程度の外観，手ざわりを備え，真正の銀行券として流通する危険を備えたものと認められるとして，通貨変造罪の成立を認めた原判決の判断は正当である。」

3　論点の検討

通貨の偽造とは，発行権を有しない者が一般人ならば真貨と誤信するような外観の偽ものを，作り出すことである。判例は「通常人が不用意にこれを一見した場合に真正の銀行券と思い誤る程度に制作されることを要する」としている（最判昭25・2・28裁判集刑16巻663頁）。貨幣に酷似したものを鋳造したり，銀行券に似せた印刷物を作成する行為の他，銀行券をコピーしそれに加筆するとか，真券に細工をする場合も含む。

通貨の変造とは，真正の通貨を加工して，通貨の外観を有する物を作り出すことをいう。作り出された物が，一般人に真正の通貨と誤認させる程度の者であることを要する。行使の目的で，通貨変造行為に着手したが，材料不足，技術の未熟なために，作り出された物が，一般人に真正な通貨と誤認させる程度に達していなかった場合には，通貨変造の未遂（151条）が成立する（宇都宮地判昭37・12・24下刑集4巻11＝12号1179頁）。

偽造と変造の限界は微妙である。広島高裁高松支部判決（昭30・9・28高刑集8巻8号1056頁）は，8枚の千円札からその一部ずつを集めてつなぎあわせて新たな1枚と見せかける行為を偽造としている。毀損しても3分の2以上が残存していれば，券面金額のものと引き換えることができる。しかし，一部を切り取り，残った部分を新券と引き換えた上，切り取った部分をつなぎ合わせて，銀行券の外観に酷似したものを作出すれば，偽造となる。偽造と変造の区別は同一の条文の中で法定刑に差はない以上，厳密な区別の実践的な意義は少ない。

CASEの場合，加工された通貨を受け取った人が，真正な通貨として再び使用する危険があり得るかというと，疑問である。500円札の表裏を剝がし，裏に白紙を張り付けた事案に対する上記宇都宮地裁昭和37年12月24日判決同様，Aには，通貨変造未遂罪（151条・148条）が成立することになる。

4　設　　問

Aは，行使の目的をもって，1万円札の表面と5千円札の裏面をパソコンに取り込み，適当に加工し，知り得る者ならば一見して偽物と分かるが，市中にほとんど出回っていない2千円札を作成した。Aの罪責はどうなるか。

Ⅱ　文書偽造罪

No. 75　写真コピーの文書性

〈CASE〉　Aは，供託金の供託を証明する文書として行使する目的で，法務局供託官が発行した真正な供託金受領証から，供託官の記名印および公印押捺部分を切り取り，虚偽の供託事実を記入した用紙と合成し台紙に張り付け，台紙上に作出された合成原稿を複写機でコピーし，真正な供託金受領証であるかのような外観をしたコピーを5通作成し，これを情を知らない者に対し，提出または交付した。Aの罪責はどうなるか。

1　問題のありか

Aが作成した写真コピーは，文書偽造罪における文書の要件を充足するのか否かが問題となる。つまり，コピーは原本といえるのか否か，コピーの名義人は誰なのか，が問題となる。いわゆる**写真コピーの文書性**については，文書偽造罪の保護法益である文書の社会的信用性をそもそも害する文書なのか否かという根本的な問題を含んでいる。

2　判決要旨──最判昭51・4・30刑集30巻3号453頁

＊　「行使の目的をもって，虚偽の供託事実を記入した供託書用紙の下方に真正な供託金受領証から切取った供託官の記名印および公印押捺部分を接続させ，これを電子複写機で複写する方法により，あたかも公務員である供託官が職務上作成した真正な供託金受領証を原本として，これを原形通り正確に複写したかのような形式，外観を有する写真コピーを作成した所為は，刑法155条1項の公文書偽造罪に当る」。

3　論点の検討

文書とは，特定人の意思または観念を表示した物体で，法律上または社会生活上重要な事項に関する証拠となりうる内容を表示するもので，意思の表示主体である名義人がなければならない。さらに，文書は，確定的な人の観念・意

思が直接表示されたもので、他に代替のないもの（原本性）でなければならない。写しは、代替物にすぎないので、ここにいう文書ではないとされてきた。

写真コピーが文書にあたるか否かについては、その原本性が問題とされる。

積極説は、写真コピーは、原本の形式・内容を正確に再現し、証明資料として原本に代わるものとして、原本と同様の社会的機能・信用性を有していること、原本と同一の意識内容を保有していること、を根拠として、文書偽造罪の保護法益が文書の社会的信用である以上、写真コピーは原本的性格をもつものとして文書に含まれるとする。消極説は、原本の改ざんや合成原稿作出などの不正工作の痕跡を容易に消去しうるという意味で、複写装置に対する一般の信頼は低く、コピーはあくまでも社会的機能としては原本の存在とその内容を推認するにすぎないとする。また、写真コピーは許されており、作成名義人はコピーの作成者であるし、写真コピー作成者の印章・署名がない限り、作成名義人は特定されえないことなどを根拠として、写真コピーを文書に含めることは、**罪刑法定主義**に反する許されない類推解釈であると主張する。

肯定説は、実社会における写真コピーの実情から、原本的性質を肯定し、内容虚偽の写真コピーによって、文書偽造罪の保護法益である社会的信用は害されていると解する。一方、否定説は、写真コピーへの信頼性は高くなく、社会的機能にも限界があることを踏まえて、写真コピーの原本的性質を認めることは、刑法の**厳格解釈**に反し、罪刑法定主義に反する許されない類推解釈であると考えるのである。

否定説に基づいて、Aの行為は無罪とするのが妥当であろう。

4　関連判例——広島高岡山支判平8・5・22判時1527号150頁

Bは、担保物の証明のために父宛に市教育委員会から郵送されていた郵便葉書の支払い金振込通知書の一部を修正液で消去し、ワープロで宛名欄を印字し、作成名義欄、支払金額欄等に紙片を張り付ける方法で同文書を改ざんし、金融会社A宛にファクシミリで送信した。

「公文書偽造罪の客体となる文書は、機械的方法により、あたかも真正な原本を原形どおり正確に複写したかのような形式、外観を有するものであること、文書の性質上、原本と同様の社会的機能と信用性を有するものであることが要件である。……ファクシミリについても、真正な原本を原形どおり正確に複写したかのような形式、外観を有する写しを作成する機能を有するものである」。

第5章　公共の信用に対する罪

| *No. 76* | 文書の偽造と変造 |

〈**CASE**〉　Aは，不正に入手した「北海道旭川方面公安委員会」の印章のあるBの自動車運転免許証を用い，行使の目的で，写真貼付欄に添付されていたBの写真を自己の写真に貼り代え，生年月日欄の「昭和14年3月12日生」の記録のうち「14」の「1」を剃刀を用いて削り落とし「昭和4年3月12日生」と改め，中古自動車を売却する際，これを提示して使用した。Aの罪責はどうなるか。

1　問題のありか

Aは，行使の目的で，公文書であるBの免許証を改ざんしたことに間違いはない。問題は，改ざんした免許証の写真と生年月日部分が，文書の本質的（重要事項）部分なのか非本質的部分なのかにより，公文書偽造罪になるか公文書変造罪になるかの違いがある。

2　決定要旨──最決昭35・1・12刑集14巻1号9頁

＊　「所論摘示の事実は，運転免許証の写真を貼り代え，その生年月日欄を改めただけであって，その作成名義を変更したものではないから，公文書変造罪を構成することはあっても公文書偽造罪を構成するものではないと主張するが，特定人に交付された自動車運転免許証に貼付してある写真及びその人の生年月日の記載は，当該免許証の内容にして重要事項に属するのであるから，右写真をほしいままに剥ぎとり，その特定人と異なる他人の写真を貼り代え，生年月日欄の数字を改ざんし，全く別個の新たな免許証としたるときは，公文書偽造罪が成立すると解すべきである。（最決昭31・3・6刑集10巻3号282頁参照）」。

3　論点の検討

文書の偽造とは，文書を作成する権限を有しない者が，他人の名義を冒用して不法に文書を作成することをいい，**文書の変造**とは，文書を作成する権限を有しない者が，真正に成立した他人名義の文書の非本質的な部分に不法に変更

を加え，新しい証明力を作り出すことを意味する。

　既存の真正文書を改ざんする行為については，偽造か変造かまぎらわしいことがあるが，文書の本質的な部分に変更を加えて新しい証明力を有する文書としたものか，その非本質的な部分に変更を加えて，新しい証明力を作り出したにすぎないかを基準にして区別することになる。

　本質的か非本質的かの区別は必ずしも明確ではではないが，変更前のものと文書とてしての同一性を有するかどうかを基準とし，同一性を有する場合は非本質的部分の変更としての変造にあたると解すべきである。たとえば，既存の借用証書の金額の側に別個の金額を記入し（大判明44・11・9刑録17輯1843頁），あるいは有効債権証書中の一字を改めて内容を変更する行為は，変造にあたる（大判明45・2・29刑録18輯231頁）。判例中には，学生証中の学生の氏名を変更するのは変造であるとしたものがある（大判昭11・4・24刑集15巻518頁）が，氏名の変更は本質的部分であるとの批判がある。

　なお，自動車運転免許証の各記載欄に必要事項を書いた紙片をテープで止めただけで，一般人をして真正な文書誤認させるに足りる程度の形式・外観を備えていないと思われるような改ざんについて，コピーやイメージスキャナを使用し，証明書として行使する場合もあり，偽造罪が成立するとした判例がある。

　以上のことからして，**CASE**の場合，Aには，公文書偽造罪（155条1項）と偽造公文書行使罪（158条1項）が成立し，両罪は牽連犯（54条1項）となる。

4　関連判例——大阪地判平8・7・8判タ960号293頁

　Cは，金融機関の無人店舗で融資の申込みをする際，他人の運転免許証の生年月日，住所等の各欄を切り離した紙片を自己の運転免許証の該当個所上に重ね，さらに氏名欄には別人の氏名記載の紙片を置き，テープで張り付け，身分証明書として，自動契約機のイメージスキャナに読み取らせ，係員の面前のディスプレーに表示させ，融資を受けた。

　自動車運転免許証は「身分証明のために，コピー機やファクシミリにより，あるいは，本件のように，イメージスキャナー等の電子機器を通して，間接的に相手方に呈示・使用される状況も生じてきている（このような呈示・使用が偽造文書行使罪における『行使』に該当することはもちろんである）。……このようなものであっても，一般人をして真正に作成された文書であると誤認させるに足りる程度であると認められるというべきである」。

第5章　公共の信用に対する罪

No. 77　代理・代表名義の冒用

〈CASE〉　Aは，学校法人B学園の理事であったが，反対派の理事を解任しAが理事長に選任されたような理事会決議録を勝手に作成してその旨登記し，B学園の実権を一挙に手中に収めようと企てた。そして，理事会においては理事任免・理事長選任に関する件の結論が出ず，Aに単独の理事署名人として署名捺印して文書を作成する権限が与えられなかったにもかかわらず，Aは，同日の理事会においてAを理事長に選任し，当日の議事録署名人をAとすることを可決した旨の虚偽の記載をなし，末尾に「理事署名人A」と記入し，その名下にAの印を押した「理事会決議録」と題する文書を作成した。なお，B学園の寄付行為によれば，理事会の会議録には出席理事全員の署名捺印が必要とされていた。Aの罪責はどうなるか。

1　問題のありか

Aは，事実に反する内容の文書を作成したのであるが，この文書は，文書の内容の真実を偽ったものなのか，文書の成立の真正を偽ったものなのかが，問題となる。つまり，**無形偽造**と捉えるか，**有形偽造**と捉えるかの問題である。無形偽造説に従えば，本来，私文書偽造は，160条の場合に限られるから，何罪も構成しない場合もある。有形偽造説によった場合でも，Aが作成した文書には,「議事録署名人A」という本人印が押印されていない。この場合，刑法159条1項が成立するか，同条3項が成立するかの問題がある。

2　決定要旨──最決昭45・9・4刑集24巻10号1319頁

＊　「他人の代表者または代理人として文書を作成する権限のない者が，他人を代表もしくは代理すべき資格，または，普通人をして他人を代表もしくは代理するものと誤信させるに足りるような資格を表示して作成した文書は，その文書によって表示された意識内容に基づく効果が，代表もしくは代理された本人に帰属する形式のものであるから，その名義人は，代表もしくは代理された本人であると解するのが相当である」。

3　論点の検討

　無形偽造説は,「議事録署名人」というのは，1つの資格を示す肩書であって，文書の一部をなすもので，Aは自分の意思をその文書に表明している者であるから，作成名義に偽りはない。ただ代表資格のない事項について勝手に代表権があるように表示したものであるから，文書の内容を偽ったものであり，したがって代表名義を冒用した文書の作成は，無形偽造であるとする。しかし，直接本人の名義を冒用して私文書を作成した場合と均衡を保つために，代理・代表名義の冒用の場合は処罰するとしている。

　これに対し，通説・判例は，**代理・代表名義の冒用**を他人の作成名義を偽る行為と捉える。判例によれば，代理人（代表者）は本人のために文書を作成するのだからその文書は本人に属し，その文書の効果は本人に帰属するから，代理（代表）名義の冒用は有形偽造であると解している。

　有形偽造説のなかでも，名義人に関しては説が分かれる。「C株式会社代表取締役D」という場合において,「C株式会社」が名義人であるとする説は，文書のもつ法律効果が代理・代表される本人に帰属する形式の文書であるから，文書の信用に重きをおく文書偽造罪の関係では，本人が名義人であるとする。CASEに関する最高裁決定もこの立場に立っている。

　他方,「D」が名義人であるとする説では，D個人の氏名に対する社会的信用が問題なのではなく,「C株式会社代表取締役D」という名義に対する社会的信用が重要なのであるから，代理人・代表者の氏名の表示と代理・代表資格の表示とが一体となったものが作成名義人であるとする。つまり，本人たるC名義の文書でも，代表たるD名義の文書でもなく，まさに「C株式会社代表取締役D」名義の文書ということになる。この説にしたがえば，いろいろな資格に関し，それを冒用したDは，Eという別人格となり，有形偽造の範囲が広がるとする批判がある。

　以上のことから，CASEの場合，Aは,「理事会」作成名義文書を偽造したことになり，理事会の印が用いられていない以上，無印私文書偽造罪（159条3項）が成立することになる。

| No. 78 | 通称の使用と人格の同一性 |

〈CASE〉 Aは，昭和24年10月ころ，日本に密入国し本名Aによる外国人登録をしないまま大阪市内等に居住在留していた。Aは昭和25年以降，Bという名を一貫して用い続けたため，Bという名がAを指称するものであることは，行政機関に接触するような場面ではもちろん，一般社会生活においても定着していた。Aは，再入国許可書を取得しX共和国に出国しようとして，昭和53年3月にBと署名した再入国許可申請書を作成したうえ，大阪入国管理事務所に提出した。Aの罪責はどうなるか。

1 問題のありか

文書の**作成者**とは，現実に文書の内容を物体に表示する者をいう。**名義人**とは，文書に表示された意思・観念の主体である。この作成者と名義人が一致している文書は**真正文書**であり，作成者と名義人が一致していない文書が**不真正文書**ないし**偽造文書**である。俗称や旧姓を使用して私文書を作成した場合，その文書の作成人と名義人の人格的一致が認められ，真正文書となるのか否かが問題となる。

2 判決要旨──最判昭59・2・17刑集38巻3号336頁

＊ 「私文書偽造とは，その作成名義人を偽ること，すなわち，私文書の名義人でない者が権限がないのに，名義人の氏名を冒用して文書を作成することをいうのであって，その本質は，文書の名義人と作成者との間の人格の同一性を偽る点にある」。「…再入国許可申請書は，右のような再入国の許可という公の手続内において用いられる文書であり，また，再入国の許可は，申請人が適法に本邦に在留していることを前提としているため，その審査にあたっては，申請人の地位，資格を確認することが必要，不可欠のこととされるのである。したがって，再入国の許可を申請するにあたっては，ことがらの性質上，当然に，本名を用いて申請書を作成することが要求されているといわなければならない」。「再入国許可証の性質にも照らすと本件文書に表示

されたBの氏名から認識される人格は適法に本邦に在留することを許されているBであって，密入国をし，何らの在留資格をも有しないAとは別人格であることは明らかであるから，そこに本件文書の名義人と作成人との人格の齟齬が生じているというべきである」。

3 論点の検討

私文書を作成する際に，行為者が本名以外の名前を使用しても，作成者と名義人の**人格的同一性**が認められることはありうるであろう。たとえば，旧姓，広く知られた芸名，ペンネーム，また，社会的に広く通用している通称名の使用も，一定の範囲内では有形偽造とはならない。さらに，別名が作成者を指称することが社会一般に広く知られていず，人格を特定識別する機能が限られた範囲でしか認められない場合であっても，当該文書がその性質上別名の通用する範囲内で流通する場合にも，文書偽造・有形偽造とはならないことになる。

どの程度，通称名が定着していれば，文書偽造罪が成立しないかについては，やはり文書の種類が問題となる。そして，いかに広く定着した通称名でも，その使用が人格の同一性を否定することになる場合がある。たとえば，交通事件原票下欄の供述書（最決昭56・12・22刑集35巻9号953頁）や再入国許可申請書用紙（大阪高判昭57・12・6判時1092号164頁）での通称名を使用した場合は，人格の同一性が否定されることになるとされる。

交通事件原票下欄の供述書や再入国許可申請書用紙については，名義人本人によって作成されることだけが予定されている文書で，その「偽名」によって，その「偽名」を日常使用している行為者を特定しうると否とを問わず，他人の名義使用を許さない性質のものであるから，**通称名**を使用した場合は，私文書偽造罪が成立するとする見解もある。本件判決もこの立場に立っている。日常のすべての生活領域で人格の齟齬が生じないほど定着した通称名が存在することは否定できないが，文書の種類・性質によっては「本名」を成立要件とする文書も否定できないであろう。

CASEのAの場合，通称名の使用は人格の不一致ということになり，私文書偽造罪（167条1項）が成立する。

4 設問

Cは，アルバイト先に「通称名」で作成した履歴書を提出した。Cの罪責はどうなるか。

No. 79　同姓同名の使用と人格の同一性

〈CASE〉　弁護士の資格を有しないAは，東京第二弁護士会に所属する弁護士と同姓同名であることを知り，その弁護士になりすまして土地の調査依頼を受けた不動産業者Bから弁護士報酬を得ようと計画し，「東京第二弁護士会所属弁護士A」と記載した，土地調査に関する鑑定料として7万8000円を請求する書面と振込依頼書，請求書計3通の文書をBに郵送した。これらの書面には，A弁護士の角印に似せた角印が押されていた。Aの罪責はどうなるか。

1　問題のありか

　弁護士資格を有しない者が同姓同名の弁護士の存在を知りながら，弁護士の肩書を付けた文書を作成したことが私文書偽造になるかどうかという問題である。この場合，「A」と「弁護士A」とは作成者と名義人とが異なり人格の同一性に偽りがあるので私文書偽造罪となるのか，それとも，「弁護士A」というのは単なる肩書・資格の冒用であるから人格の同一性を偽ったとはいえないのではないかということである。

2　決定要旨——最決平5・10・5刑集47巻8号7頁

＊　「たとえ名義人として表示された者の氏名がAの氏名と同一であったとしても，各文書が弁護士としての業務に関連して弁護士資格を有する者が作成した形式，内容のものである以上，本件各文書に表示された名義人は東京第二弁護士会に所属する弁護士であって，弁護士資格を有しないAとは別の人格の者であることが明らかであるから，本件各文書の名義人と作成者との人格の同一性に齟齬を生じさせたものというべきである。したがって，Aは右の同一性を偽ったものであって，その各所為について私文書偽造罪，同行使罪が成立する」。

3　論点の検討

　現行刑法は，偽造（有形偽造）と虚偽作成（無形偽造）を区別し，私文書に

については，有形偽造の処罰を原則としている。**有形偽造**というのは，文書の名義人以外の者が，権限なしに，他人名義の文書を作成することをいう。すなわち「他人名義の冒用」である。権限が与えられている場合は偽造とならない。名義人が責任を負えるからである。文書の作成権限を逸脱した場合は有形偽造になり，権限を濫用しただけでは，偽造とならないのである。

作成者本人が世間に通用している芸名，ペンネームを使用して文書を作成したとしても，作成者と名義人との**人格的同一性**が認められる限り文書偽造にはならない。反対に，いかに広く定着した名前を使用したものであっても，「文書の名義人と作成者との間の人格の同一性に齟齬が生じて」おれば文書偽造となる（4の関連判例参照）。

CASE の場合，「弁護士A」という表示から認識されるのは，実在の東京第二弁護士会に所属し弁護士業務を行っている「弁護士A」であり，名前をかたっている「A本人」ではない。弁護士でないAとは別の人格である弁護士Aであるので，第三者に弁護士Aという他の人格主体が作成した文書だと思わせており，人格の同一性に齟齬を生じさせていることになる。名刺に，弁護士でない者が「弁護士甲」と書くことは単なる肩書の偽りであるが，弁護士業務に関係する文書を弁護士でない者が作成することは，弁護士名義（人格）を冒用しているのであり，別の人格者が作成したと想定されるのであるから，人格の同一性を偽っていることになる。したがって，Aには私文書偽造罪が成立する。

4　関連判例──最決平11・2・20刑集53巻9号1495頁

Cが，Dの偽名を用いて就職しようと考え，虚偽の氏名，生年月日，住所，経歴等を記載し，Cの顔写真をはり付けた押印のあるD名義の履歴書および虚偽の氏名等を記載した押印のあるD名義の雇用契約書等を作成して提出した事案について，「これらの文書の性質，機能等に照らすと，たとえCの顔写真がはり付けられ，あるいはCが右各文書から生ずる責任を免れようとする意思を有していなかったとしても，これらの文書に表示された名義人は，Cとは別人格の者であることが明らかであるから，名義人と作成者との人格の同一性にそごを生じさせたものというべきである」として，有印私文書偽造，同行使罪の成立を認めた。

〔参考文献〕

刑法判例百選Ⅱ各論〔第4版〕174頁〔曽根威彦〕

第5章 公共の信用に対する罪

| No. 80 | 補助公務員の作成権限 |

〈CASE〉 甲市役所で市民課調査係長をしているAは，借入金のために自己の印鑑証明書が必要となったので，自ら印鑑証明書を作成して使用しようと考え，所定の申請書を提出せずに，手数料も納付せず，市長作成名義のA宛印鑑証明書を自ら作成し，取得した。なお，印鑑証明書は市長名義で作成されるものであるが，甲市役所では，事務決裁規定により市民課長の専決事項とされ，実際には，課長は一日分の申請書を一括して翌朝に決済しており，慣行上，印鑑証明書の作成発行については，Aを含む市民課員全員が事務をとる権限を有していた。Aの罪責はどうなるか。

1 問題のありか

公文書偽造罪における偽造は，公文書の作成名義人以外の者が，作成権限なしに，その名義を用いて公文書を作成することをいう。CASEの場合，所定の申請書による申請という適正な手続によらないで，決裁もなく，Aが勝手に市長名義の印鑑証明書を作成したのであるから公文書偽造になるのか，それとも，これらの印鑑証明書は内容も正確であり，通常の申請手続をとれば当然に交付されたものであり，Aが印鑑証明書を作成したとして補助者としての作成権限を超えた行為ということはできないので公文書偽造は成立しないのではないかということが問題になる。

2 決定要旨——最決昭51・5・6刑集30巻4号591頁

* 「Aを含む市民課員も，市民課長の補助者の立場で，一定の条件のもとにおいてこれを作成する権限を有していた。問題となる印鑑証明書は，いずれも内容が正確であって，通常の申請手続きを経由すれば，当然に交付されるものであったのであるから，Aがこれを作成したことをもって，補助者としての作成権限を超えた行為であるということはできない。Aが申請書を提出せず，手数料の納付もせずに，これを作成取得した点に，手続違反があるが，申請書の提出は，主として印鑑証明書の内容の正確性を担保するために要求

されているものと解されるので，その正確性に問題のない本件においてこれを重視するのは相当でない」。

3　論点の検討

　文書偽造とは，作成者が名義人との人格の同一性を偽ることである。人格を同一にすると考えられる場合の文書作成のみが許される。ただ，作成というのは自分で書くことだけではなく，代理人や代決者を使用して書かせても作成である。誰を作成者と見るかについては，観念説と事実説の対立がある。文書の記載をさせた意思の主体を作成者とするのが観念説で，実際に文書を作成した者を作成者とするのが事実説である。本人の承諾を得て秘書が文書を作成する場合の作成者は本人であると考えられるから，これを秘書が作成者だとする事実説は実情に合わない。

　代理人が本人から，一定の範囲で判断をして文書を作成する権限が与えられておれば，代理人がその権限の範囲内で文書を作成することは，人格の同一性に偽りはない。本人が，文書の内容について責任を負うことになる。本人が文書の作成主体（名義人）だからである。

　組織の中で機械的に事務を遂行する事務補助者の地位にある者が，代理権を行使して文書を作成した場合，その作成文書が権限内のものか権限外のものかによって，偽造罪が成立するかどうか分かれる。私文書に関してではあるが，一般には，法人の中で機械的事務履行者の地位にある者は，濫用的な作成行為はすべて有形偽造になるとされている（大判昭17・2・2刑集21巻77頁）。権限外の行為だということである。したがって，問題は，具体的な権限が与えられていたのかどうかにある。それは，内規または慣行によって判断される。**CASE**の場合，印鑑証明書を名義人（市長）に代わって作成する権限は市の「事務決裁規定」により市民課長の専決事項とされていたが，慣行上，Aを含む市民課全員がその事務を執る権限を有していたのである。Aには印鑑証明書発行の権限があったと認められる。作成された文書の内容も正確なものであるから，公共的信用を害することはない。したがって，Aに文書偽造罪は成立しない。ただ，Aには虚偽公文書作成罪が成立する。

〔**参考文献**〕

　刑法判例百選Ⅱ各論［第4版］166頁［松宮孝明］
　前田雅英『最新重要判例250［第4版］』218頁

第5章 公共の信用に対する罪

No. 81　名義人の承諾と私文書偽造罪

〈CASE〉　Aは，酒気帯運転等により運転免許停止処分を受けていたが，これを聞いた会社の共同経営者Bが，「免許証がないと不便だろう。俺が免許証を持っているから，俺の名前を使え」といって，本籍地，住所，氏名，生年月日を教えてくれた。無免許運転中に取締りを受けたAは，「免許証は家に忘れた」といってBの氏名をかたり，交通事件原票・反則切符中の「違反したことに間違いない」旨記載してある供述書欄の末尾にBの名前を署名した（なお，Aは，反則金を支払った後，Bにこのことを伝えたが，Bは抗議しなかった）。Aの罪責はどうなるか。

1　問題のありか

　反則切符中の「供述書」は**事実証明に関する私文書**であるが，Bの承諾を得てBの名前を書くことは，有効な承諾のもとに作成された文書である。承諾があればその文書についての責任は名義人が負うことになるので，その責任主体が作成主体（名義人）である。しかし，供述書というものは本人しか作成することができないものであるから，他人名義で作成したことは私文書偽造罪を構成するのではないかという問題が出てくる。

2　決定要旨──最決昭56・4・8刑集35巻3号57頁

＊　「交通事件原票中の供述書は，その文書の性質上，作成名義人以外の者がこれを作成することが法令上許されないものであって，右供述書を他人名義で作成した場合，あらかじめその他人の承諾を得ていたとしても，私文書偽造罪が成立すると解すべきである」。

3　論点の検討

　私文書の場合，Bの有効な承諾のもとに作成された文書は，そのBを名義人とする文書である。承諾のある文書については冒用（作成権限がない）ということはない。名義人Bがその文書の内容について責任を負うことになるからである。

文書偽造は，名義人と作成者の人格の同一性を偽ることであるから（最判昭59・2・17刑集38巻3号336頁），その文書について責任を持つことになれば（**CASE**の場合Bは処罰されることまでを承諾していたと思われる），作成者と名義人の人格は一致し，公的信用も害されることはないといえる。

作成者と名義人が一致するということは，AがB名義人の文書の作成者ということになるのか，Bの文書をBの承諾者Aが書いたということになるのか。この場合，通説たる観念説の立場からは，名義人の意思に基づいて作成された文書は，作成者が名義人自身であり，そこに人格的同一性の偽りはないので，有形偽造にはならないとされる。被疑者が偽名を使用して供述書に署名する場合を不可罰にしていることからも，この場合を処罰すべきではないとする考えもある。ただ，これは，自己の犯罪隠蔽行為と考えられるからである。

Bの承諾のもとに交通切符にBの名前で署名することは，作成者はBでありBが責任を負うことになるのだから，社会的信用性は損なわれていないともいえる。しかし，交通切符に署名しているのは，交通法規に違反しているAであって，名義使用の承諾を与えているBではないから，このような，文書に対する承諾は法令上許されるのかということが問題になる。そして，違反者Aは承諾者Bの文書を作成する権限まで与えていたとしても，その文書が公の手続に用いられるという性格を持っていた場合は，そのような承諾は許されていないと考えられる。すなわち，作成者と名義人が同一であっても，当該文書について違反者に効果が帰属する場合や自署を必要としている場合は，その人格の同一性が厳しく要求されなければならないのである。違反をした作成者Aと承諾を与えた名義人Bには，**人格の同一性**に偽りがあることになる。

反則切符における「交通違反をした」という供述書は，違反者に責任が及ぶことであるから，違反者以外の者が作成することは手続き上厳格に制限しなければならないものである。したがって，Aには私文書偽造罪が成立する。最高裁が，この供述書を「作成名義人以外の者が作成することが法令上許されないもの」であるとしているのも（**2**の決定要旨参照），このことを意味している。

〔参考文献〕
刑法判例百選Ⅱ各論［第4版］176頁［佐伯仁志］
前田雅英『最新重要判例250［第4版］』226頁

第5章 公共の信用に対する罪

No. 82　運転免許証の携帯と行使

〈CASE〉　Aは，行使の目的をもって，公務所である福岡県公安委員会作成名義の大型自動車運転免許証を偽造し，計19回にわたり営業用普通自動車を運転し，その都度，偽造の運転免許証を携帯していた。Aの罪責はどうなるか。

1　問題のありか

偽造した運転免許証を携帯して自動車を運転することが，運転免許証の行使，すなわち偽造公文書の行使といえるかどうかという問題である。

2　判決要旨──最判昭44・6・18刑集23巻7号950頁

＊　「偽造公文書行使罪にいう行使にあたるためには，文書を真正に成立したものとして他人に交付，提示等して，その閲覧に供し，その内容を認識させまたはこれを認識しうる状態に置くことを要するのである。したがって，自動車を運転する際に偽造にかかる運転免許証を携帯しているに止まる場合には，未だこれを他人の閲覧に供しその内容を認識しうる状態に置いたものというには足りず，偽造公文書行使罪にあたらないと解すべきである」。

3　論点の検討

偽造公文書行使罪における「行使」というのは，偽造文書を真正な文書として使用することをいう。「偽造文書を相手に提示して，現にその内容を認識せしめ又はその他の方法により相手方をしてこれを認識することを得せしめるべき状態に置くこと」（大判大2・12・6刑録19輯1387頁）が行使であるから，相手方が認識するか，相手方に認識できる状態に置くことが必要であり，自己が保有していて人が認識できないときは行使とはいえないのである。

これに反し，偽造された運転免許証を携帯して自動車を運転した場合，偽造公文書行使罪が成立するという見解もある（最決昭36・5・23刑集15巻5号812頁）。それは，自動車を運転する場合，運転免許証は運転に不可欠のものであり，運転行為というのは運転免許証をもって運転しているということを外部に表明す

る行為であるから，免許証を携帯していること自体が行使であるとするのである。免許証の携帯がすなわち免許証本来の用法に従った使用であり，警察官に求められたら直ちに提示しなければならないのであるから，携帯すること自体が行使のためだとする。しかし，たとえば，不実の記載をした登記簿は登記官庁に備え付けられたときに行使の効果が発生するとされている（大判大11・5・1刑集1巻52頁）。それは，備え付けられたことによって閲覧が可能になるからである。

　たとえ法令上，自動車を運転する場合に運転免許証を携帯すべき義務がある場合であっても，運転手が運転の際，偽造の運転免許証をポケットまたは自動車内に携帯所蔵しているだけでは，他人が随時これを真正な文書として閲覧できる状態に置いたものということはできない。他人に対する外部的表示行為がないからである。外部的表示行為といえるためには，他人が閲覧できる状態に置いた場合でなければならない。そうでなければ，偽造したことが行使といえることになってしまう。行使というためには，行為者以外の者が偽造文書を認識しうる状態になることが必要である。

　CASE の場合，単に携帯していたというだけであるから，それは提示の準備段階だと考えられる。警察官に提示を求められたら偽造の運転免許証を提示しようとして運転していただけでは，行使の危険性も発生していないのである。したがって，Aの行為は，偽造公文書行使罪を構成しない。

4　関連判例——最決昭42・3・30刑集21巻2号447頁

　高校を中退した生徒と共謀して，教諭が，卒業生の父親を満足させるために，校長名義の卒業証書を作成して生徒の父親に渡し，父親はそれを額に入れて飾っていただけという事案について，卒業証書を他人に提示することは本来の用法に従って使用したものであるとした原審の判断に対して，「偽造にかかる校長名義の卒業証書を，真正に成立したものととして，その父親に提示した行為を，虚偽公文書行使罪に当たるものとした原審の判断は相当である」とした。

〔参考文献〕

　刑法判例百選Ⅱ各論［第4版］180頁［斉藤信宰］
　前田雅英『最新重要判例250［第4版］』221頁

III 有価証券偽造罪

No. 83 テレフォンカードと有価証券変造罪

〈CASE〉 Aは，NTTが設置するカード式公衆電話機1台を窃取し，Bに依頼して，その公衆電話機にテレフォンカードの通話度数を1998度数に加算する機能を有するロムを取り付け内蔵させた。Aはその公衆電話を用いて，NTT作成のテレフォンカードを通話可能度数1998度のテレフォンカードに改ざんし，Cに対して，改ざんを加えたテレフォンカードを，その旨を告げて売り渡した。Aの罪責はどうか。

1 問題のありか

テレフォンカードというのは刑法上の「有価証券」に該当するのか，さらに，テレフォンカードの磁気部分の利用可能度数を改ざんする行為は有価証券の「変造」に当たるのか，カードの「行使の目的」とはどの様なことをいうのかも問題になる。電話機の窃盗について疑問は生じない。

2 判決要旨──最判昭44・6・18刑集23巻7号950頁

＊ 「テレフォンカードの磁気情報部分並びにその券面上の記載及び外観を一体としてみれば，電話の役務の提供を受ける財産上の権利がその証券上に表示されていると認められ，かつ，これをカード式公衆電話機に挿入することにより使用するものであるから，テレフォンカードは，有価証券に当たると解するのが相当である」。

3 論点の検討

有価証券とは，財産上の権利が証券に表示され，その表示された財産上の権利の行使につきその証券の占有を必要とするものをいう（最判昭32・7・25刑集11巻7号2037頁）。テレフォンカードが有価証券かどうかについては，有価証券は文書の一種であるから，可視性・可読性が必要であり，電磁的記録部分にはそのようなものがないので有価証券ではないとする考えもあるが，磁気情報部

分にこそテレフォンカードの本質があり，そこに財産上の権利が化体しているとして有価証券性を認める考えがある。この説は，いわゆるホワイトカード（何の記載もないカード）も有価証券だとする。しかし，有価証券というためには可視性・可読性という券面上の記載・外観も重要であるから，テレフォンカードの文書面と磁気情報部分を一体として有価証券性を認める考えが有力である。最高裁も，磁気情報部分と券面上の記載を一体として有価証券性を認めている（2の判決要旨参照）。

テレフォンカードの磁気情報部分は，財産上の権利が表示されているのではなく，公衆電話を作動させる道具としての機能しか有しないともいえるし，ホワイトカードの場合は可視性・可読性がないので有価証券とは言えなくなる。したがって，立法化が必要とされていたのである。そして，昭和62年に電磁的記録不正作出及び供用罪が（161条の2）設けられた。

カードの磁気情報部分は電磁的記録なので，テレフォンカードの改ざんは電磁的記録不正作出罪（161条の2）を構成するとも思われるが，2の判決によってそれが有価証券とされ，偽造のテレカを，偽造テレカだと告げて大量に販売する行為は，自ら不正作出をしておらず，電話機で使用もしていないので，不正供用にも該当しない。そこで，それを，変造有価証券交付罪として処断していたのである（最決平3・4・5刑集45号4巻171頁）。今日では，平成13年の刑法改正により，**支払用カード電磁的記録不正作出罪**（163条の2），**不正電磁的記録カード所持罪**（163条の3）で処断されることになっている。

有価証券の変造とは，真正に作成された有価証券に権限なく変更を加えることをいい，テレフォンカードの磁気情報部分のみ改ざんすることも変造に当たる（前掲刑集45号4巻171頁）。偽造有価証券の行使とは，内容の真実な有価証券として使用することをいう。テレフォンカードを機械等に使用することも含まれる。有価証券は人に対する提示をもって行使とするという考えもあるが，変造されたテレフォンカードについてはなじまない。機械に差し込むことがその本来の用法における使用だからである。したがって，使用させる目的でBに売り渡したAの行為は，有価証券変造罪，変造有価証券交付罪を構成する。

[参考文献]
　刑法判例百選Ⅱ各論［第4版］164頁［川端　博］
　前田雅英『最新重要判例250［第4版］』212頁

第5章　公共の信用に対する罪

偽造通貨行使罪と収得後知情行使罪の比較

客観的行為	偽造通貨の行使	
収得時に偽貨と知っていたか	知っていた	知らなかった
偽造罪の擬律	偽造通貨行使罪 （148条1項）	収得後知情行使罪 （152条）
法　定　刑	無期または3年以上の懲役	額面価格の3倍以下の罰金または科料
詐欺罪の成否	成立しない	成立しない
説明のしかた	詐欺罪は偽造通貨行使罪に吸収される	知情行使罪が詐欺罪の適用を排除する
理　　　由	偽造通貨行使罪は詐欺的行為を当然に予想して規定され，十分に重いので必要はない	期待可能性が弱いので知情行使罪はきわめて軽い法定刑を用意しているから，詐欺罪が適用されては規定の存在の意味がない

第6章

風俗に対する罪

公然陳列

　わいせつ物の公然陳列とは，不特定または多数の人が聴取できるような状態にすることである。今日では，たとえば，ダイヤルQ^{2}の導線を通して誰でも聴取できる状態にすることや，パソコンから電話回線を通じて閲覧できるような状態に設定すれば，陳列にあたる。

◆刑法用語ミニ辞典◆

I　わいせつ罪

| No. 84 | わいせつの意義――四畳半襖の下張事件 |

〈CASE〉　雑誌の出版社社長Ａと編集長Ｂは，故永井荷風の作とされる擬古文の文語体による戯作調の短編作品「四畳半襖の下張」を掲載販売した。その作品は全体の3分の2にわたって男女の情交場面を事細かに描写したものであった。ＡとＢの罪責はどうなるか。

1　問題のありか

全体の3分の2が男女の情交場面の描写である作品を雑誌に掲載販売することはわいせつ文書販売（175条）にあたるかという問題である。とりわけ，わいせつ文書販売罪は憲法の保障する**表現の自由**（憲法21条）に抵触しないか，罪刑法定主義の要請である**明確性の原則**（憲法31条）に反しないかが問題とされる。また，擬古文の文語体で書かれている点や，さらには文書の文学的・芸術的価値とわいせつ性の判断との関係も検討すべき問題である。

2　判決要旨――最判昭55・11・28刑集34巻6号433頁

＊　「文書のわいせつ性の判断にあたっては，当該文書の性に関する露骨で詳細な描写叙述の程度とその手法，右描写叙述の文書全体に占める比重，文書に表現された思想等と右描写叙述との関連性，文書の構成や展開，さらには芸術性・思想性等による性的刺激の緩和の程度，これらの観点から該文書を全体としてみたときに，主として，読者の好色的興味にうったえるものと認められるか否かなどの諸点を検討することが必要であり，これらの事情を総合し，その時代の社会通念に照らして，それが『徒らに性欲を興奮又は刺激せしめ，かつ普通人の正常な性的羞恥心を害し，善良な性的道義観念に反するもの』といえるか否かを決すべきである」。

「男女の性的交渉の情景を扇情的な筆致で露骨，詳細かつ具体的に描写した部分が量的質的に文書の中枢を占めており，その構成や展開，さらには文

芸的思想的価値などを考慮に容れても，主として読者の好色的興味に訴えるものと認められる本件『四畳半襖の下張』は」わいせつ文書にあたる。

3　論点の検討

　わいせつ文書販売罪（175条）と憲法21条の関係については，チャタレー事件判決（最大判昭32・3・13刑集11巻3号997頁）以来，合憲性が認められている。すなわち，憲法の保障する各基本的人権は，各条文に制限の可能性を明示しているか否とに関わりなく，憲法12条・13条の規定からしてその濫用が禁止され，公共の福祉の制限の下に立つものであって絶対無制限のものではなく，よって表現の自由も「性的秩序を守り，最小限度の性道徳を維持すること」が公共の福祉の内容であるから，その点から制限を受けるものとされる。

　憲法31条との関係は，**CASE**に掲げた「**わいせつの概念**」の問題である。「わいせつ」という文言はきわめて抽象的であり，「徒らに性欲を興奮……善良な性的道義観念に反するもの」という判例の三要件によってもなお曖昧さは残ろう。わいせつ概念は規範的概念であるから（規範的構成要件要素），社会の性的価値観の変化に応じて相対的，流動的であり，その意味で明確性に欠けることは否定できないが，判例が，悪徳の栄え事件―サド事件判決（最大判昭44・10・15刑集23巻10号1239頁）で「わいせつ」の判断基準をより具体化するために全体的考察方法を用い，「四畳半襖の下張」事件判決では全体的考察方法の内容を具体的に示した上で社会通念による判断方法を加え，従来の判例が依拠してきた「性行為非公然性の原則」によらずに，わいせつ概念の曖昧さを補うべく，より具体的な判断基準を求めようとした点は評価できよう。

　ところで，擬古文の文語体で書かれ，難解な言葉が多いため読解可能な者が限られるという点については，判例はそれを当該文書の「**公然性**」の問題として捉え，難解な言葉が多くても現代文と全くかけ離れて理解しがたいものではない等の理由で公然性を肯定している（「四畳半襖の下張」事件第一審判決・東京地判昭51・4・27高刑集32巻1号83頁）。また，作品の文学的・芸術的価値とわいせつ性の判断について，判例は，芸術性とわいせつ性は別異の次元に属する概念であるから両立し得るものとの立場から，サド事件判決以後は，全体的考察方法により，芸術性・思想性による性的刺激の緩和の程度という点からわいせつ性を判断しようとしている（「相対的わいせつ文書概念」）。

　以上より，**CASE**では，AとBの罪責はわいせつ文書販売罪にあたる。

No. 85 インターネットわいせつ画像と公然陳列罪

〈CASE〉 パソコンネットを開設・運営していたAは、不特定多数の会員にわいせつ画像を送信し、再生閲覧させようと企て、男女の性器・性交場面等を露骨に撮影した大量のわいせつ画像のデータを同ネットのホストコンピューターのハードディスク内に記憶・蔵置させ、不特定多数の会員にそれらわいせつ画像が閲覧可能な状況を設定した。Aの罪責はどうなるか。

1 問題のありか

　わいせつ画像のデータをハードディスク内に記憶・蔵置させ、不特定多数の会員に閲覧可能な状況を設定したことは、175条前段にいう「わいせつ物」の「陳列」にあたるかが問題となる。「わいせつ物」については、すでに、録音テープが、外形的にはわいせつの表現は何らないにもかかわらず、「会話、音声等をテープに録音固定し、これを再生させることによつて聴覚によつて内容を感得しうるようにした物は、映画フィルム、写真、小説等視覚によつて内容を認識し得る場合と異ならず、その内容においてわいせつと称すべきものであれば刑法175条の『わいせつの文書、図画その他の物』に該当する」（東京高判昭46・12・23高刑集24巻4号789頁）とされ、さらに、ダイヤルQ²の回線を利用してわいせつな音声を聞くことができるようにするためにわいせつな音声を記憶させた録音再生機を設置した場合において、わいせつな音声が記憶された録音再生機自体がわいせつ物であるとされている（大阪地判平3・12・2判時1411号128頁、ビデオテープについて、最決昭54・11・19刑集33巻7号754頁）。しかし、他方、わいせつ性が直接に視覚的に感得できないものはわいせつ物とはいえないとの批判もある（情報としての画像データ自体を「わいせつ図画」とするものとして、岡山地判平9・12・15判時1641等158頁）。

　次に、画像データをハードディスク内に記憶・蔵置させ、不特定多数の者が閲覧可能な状況を設定したことが「陳列」にあたるかが問題となるが、ハードディスク自体を「わいせつ物」と考えると、陳列の理解は難しい問題となろう。

2 決定要旨——最決平13・7・16刑集55巻5号317頁

＊ 「わいせつな画像データを記憶・蔵置させたホストコンピュータのハードディスクは，刑法175条が定めるわいせつ物にあたるというべきであるから，これと同旨の原判決の判断は正当である」。

「わいせつ物を『公然と陳列した』とは，その物のわいせつな内容を不特定または多数の者が認識できる状態に置くことをいい，その物のわいせつな内容を特段の行為を要することなく直ちに認識できる状態にするまでのことは必ずしも要しないものと解される」。

3 論点の検討

175条の客体は有体物であるとされるから，CASEにおいて客体となるのは，情報そのものではなく情報が化体した媒体であるハードディスクであると解するのが多数説である。確かに，ハードディスクは機械にすぎず，それ自体は人が見てわいせつであるとの認識を持つものではないが，記憶・蔵置されたわいせつ画像の閲覧可能性をもってハードディスクのわいせつ性の認識可能性があるといえるから，情報が化体した有体物を客体とすることに問題はなかろう。判例も，視覚的にわいせつ画像を見ることができないことはわいせつ物該当性を否定する理由にならないとした上で，画像データ閲覧にユーザー側の一連の行為の介在が必要な点はビデオテープの場合と変わることなく，また，ユーザーが直接閲覧するわいせつ画像はユーザー側のパソコンのハードディスクにダウンロードされ記憶された画像データーではあるが，その画像データと**ハードディスク**に記憶・蔵置された画像データとの間には表示されるわいせつ画像につき同一性が見られるから，ハードディスクはビデオテープと同様にわいせつ物に該当すると述べている（大阪高判平11・8・26高刑集52巻42頁）。

また，陳列については，「同地性」（陳列の現場でしか観覧できない）や情報伝達の「同時性」（陳列と同時に情報が伝播する）が問題となりうるが，ユーザー側は居ながらにして画像の閲覧が可能であるから同地性に問題はなく，また，閲覧に多少の操作が必要である場合に厳格な意味での同時性が必要とされるともいえない。したがって，ハードディスクの内容を不特定多数の者が認識できる状態に置いたAの行為は，わいせつ物公然陳列罪にあたるといえよう。

〔参考文献〕
ジュリスト重要判例解説（平成13年度）166頁［山口　厚］

II 賭 博 罪

No. 86 　野球賭博と賭博場開張図利罪

〈CASE〉 Aは，プロ野球の勝敗に関する野球賭博を行わせるため，暴力団の組事務所に電話，事務机等を備え付け，配下の者に同事務所において電話で賭客の申込の受付・整理をさせ，あるいは事務所外で受けた賭客の申込の集計・整理をさせ，さらには賭客から寺銭を徴収し，試合の双方チームへの賭金が同額になるようにハンディを調整して賭客を誘引し，同額にならない場合は自ら不足分を補塡するなどして，4日間にわたり，それぞれ数名から数十名の賭客に野球賭博をさせた。Aの罪責はどうなるか。

1 問題のありか

　賭博開張図利罪（186条2項）の成立には，賭博場を開場して利益を図ること，すなわち，Aが自ら主宰者としてその支配の下に賭博をさせる一定の場所を提供し，寺銭入場料等の名目で利益の収得を企図することを要する（最判昭25・9・14刑集4巻9号1652頁）。したがって，CASEでは，Aが，賭客を一定の場所に集合させることなく賭博を行わせた点が「賭博場を開張」したことにあたるか，また，Aが，試合の双方チームへの賭金額に不一致が生じた場合には自ら財物を喪失する危険を負担したという点が，専ら他人の行う賭博を開催して利を図る犯罪である賭博開張図利罪にあたるかという問題が生じる。

2 決定要旨──最決昭48・2・28刑集27巻1号68頁

＊　「賭博場開張図利罪が成立するためには，必ずしも賭博者を一定の場所に集合させることを要しないものと解すべきであり，……4日にわたる『野球賭博』開催の各所為は，……事務所を本拠として各賭博との間に行われたものというべきであるから，賭博場開張の場所を欠如するものではない」。

　原判決が「双方チームに対する賭金不一致の場合に，被告人……が当該不足分を補塡し，不足金額につき危険を負担したのは，賭博を成立させ寺銭を

徴収して利を図るための手段にすぎず，その主眼は，同被告人が賭博の主催者となり，賭博を成立させるにあったものであり，右危険負担のゆえをもって，単に被告人……が，賭客を相手として賭博をしたにすぎないとみることはできないとした判断は，相当と認められる」。

3　論点の検討

CASEでは，賭客を一定の賭博場に集合させることなく電話で申込を受ける等の方法によって賭博を行わせる野球賭博が**賭博の開張**にあたるのかという点が問題となるが，大審院は，すでに，いわゆる空相場賭博において，注文者である賭者が自ら店舗に参集することは賭博場開張罪の要件ではなく，賭博場開張者，その幇助者または使者が店舗外に出張して注文者と交渉し，もしくは，注文者である賭者が電信電話郵便等により，または使者を介して賭場開張者と交渉したとしても，賭博場開張罪の成立を妨げない旨を明示している（大判大4・3・1刑録21輯181頁）。他方，下級審判例では，賭博場の開張を「賭博を行う一定の場所を自ら主宰して開設し賭博者を誘い集めること」と解し，Aの賭博行為は「もっぱら相手客の各現在地に赴いて賭博の申込を受け付けたり，相手客の各現在地より電話による申込を受け付けるものであって，事務処理上の便宜から一定の連絡場所を設定してあっても，これはいわゆる賭博者の来集を目的とする場所ではない」から賭博場にあたらないとするものもあり（名古屋地判昭46・6・2刑集27巻1号68頁，神戸地判昭42・7・11下刑集9巻7号865頁），それに対して最高裁が，大審院判決の見解を踏襲し，**野球賭博**の形態も「賭博場の開張」にあたると明言したのがCASEである。野球賭博を取り締まる必要という刑事政策的理由から文理を超えた類推解釈をほどこすことは**罪刑法定主義**の見地から許されるものではないが，賭博場を賭博者の来集を目的として賭博を行う場所とまで限定的に解釈する必要はなかろう。

次に，**図利の目的**は「賭場において，賭博をする者から，寺銭，または手数料等の名義をもって，賭場開設の対価として，不法な財産的利得をしようとする意思のあること」（最判昭24・6・18刑集3巻7号1094頁）であるから，Aの不足分の補塡行為は，寺銭を徴収して利を図るための手段に他ならず，自らが相手客の申し込む賭博の相手になって賭博行為を行っているにすぎないと解される理由にはならないといえよう。

以上より，Aには賭博場開帳図利罪が成立する。

第6章　風俗に対する罪

強盗罪とその周辺

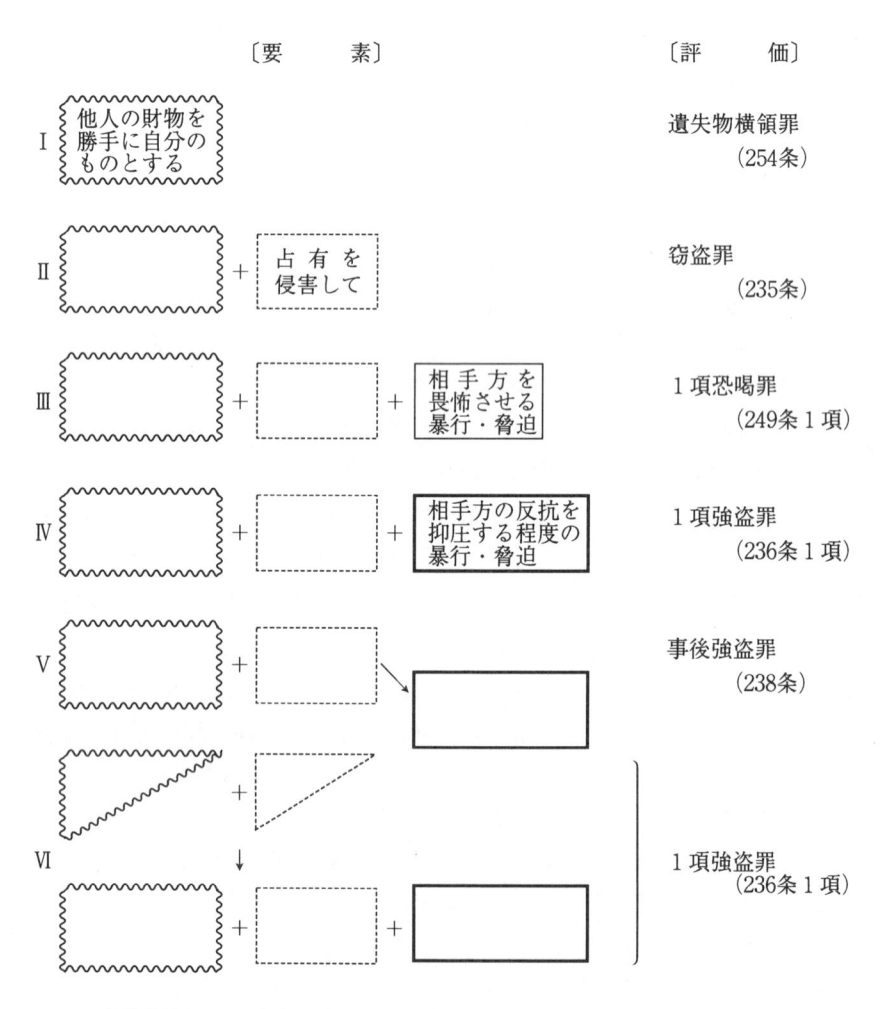

〔要　素〕　　　　　　　　　　〔評　価〕

Ⅰ　他人の財物を勝手に自分のものとする　　　　　　　　　　遺失物横領罪
　　　　　　　　　　　　　　　　　　　　　　　　　　　（254条）

Ⅱ　□　＋　占有を侵害して　　　　　　　　　　　　　　　窃盗罪
　　　　　　　　　　　　　　　　　　　　　　　　　　　（235条）

Ⅲ　□　＋　□　＋　相手方を畏怖させる暴行・脅迫　　　　　1項恐喝罪
　　　　　　　　　　　　　　　　　　　　　　　　　　　（249条1項）

Ⅳ　□　＋　□　＋　相手方の反抗を抑圧する程度の暴行・脅迫　1項強盗罪
　　　　　　　　　　　　　　　　　　　　　　　　　　　（236条1項）

Ⅴ　□　＋　□　→　□　　　　　　　　　　　　　　　　　事後強盗罪
　　　　　　　　　　　　　　　　　　　　　　　　　　　（238条）

Ⅵ　□　＋　□　
　　↓
　　□　＋　□　　　　　　　　　　　　　　　　　　　　　1項強盗罪
　　　　　　　　　　　　　　　　　　　　　　　　　　　（236条1項）

Ⅴ……事後強盗罪は，窃盗の後で暴行・脅迫がなされたときに，全体として評価をして強盗罪として扱うものである。
Ⅵ……窃盗未遂の後で強盗がなされた，いわゆる**居直り強盗**である。居直る前の窃盗未遂については1項強盗罪に吸収され，別罪とはならない。
　＊　同じかこみのものは，同じ内容を示している。
＊＊　半分のものは未遂を意味する。

第 7 章

国家の作用に対する罪

職務行為の適法性
　職務（公務）は，職務としてなされているのみで保護されるのではなく，法にかなったやり方でなされてはじめて保護に値する。形式的に職務行為の要件をみたしていても，国民の基本的人権を保障するために必要とされる基本的要件を欠くときは，かえって違法な職務行為として，国民の正当防衛権の対象とされなければならないのである。

◆刑法用語ミニ辞典◆

第7章　国家の作用に対する罪

I　公務に対する罪

No. 87　職務行為の適法性——佐賀県議会事件

〈CASE〉　Aは県議会議員として議会において質疑中，自己に対する懲罰動議が提出されたので，それが先議されることを主張した。しかし，議長がこの主張を取り上げず，かえって全上程議案の一括採決を諮ろうとしたため，Aはこれを阻止すべく議長に迫り，マイクロホンのコードを引っ張り，議長の机を前方より押し傾かせてその使用を困難にするなどの暴行を加え，ために議長が前記上程議案の採決を議場に諮ることを妨げ，もってその公務執行を妨害した。Aの罪責はどうなるか。

1　問題のありか

公務執行妨害罪が成立するためには，妨害される公務員の職務執行が適法であることを要するか，要するとした場合にその適法性の要件は何かが問題となる。CASE においては，県議会議長の議事進行に関する措置が会議規則に違反しているとされるが，そのような場合でも議長の職務執行は適法であり刑法上保護されるか，そしてAには公務執行妨害罪が成立するかが問われよう。

2　判決要旨——最大判昭42・5・24刑集21巻4号505頁

＊　「議長のとった本件措置が，本来，議長の抽象的権限の範囲内に属することは明らかであり，かりに当該措置が会議規則に違反するものである等法令上の適法要件を完全には満たしていなかったとしても，原審の認定した具体的な事実関係のもとにおいてとられた当該措置は，刑法上には少なくとも，本件暴行等による妨害から保護されるに値いする職務行為にほかならず，刑法95条1項にいう公務員の職務の執行に当るとみるのが相当であって，これを妨害する本件行為については，公務執行妨害罪の成立を妨げないと解すべきである」。

3　論点の検討

95条1項は公務員の職務の執行が適法である必要があるか否かについては何も定めていない。そこでかつては適法性の要否について見解が分かれていたが，現在では，公務員の行う職務の執行は適法であることを必要とすると解することで一致しているといってよい。国民には違法な職務執行による基本的人権の侵害を甘受すべきいわれはないとされるからである。したがって，適法な職務の執行であるにもかかわらず，国民がそれに反抗したときにのみはじめて処罰の対象となるのである。

　それでは，どのような要件が備われば公務員の行う職務の執行は適法といえるだろうか。一般には次の三要件が具備された場合に職務の執行は適法だとされる。①その行為が当該公務員の**抽象的（一般的）職務権限に属すること**。公務員には通常その地位によって行いうる一般的な職務権限が定められており，その行為がこの権限の範囲内であることを要する。したがって，警察官が租税を徴収したり，執行官が犯罪捜査をすることは抽象的（一般的）職務権限を逸脱するものである。②当該職務執行について**具体的職務権限を有すること**。具体的職務権限が事実上，割当て，委任，指定などによってはじめて特定される場合には，現にその割当て，委任，指定などが行われていることを要する。したがって，執行官は自己に委任された事件についてのみ具体的な強制執行権を有し，それ以外の事件に対する強制執行は違法である。③当該行為が公務員の職務執行の有効要件である**法律上の重要な条件・方式を履践していること**。これは，有効要件を完全には履践していない職務の執行をどこまで保護すべきかという要保護性の問題である。学説には，職務執行が単なる訓示規定，任意規定に違反するだけならば適法であるとするものや，執行行為そのものが無効とならない限り適法であるとする説などがあるが，公務の保護と国民の人権保障の調和という観点からすれば，職務執行対象者の権利や利益の保護に影響を与えない程度の条件・方式の違反は，適法性を失わないとされるべきである。

　ところで **CASE** において，議長がとった措置は会議規則に違反しているが，その違反は軽微なもので違法な職務執行とまではならないとされているようである。しかし，議長の措置が会議規則に則っていれば公務執行妨害の行為は行われなかったのではなかろうか。だとすれば，議長の会議規則違反は決して軽微なものとはいえず，Aの行為は公務執行妨害罪を構成しないとされるべきであろう。

第 7 章　国家の作用に対する罪

No. 88　「職務を執行するに当たり」の意義――熊本県議会事件

〈CASE〉　水俣病認定申請患者協議会の構成員および支援者であったAらは，熊本県議会公害対策特別委員会の一部委員が環境庁に陳情した際に「にせ患者が多い」と発言した旨の地元紙の記事に憤慨し，同委員会に陳情および抗議に赴いた。同委員会委員長Bは，委員会において同協議会代表者から陳情を受け，それに対する委員会の回答文を朗読後，昼食のため休憩を宣言するとともに，陳情に関する審議の打切りを告げて退室しようとした。そこで審議打切りに抗議したAらは，Bの腕を引っ張ったり取り囲んで足蹴りを加えるなどの暴行をはたらいた。Aの罪責はどうか。

1　問題のありか

　公務執行妨害罪が成立するためには，「公務員が職務を執行するに当たり」これに対して暴行脅迫を加えることが必要である。したがって，公務員に暴行脅迫を加えた時点が「職務を執行するに当たり」に該当しなければ本罪は成立しないことになる。そこで CASE においては，Bが休憩を宣言した後でもその職務行為は終了せず「職務を執行するに当たり」となるかが問題となる。

2　決定要旨――最決平1・3・10刑集43巻3号188頁

＊　「熊本県議会公害対策特別委員会委員長Bは，同委員会の議事を整理し，秩序を保持する職責を有するものである」。
　「右の事実関係のもとにおいては，B委員長は，休憩宣言により職務の執行を終えたものではなく，休憩宣言後も，前記職責に基づき，委員会の秩序を保持し，右紛議に対処するための職務を現に執行していたものと認めるのが相当であるから，同委員長に対して加えられた前記暴行が公務執行妨害罪を構成することは明らかであり，これと同旨の原判断は正当である」。

3　論点の検討

　「職務を執行するに当たり」とは，職務の執行に際しての意味であり，現に職務を執行中のほか，執行と時間的・場所的に密接した執行直前の状態も含む。

また職務は抽象的にではなく，具体的・個別的に特定される必要があるとされるため，ただ漠然と公務員の勤務時間中という意味に解することができないことはもちろんである。

かつて最高裁判所は，「職務を執行するに当たり」について，「具体的・個別的に特定された職務の執行を開始してからこれを終了するまでの時間的範囲およびまさに当該職務の執行を開始しようとしている場合のように当該職務の執行と時間的に接着しこれと切り離し得ない一体的関係にあるとみることができる範囲内の職務行為にかぎって，公務執行妨害による保護の対象となるものと解するのが相当である」とし，旧国鉄の助役がその職務行為である職員の点呼終了直後，事務引継ぎのため数十メートル離れた助役室に赴く途中で暴行を受けた場合には「職務を執行するに当たり」とはいえないとして，公務執行妨害罪の成立を否定した（東灘駅事件，最判昭45・12・22刑集24巻13号1812頁）。

しかしその後，最高裁判所は，電報局長・同次長のように局の事務全般にわたる統轄的な性質の職務については，暴行の際その職務執行が一時中断中のような外観を呈していても，なお一体性，継続性を有する統轄的職務の執行中であったとみるのが相当であるとし（長田電報局事件，最判昭53・6・29刑集32巻4号816頁），さらに，旧国鉄の運転士が他の運転士と乗務の引継ぎ交替を行った後，助役のもとに赴いて終業点呼を受けるため駅ホームを歩いていた際，これに対して暴行が加えられた場合にも公務執行妨害罪が成立するとした（急行千秋2号事件，最決昭54・1・10刑集33巻1号1頁）。

CASEにおいて，弁護人の上告理由は東灘駅事件の最高裁判決に反するというものであったが，本決定はむしろ長田電報局事件の最高裁判決に依拠した。つまり，職務の具体性・個別性よりも一体性・継続性の方を重要視しているようにも思われるのである。しかし，刑罰法規は厳格に解釈されなければならないことからすれば，やはり職務は具体的・個別的に特定される必要があろう。すなわち，東灘駅事件最高裁判決を貫くべきであると思われるのである。だとするならば，休憩宣言，陳情に関する審議打切りの告知以後はBは職務を現に執行していたとはいえないのではなかろうか。それに，休憩宣言・審議打切りの告知は，それ以後は対応しないということも意味するものといえよう。したがって，Aには暴行罪の成立が考えられるが，公務執行妨害罪は成立しないものと思われる。

第7章　国家の作用に対する罪

No. 89 ｜ 仮処分公示札の有効性

〈CASE〉　Aは借地をしてゴルフ練習場を建設しようとしたが、予定の借地だけでは足りず、B所有の隣地にまではみ出してゴルフ練習用ネットを張るためのコンクリート製支柱を11本立てた。しかし、B側の申立てによって本件土地の占有を執行官に移転、建設工事続行禁止の仮処分命令が出され、執行官がAも立ち会わせて当該土地上にその旨を公示する仮処分の公示札を立てた。ところが、その後間もなく公示札は何者かによって包装紙で覆いがなされ、その上からビニールテープで十文字に縛りつけられ記載内容が読めない状態とされてしまった。Aは、公示札がこのような状態になった後、情を知らない工事業者に前記支柱にネットを張らせ、さらに天井部分もネットで覆わせて工事を完成させ、本件土地をゴルフ練習場として囲い込んだ。Aの罪責はどうなるか。

1　問題のありか

Aの行為が235条の2の不動産侵奪罪に該る点はともかくとして、包装紙で覆いがなされ、その上からビニールテープで十文字に縛りつけられ記載内容が読めない状態とされてしまった公示札は、96条の封印等破棄罪にいう公務員が施した有効な「差押えの表示」といえるかが問題となる。

2　決定要旨──最決昭62・9・30刑集41巻6号297頁

＊　「公示札は、被告人が本件行為に及んだ際には、仮処分執行の際執行官が立てた場所に外見上も立札とわかるように立っており、包装紙で覆われその上からビニールひもが十文字に掛けられていて、そのままではその記載内容を知ることができなかったものの、右包装紙、ビニールひもとも容易に除去して記載内容を明らかにすることができる状態にあったというのであるから、右公示札は、差押の標示としての効用を一部減殺されてはいたけれども、いまだその効用を滅却されているまでには至っておらず、有効な差押の標示として刑法96条の罪の客体になる」。

3　論点の検討

　96条の封印破棄罪は差押え等の執行行為を直接に保護の対象としているのではなく，公務員によって施された封印もしくは差押えの表示そのものが保護の対象となっている。そして，本罪が成立するためには，行為の時点で適法・有効な封印・差押えの表示がなければならず，封印・差押えの効力はあっても差押えの表示としての効力が失われているときは，本罪の客体とはならないとされるのである。そこで，CASEの公示札すなわち差押えの表示は有効か否かが問題となるが，これについては，判例のように有効な表示があったとする説と，有効な表示はなかったとする説が対立している。

　有効な表示があったとする説は，包装紙とビニールテープとも容易に除去して記載内容を明らかにすることができる，つまり，原状回復が容易であり，公示札の効用は一部減殺されてはいたものの，滅却されていたとはいえず，公示性の機能は失われていない，という点を根拠とする。

　これに対して有効な表示がなかったとする説は，本罪の成立に差押えの表示の存在が必要とされるのは，その表示によって差押えの内容を一般に公示する，つまり，公示性が現に存するのでなければ処罰価値がないからだとする。したがって，CASEのように，公示内容を明らかにすることができない公示札は有効な表示ではなかったとするのである。

　公示札は記載内容を一般に知らせることを本質とするものである。したがって，公示の現在性の有無つまり記載内容が何の操作もせずにすぐに読み取れるかどうかが，**表示の有効性**を判断する基準となるはずである。確かに，公示札に若干の汚れがあり，公示内容の非本質的な部分に関する一部の文字が見えにくくなっていたとしても，それをもって有効な表示でないとすることはできないであろう。この程度の状態ならば，判読は容易であると思われるからである。

　しかし，CASEのように，全く記載内容が読み取れない状態の場合には，その表示は有効であるとは言い難い。表示は何の操作を加えることもなく，そのもの自体で内容が判読可能なものでなければならないと思われるからである。それに，Aに包装紙やビニールテープを除去することを期待するのは無理であろう。だとするならば，Aに封印破棄罪は成立しないといわなければならないものと思われる。

No. 90 競売入札妨害罪

〈CASE〉 右翼団体支部長Aとその甥で同団体構成員Bは、知人から委託されて土地建物を占有していたところ、この土地建物について根抵当権者の申立てに基づき裁判所が不動産競売開始決定をし、期間入札の方法による売却が実施された。Aは最低売却価格と同額で入札したが、予想外のC不動産会社が最低売却価格を若干上回る価格で入札し、開札期日にC社が本件土地建物を落札するに至った。このことを知ったAは、同日の昼過ぎC社事務所に押し掛け、C社社長の妻に対し「どうしてあんたのうちでは競売落したんだ。俺を恨んでいるのか。何か後ろに暴力団がついているのか。うちの方によこしてくれ。この物件から手を引いてくれ。それを旦那に伝えてくれ」などと申し向け、当該不動産の取得を断念するよう要求した。さらに同日夜、BもAとの共謀に基づいてC社事務所に押し掛け、社長に対し「なんで競売を落したんだ。手を引いてくれ。バックにどこかの組がついているのか」などと申し向け、Aと同様の要求をした。AとBの罪責はどうなるか。

1 問題のありか

CASEにおいて、AおよびBがC社社長夫妻に当該物件から手を引くように申し向けた時点は、すでに入札が終わり、落札者すなわち最高価買受申出人が決まった後なのであるから、妨害の対象が存在せず競売入札妨害罪は成立しないのではないかが問題となる。また、このことをより実質的にみるならば、「入札の公正」とは全ての入札希望者が平等かつ自由な意思により入札に参加できること、そして落札価格が適正に保たれることであるから、開札が終わればもはやそれらが阻害されることはないのではないかが問われよう。

2 決定要旨──最決平10・11・4刑集52巻8号542頁

＊ 「不動産の競売における入札により最高価買受申出人となった者に対し、威力を用いてその入札に基づく不動産の取得を断念するよう要求したときは、

刑法96条の3第1項の競売入札妨害罪が成立すると解するのが相当であるから，これと同旨の原判決の判断は正当である」。

3　論点の検討

　96条の3第1項は，偽計または威力を用いて公の競売または入札の公正を害すべき行為をした者を処罰する競売入札妨害罪を定めている。CASEでは，すでに開札が済んで入札が終了し落札者すなわち最高価買受申出人が決まったのであるから，その後の行為については本罪の成立する余地はないのではないかが問題となった。

　「競売又は入札」を「競り売り」または「入札」それ自体に限定する考え方に立つならば，入札が終了したと解される以上は，その後の行為について本罪が成立する余地はなく，あえてそれを処罰しようとすれば憲法31条すなわち罪刑法定主義違反となるとする見解も肯首できる。そして，この見解は処罰の範囲を明確にする上ではすぐれているといえる。

　これに対し，本決定は，「競売又は入札」を「競り売り」または「入札」それ自体と限定せず，入札終了後でも本罪の成立を認める場合があるとした。本決定が正当とした原判決は次のようにいう。「買受人が代金を納付するまで，当該競売手続は所期の目的を達しないまま浮動状態に置かれ，かつ代金を納付すると否とは，買受人の意思に委ねられているのであるから，最高価買受申出人もしくは買受人に対し威力を加えてその自由な意思決定を阻害する行為は，公の入札に不当な影響を及ぼすおそれがある行為として本罪を構成するものと解するのが相当である」（仙台高判平8・1・22）。

　本条の文言の文理解釈からすれば，「入札」は入札それ自体と解することが正当のように思われる。しかし，入札における自由競争は開札をもって一応の決着をみるとしても，入札の結果は開札だけでは出てこない。売却不許可決定が出されたり，代金不納付の場合などでは，最高価買受申出人は当該物件を取得できないからである。つまり，原判決の言うように，「買受人が代金を納付するまで，当該競売手続は所期の目的を達しないまま浮動状態に置かれ」たままになるのである。そこで，代金不納付の場合には再度入札手続がとられる。このような意味からは，自由競争は未だ終了していないと言いうるのである。そこに競売入札妨害罪の成立する余地がある。したがって，AおよびBには競売入札妨害罪が成立すると思われる。

Ⅱ 犯人蔵匿・証拠隠滅罪

No. 91 身代わり犯人と犯人隠避罪

〈CASE〉 殺人未遂事件で暴力団甲組の組長Aが逮捕された。甲組の若頭Bはこの事実を知って，なんとかしてAの身柄を解放しようと企てて，子分Cに対し，「どうしても組長を助けないかん。わかるやろ。お前がA組長の身代わりになれ。」とそそのかした。CはAの逮捕されている乙警察署へ出向き，「Aの事件は実は私がやりました。」と虚偽の事実を申し立てた。乙警察署の捜査員はひょっとするとCが犯人ではないかと多少は不安に思ったが，Cの申立てを一切受け付けず，そのままAの身柄を拘束した。Cに犯人隠避罪が成立するか。

1 問題のありか

103条は2つの罪を規定している。前段が犯人蔵匿罪であり，後段が犯人隠避罪である。CASEで問題となっているのは犯人隠避罪である。両罪ともに，刑事司法機関の活動を保護するために設けられた規定である。「**蔵匿**」とは，刑事司法機関の追跡を免れるために，犯人や逃走者に対して隠れる場所を提供することであり，「**隠避**」とは蔵匿以外の方法によって，犯人および逃走者を刑事司法機関による追跡から逃れさせることである。

CASEでは，すでに乙警察はAの身柄を確保しており，しかもCによる行為によって乙警察はAの身柄を解放することは一切しておらず，Cの申立てを真摯に検討してもいない。つまり，Cは実際にはAの身柄解放に失敗している。はたして，Cは，犯人を「隠避させた者」に該当するのかが問題となる。

2 決定要旨――最決平1・5・1刑集43巻5号405頁

＊ 「刑法103条は，捜査，審判および刑の執行等広義における刑事司法作用を妨害する者を処罰しようとする趣旨の規定であって，同条にいう『罪ヲ犯シタル者』には，犯人として逮捕勾留されている者も含まれ，かかる者をして

現になされている身柄の拘束を免れさせるような性質の行為も同条にいう『隠避』に当たると解すべきである」。

3 論点の検討

罪刑法定主義は刑法の大原則である。法に規定されていた条文を読むだけで，どのような行為が罰せられるか否かがわからなければ，自由に行動することができない（自由保障機能）。**類推解釈**が刑法では厳禁されているのはこの理由による。他方で，類推解釈にならない範囲内で，法益保護の貫徹のために，条文を解釈して，条文そのものの内容を拡張・縮小（つまり処罰範囲を拡張・縮小する）する必要も現実に生ずる。CASEではまさにこの問題に直面する。

犯人隠避罪の保護法益は，刑事司法機関が円滑に活動することである。この点については，異論はないが，法益保護の方法については見解が分かれる。

1つの考え方は，同罪を**具体的危険犯**として理解する。CASEでは，Cの申立てを乙警察が真摯に受け止めてAの身柄を解放しようとはまったくしていない。つまり，実際に警察の捜査活動にCの行為は何も危険を与えていない。とすれば，Cは「隠避させた者」とはとうてい言えず，未遂の規定もないことから，Cは無罪となる。

もう1つの考え方は，同罪を**抽象的危険犯**的に理解する考え方である。この考え方に拠れば，現実に具体的な結果を生ずる危険が発生していなくても，条文の構成要件さえ満たせば結果発生の危険が発生したとみなす（たとえば，現住建造物等放火罪）。CASEのようにAの身柄が解放される可能性がまったくなかったとしても，Cの行為は刑事司法機関の円滑な活動を脅かすものと考えられる。したがって，「隠避させた」という文言も，元の意味を多少犠牲にして拡張することが許されることになる。

たしかに，Cの行為は，警察につばを吐くかのような行為に終った。Cの申立てを乙警察はまったく真に受けず，Aの身柄解放に向けた動きさえしなかったのである。よって，具体的危険が全く生じていないため，Cは無罪にすべきであるとの主張にも一理ある。しかし，Cの行為を受けて，乙警察がAの身柄を解放する方向へ動くことも，同時に，ありうる。この場合，保護法益との関係で，行為から生じる結果発生のリスクは行為者が負うべきである。したがって，Cは犯人隠避罪の罪責を負うと解する。

No. 92　参考人の虚偽供述と証拠偽造罪

〈CASE〉　覚せい剤取締法違反で逮捕勾留中のAは，覚せい剤取締法違反で同じく逮捕勾留中のBと，留置場で会った。BがAに対して「俺が罪を免れるよう，嘘の供述をしてくれないか」と話し，Aはこれを引き受けた。検事がAを参考人として取り調べていた際，Aは検事に「私は2月18日に東京・新宿アルタ前でBが風邪をひいていたと言うので，『風邪薬』と称して実は覚せい剤1カプセルを手渡しました」と供述した。検事はこの話を録取して供述調書を作成した。Aには何罪が成立するか。

1　問題のありか

参考人Aの供述調書は他人Bの刑事事件に関するものであり，しかも内容虚偽の供述調書が作出されたために，証拠偽造罪（104条）が成立するかが論点となる。

なお，Aの供述は検察官が録取しているため伝聞証拠となる。伝聞証拠は原則として証拠となる資格（証拠能力）がない（刑訴法320条）。しかし，一定要件の下で証拠として取扱われる（CASEに関して刑訴法321条1項2号を参照）。

2　判決要旨──千葉地判平7・6・2判時1535号144頁

＊　「よって，検討するに，参考人が捜査官に対して虚偽の供述をすることは，それが犯人隠避罪に当たり得ることは別として，証拠偽造罪には当てはまらないものと解するのが相当である（中略）。それでは，参考人が捜査官に対して虚偽の供述をしたにとどまらず，その虚偽供述が録取されて供述調書が作成されるに至った場合（中略）はどうであろうか。この場合，形式的には，捜査官を利用して同人をして供述調書という証憑を偽造させたものと解することができるようにも思われる。しかし，この供述調書は，参考人の捜査官に対する供述を録取したにすぎないものであるから（中略），参考人が捜査官に対して虚偽の供述をすることそれ自体が，証憑偽造罪に当たらないと同様に，供述調書が作成されるに至った場合であっても，やはり，それが証憑偽造罪

を構成することはあり得ないものと解すべきである」。

3　論点の検討

虚偽内容の供述調書が刑事裁判で証拠として採用され，事実認定や量刑の資料として使用されると，刑事裁判の公正さが損なわれる恐れが出てくる。それゆえ，Aの行為は規範的に防ぐ必要がある。そこで，Aの行為について，偽証罪（169条），証拠偽造罪（104条），犯人隠避罪（103条）の成立を検討する必要がある。

まず，**偽証罪**は成立しない。たしかに，虚偽内容の供述調書は刑事裁判の公正さをゆがめる恐れがある。しかし，Aは，法律により宣誓し真実供述義務が課せられる証人ではなく，あくまでも参考人に過ぎない。

証拠偽造罪における証憑（証拠）とは，人的証拠，物的証拠であり，証言内容は証憑には含まれない。したがって，参考人が検察官に虚偽の供述をしただけでは，証拠偽造罪には該当しない。問題は，検察官を通じて参考人Aが虚偽の供述調書を作出したといえるかにある。これを肯定する理屈は次のようになるであろう。第1に，検察官は供述のままに録取する立場にあるため，参考人は自分の意のままに検察官を利用できる。つまり，参考人は証拠偽造罪の**間接正犯**であるとする。第2に，内容虚偽の供述調書という「物的証拠」が生み出された点を重視する。

たしかに，検察官を通じて参考人が虚偽内容の供述証拠を作出した，と評価することは不可能ではない。また，そう評価する方が証拠偽造罪の文言に素直なように見える。しかし，参考人は検察官を支配できる立場にある，と評価することは，実態からややかけ離れている。しかも，供述調書の作成は参考人ではなく，まさしく検察官が行う。参考人はその内容についてのみ支配できるに過ぎない。こうしたことから，参考人が検察官を通じて虚偽の供述調書を作成したとの評価は，現実から乖離した評価であり，妥当でない。

むしろ，**犯人隠避罪**の成立を検討すべきである。**CASE**で注目すべき点は，内容虚偽の供述調書を結果的に作出した点ではなく，Bの罪を免れさせるためにしたAの供述内容である。Aの虚偽供述に対する捜査官の受け止め方いかんによっては，Bの容疑を調べ直し，勾留事由がないとして，Bの身柄を解放するということもありうる。したがって，Aには証拠偽造罪ではなく犯人隠避罪が成立すると解すべきである。

III　職権濫用罪

No. 93　身分帳の閲覧と職権濫用――宮本身分帳事件

〈CASE〉　裁判官Aは，自分の担当裁判とは関係のないBに関する身分帳簿を調査・閲覧するために，刑務所長Cに対して，「私は労働，公安事件の裁判を担当し，調査・研究しているので，その参考にするためにBさんのことについて調べに参りました」「私は，治安関係事件なんかを研究しておりましてね，それでご承知だと思いますけれど，司法研究というのがあるんですがね」と話した。CはこれをうけてBの身分帳の閲覧やメモ，写真撮影をAに許可した。Aに公務員職権濫用罪が成立するか。

★身分帳…刑務所の受刑者個人の身の上に関する帳簿。プライバシー保護の観点から，裁判官が監獄法4条2項の巡視権に基づいて身分帳を閲覧するときであっても，厳格な要件の下でのみ閲覧が可能。

★司法研究…司法制度の諸問題に関する調査研究。

1　問題のありか

公務員が職権を濫用して，相手方に義務のないことを行わせ，または，権利行使を妨害したときに，公務員職権濫用罪が成立する（193条）。同罪は公務員に向けられた行為規範である。同罪の保護法益については，①公務員の職務の適正（国家的法益），②①のみならず，公務員の不当な公務から個人の権利を保護すること（個人的法益＋国家的法益）とに説が分かれる。公務は民主的支持および統制のうえに成り立つものであり，公務員は国民全体の奉仕者であることを勘案すると，②説が正当と言えよう。CASEでは，Aの行為が職権を濫用した行為であるのかが論点となる。Aの行為は裁判官の一般的職務権限に属する行為か。また，Aの行為は職権「濫用」といえるか。

2　決定要旨――最決昭57・1・28刑集36巻1号127頁

＊　「刑法193条にいう『職権の濫用』とは，公務員がその一般的職務権限に属

する事項につき，職権の行使に仮託して実質的，具体的に違法，不当な行為をすることを指称するが，右一般的職務権限は，必ずしも法律上の強制力を伴うものであることを要せず，それが濫用された場合，職権の行使の相手方をして事実上義務なきことを行わせ又は行うべき権利を妨害するに足りる権限であれば，これに含まれるものと解すべきである」。「裁判官が，司法研究その他職務上の参考に資するための調査・研究という正当な目的ではなく，これとかかわりのない目的であるのに，正当な目的による調査行為であるかのように仮想して身分帳簿の閲覧，その写しの交付等を求め，刑務所長らをしてこれに応じさせた場合は，職権を濫用して義務なきことを行わせたことになるといわなければならない。」（多数意見）

3　論点の検討

　職務権限は，法治国家の要請から法令によって画定しなければならないとする見解もある（上記最高裁決定反対意見）。とくに **CASE** のA・Cは互いに公務員同士の関係にあるために，かかる主張がなされるのであろう。たしかに，司法研究や裁判官個人の関心に基づく研究を可能にするために，相手方へ一定の行為を義務付けるような法的根拠は存在しない。それゆえ，Aの行為は裁判官の一般的職務権限に該当せず，公務員職権濫用罪は成立しないという考え方もありうる。

　しかし，公務員職権濫用罪の法益保護を達成するためには，職務権限の根拠を法令だけに狭く限定する必要はない。具体的事実関係も十分考慮して**職務権限**を定めるべきである。裁判所と刑務所の関係や監獄法4条2項の巡視権，さらには司法研究の一環として身分帳閲覧を求めた点もふまえ，裁判官であるAの行為が相手方Cに事実上義務なきことを行わせるような行為であれば，当該行為は裁判官の一般的職務権限に含めてよい。AのCに対する行為は，裁判官の一般的職務権限に属するものと解される。

　職権「濫用」行為とは，最高裁決定によれば，①職権の行使に仮託して，②具体的に違法・不当な行為を行うこととしている。Aは，裁判官の一般的職務権限を利用して，自己の担当する裁判とは無関係であるBの身分帳を閲覧しようとCに働きかけたことから，Aの行為は職権濫用行為となる。

　よって，Aには公務員職権濫用罪が成立する。

No. 94 電話盗聴と職権濫用

〈CASE〉 警察官であるAとBは警備情報収集の一環として，日本共産党幹部であるCの電話を盗聴するため，C宅の近所に間借りした。AとBは盗聴が警察による活動であることがわからないように注意しながら，密かに行動していた。Cはどうも電話に雑音が入るのでおかしいと思い，電話会社に調べてもらったところ，AとBが盗聴していることが発覚した。AとBは193条の公務員職権濫用罪の罪責を負うか。

1 問題のありか

警察官と気づかれないように警察官が盗聴を行っていたことが公務員職権濫用罪に該当するのかが論点である。通信の秘密は民主主義社会にとって極めて重要である。**盗聴行為**は，プライバシーや精神的自由を侵害する行為である。のみならず学究活動・政治活動・宗教活動の自由を萎縮させる効果をもたらす。したがって，捜査機関の盗聴行為は実質的に強制処分であり，盗聴に対する法的規制が必要である。犯罪捜査については，以前は検証令状により盗聴が行われていた。しかし，2000年に**通信傍受法**が制定され，通信傍受令状により盗聴を合法的に行うことができるようになった。

CASEにおいて，警察官A，Bは警備情報収集（一種の内偵活動）のために盗聴を行っていたので，通常の犯罪捜査とは性質を異にはする。しかし，A，Bが警察活動の一環としてC幹部の電話を盗聴することは，警備情報収集の手段として妥当性を欠き，Cのプライバシーを侵害していることから，公務員職権濫用罪が成立するかが問題となる。

2 決定要旨——最決平1・3・14刑集43巻3号283頁

＊ 「刑法193条の公務員職権濫用罪における『職権』とは，公務員の一般的職務権限のすべてをいうのではなく，そのうち，職権行使の相手方に対し法律上，事実上の負担ないし不利益を生ぜしめるに足りる特別の職務権限をいい，同罪が成立するためには，公務員の不法な行為が右の性質を持つ職務権限を

濫用して行われたことを要するものというべきである。(中略) 被疑者らは盗聴行為の全般を通じて終始何人に対しても警察官による行為でないことを装う行動をとっていたというのであるから、そこに、警察官に認められている職権の濫用があったと見ることはできない」。

3 論点の検討

A、Bは警察活動であるとは誰にも気づかれないように盗聴した。しかもC幹部はA、Bから強要的行為により直接的に権利侵害された訳ではない。したがって、A、Bの盗聴行為は警察官の職権を濫用していたとは言えない。これが判例のロジックである。しかし、これでは、「こんにちは、警察です。いまから盗聴します。」とC宅にA、Bが赴かない限り、同罪は成立しないことになろう。

最高裁は、公務員の行為によって、相手方が事実上義務のないことを行い、または権利行使を妨げられるのであれば、法令で権限が明示されていない公務員の行為も「職権」に該当するとした (*No. 93* 参照)。*No. 93* の CASE ではこの規準が処罰範囲を拡張する方向に働いた。しかし、本 CASE では逆に無罪の根拠として同規準が用いられている。職権濫用により被害者の権利が侵害されれば、直ちに同罪が成立するのではないことを鮮明にした。

公務員職権濫用罪の保護法益は、公務員の職務の適正を確保すること（国家的法益）と、公務員の職権濫用行為から個人の利益を保護すること（個人的法益）である。重要なことは、いかなる行為規範を公務員に向ければ、職権濫用行為が抑制され、それにより個人の権利が保護されるかである。たしかに、個人の利益を侵害する公務員の行為のすべてを同罪の処罰対象とするのは結果責任に陥り、妥当ではない。「**職権**」の枠を明確化し、公務員の不法な行為が「職権」を濫用した場合にのみ、公務員職権濫用罪の対象となるとすれば、処罰範囲の限定には成功している。

しかし、被害者が現に認識している公務員の職権濫用行為のみを処罰するのであれば、**被害者保護**に欠ける。とくに CASE のような警備情報収集は、そもそも密かに通信の自由やプライバシーを侵害する行為である。A、Bの行為は、言わば、通例ならば裁判所の令状を得なければできないような強制処分に準ずる行為と言えよう。この範囲まで「職権」の枠を広げることは可能である。このとき、A、Bには、公務員職権濫用罪が成立することになる。

Ⅳ 賄　賂　罪

| No. 95 | 未公開株の有償譲渡と賄賂性――殖産住宅事件 |

〈CASE〉　旧大蔵省証券局証券監査官Aは，東京証券取引所に株式を上場する予定であるS住宅株式会社の新株発行・上場の審査を担当していた。その際Aは，S住宅の財務部長代理Bから，新規発行株式のうち1万株を公開価格（1株1250円）で提供する旨の申し出を受け，Bの申し出が審査に対する謝礼の趣旨で提供されたものであり，この株式が上場後に確実に値上がりするものと見込まれていて，その値上がりにより利益を得られるものであることを認識しながら，その申し出を受け，代金を支払う等して，1万株を取得した。Aの罪責はどうなるか。

1　問題のありか

証券取引所に新規に上場された時には，確実に値上がりすることが見込まれる未公開株式を，形式上は相当な金額で取得する行為は，賄賂罪を構成するか否かという点，また，賄賂罪が成立するとした場合，賄賂額をいかなる基準で算定するかという点も問題となる。

2　決定要旨――最決昭63・7・18刑集42巻6号861頁

＊　「本件は，S住宅……の株式が東京証券取引所等において新規に上場されるに先立ち，あらかじめその株式が公開された際，贈賄側の者が公開に係る株式を公開価格で提供する旨の申し出をし，収賄側の者がこれを了承してその代金を払い込むなどしたという事案であるが，右株式は，間近に予定されている上場時にはその価格が確実に公開価格を上回ると見込まれるものであり，これを公開価格で取得することは，これらの株式会社ないし当該上場事務に関与する証券会社と特別の関係にない一般人にとっては，極めて困難であったというのである。以上の事実関係のもとにおいては，右株式を公開価格で取得できる利益は，それ自体が贈収賄の客体になるものというべきであ

るから，これと同趣旨に出た原判断は，正当である」。

3 論点の検討

賄賂とは，公務員・仲裁人の職務に関する不正の報酬としての利益をいい，当該利益と職務行為との間には対価関係が必要である。しかし，個別具体的な職務行為との間に対価関係が必要なわけではなく，一定の職務に対する対価関係があれば足りる。また，職務行為は正当なものであってもよい。

賄賂となりうる利益は，有形無形を問わず，人の需要または欲望を満たすに足りる一切の利益である。利益額が算定できる経済的利益のほか，利益額が算定困難な経済的利益，さらに非経済的利益も賄賂となりうる。したがって，金銭や物品のほか，酒食の饗応，芸妓の演芸，異性間の情交，就職の斡旋，地位の供与，金融の利益，債務の弁済，投機的事業への参加の機会等も賄賂である。

以上のような賄賂概念からすれば，新規上場に先立ち，一般には公開価格で取得することが極めて困難な株式を公開価格で取得できる利益は，賄賂に当たることになる。最高裁は，①当該株式が上場時には確実に公開価格を上回ると見込まれていたこと，②当該株式を公開価格で取得することは一般人には極めて困難であったこと，の2つをあげて賄賂性を肯定した。いかに将来，価格が上昇することが確実な株式の売買であっても，それ自体は通常の経済取引であれば，①の上場時には確実に公開価格を上回ると見込まれていたという点のみで，賄賂性を認めるのは困難であろうが，②の公開価格で取得することは一般人には極めて困難であったという点が賄賂性を基礎づけると思われる。

したがって，Aには，197条1項の収賄罪が成立する。

なお，**CASE**では，いかなる経済的利益が得られたのであろうか。この点につき，本決定の第一審（東京地判昭56・3・10）は，公開価格（1株1250円）と上場始値（同2580円）との差額（同1330円）を賄賂額の基礎として，**追徴額**を決定した。確かに，このような算定方法は，客観的で明快であり，被告人が実質的に得た利益をほとんど剝奪することができる。しかし，賄賂額は賄賂の収受の時点で算定すべきであること，また，上場始値が公開価格を下回ったり，売却の機会を失してその後株価が公開価格を下回ったりした場合などには賄賂でなくなるという不都合が生じる。それに対し，原審（東京高判昭59・1・17）は，賄賂授受の時点で見込まれた1株250円の値上がりを追徴額の基礎とした。この算定方法が妥当である。

第7章 国家の作用に対する罪

| *No. 96* | 社交儀礼と賄賂罪 |

〈CASE〉 国立大学付属中学校教諭であるAは、4月に新規に学級担任となった生徒の母Bから、額面5千円の贈答用小切手の供与を受けこれを収受した(1)。またAは、それまで2年間にわたり学級担任として教育指導を担当してきた2名の生徒のそれぞれの父母CおよびDから、本来の学習指導時間以外の深夜の宿直時間や私生活の時間を割いての指導や、生徒の自宅を訪問し、生徒の家庭教師と指導方針を打ち合わせる等の、教育上好意ある指導を受けたことの謝礼として、それぞれ額面1万円の贈答用小切手の供与を受け、これを収受した(2)。Aの罪責はどうなるか。

1 問題のありか

公務員に対する**社交儀礼上の贈り物**は、賄賂として賄賂罪を構成するか否かが問題である。その際、公務員の職務との対価関係が存在するか否か、贈り物の対象となる行為が公務員の職務といえるか否か、さらに、公務員の職務との対価性があれば、賄賂の金額は問わないのか否かといった点が問題となる。

2 判決要旨——最判昭50・4・24判時774号119頁

* (1)の事実につき、「Bは、Aの場合ばかりでなく、かねてから子女の教育に対しては季節の贈答や学年初めの挨拶を慣行としていたものであって、これらの贈答に関しては、儀礼的挨拶の限度を超えて、教育指導につき他の生徒に対するより以上の特段の配慮、便益を期待する意図があったとの疑惑を抱かせる特段の事情も認められないのであるから、本件小切手の供与についても、被告人が新しく学級担任の地位についたことから父兄からの慣行的社交儀礼として行われたものではないかとも考えられる余地が十分存するのであって、右供与をもって直ちに被告人が学級担任の教諭として行うべき教育指導の職務行為そのものに関する対価的給付であると断ずるには……なお合理的な疑が存する」とし、(2)の事実につき、「被告人の教育指導が父兄からの特別の依頼要望にこたえて私生活上の時間を割き法令上の義務的時間の枠を

はるかに超え，かつ，その内容の実質も学校教員に対して寄せられる社会一般の通常の期待以上のものがあったのではないかとも考えられる場合，右教育指導が，教諭としての職務に基づく公的な面を離れ，児童生徒に対するいわば私的な人間的情愛と教育に対する格別の熱情の発露の結果であるともみられるとするならば，かかる極めて特殊な場合についてまで右教育指導を被告人の当然の職務行為であると速断することは，教育公務員の地位身分とその本来の職務行為とを混同し，形式的な法解釈にとらわれて具体的事実の評価を誤るものではないかとの疑念を抱かせるものがある」として，(1)および(2)の事実につき，賄賂罪の成立に疑問を呈し，原判決を破棄し，原審裁判所に差し戻した。

3　論点の検討

社交儀礼としての贈り物と賄賂の限界につき，判例は，基本的には，公務員の職務行為と**対価関係**にある贈り物は，金額の多少，公務員の社会上の地位，その時期を問わず，社交儀礼として賄賂性が否定されるものではないとの立場である（大判昭4・12・4刑集8巻609頁）。

学説は，従来は，職務行為に対する対価関係があれば，社交儀礼上の贈り物であっても，賄賂となるとの見解が有力であったが，今日では，職務行為に対する対価関係があっても，社交儀礼の範囲を超えない限りで，賄賂性を否定する見解が有力となっている。この見解が妥当である。社交儀礼的贈与と賄賂の限界は，公務員と贈与者の関係，社会的地位，財産的価値等を考慮して，社会通念を標準として決定されるべきである。社交儀礼の範囲を超えれば，中元，歳暮，餞別等の名目で贈られた物であっても賄賂となる。

なお，最高裁は，このような学説の有力説に従ったわけではないことに注意を要する。(1)の事実については，贈与が職務行為そのものに対する対価的給付であるとするには疑いがあるとし（職務行為との対価性に疑問），(2)の事実については，本件におけるような特殊な教育指導は，教育公務員としての当然の職務行為であるとは速断できないとしているのである（職務行為性に疑問）。

しかし，このような最高裁の判断に対しては，新学年の開始時期に学級担任に贈り物を贈与すれば，通常対価性は認められるし，特殊な教育指導も職務密接関連行為には当然含まれるはずであるとの批判がある。

Aの行為は，社会通念上，社交儀礼の範囲を超えず，収賄罪にはあたらない。

第7章　国家の作用に対する罪

No. 97　国会議員の職務権限——大阪タクシー事件

〈CASE〉　大手タクシー会社の代表取締役であり，タクシー協会の理事であったAは，当時衆議院大蔵委員会で審議中であった，タクシー等の燃料に用いる液化石油ガスに新たに課税することを内容とする石油ガス税法案について対応を思案していた。そして，Aは，当時衆議院運輸委員会委員であった衆議院議員BとCに，同法案の廃案，あるいは税率の軽減，課税実施時期の延期等，Aらに有利に修正されるよう，同法案の審議，表決にあたって自らその旨の意思を表明し，さらに衆議院大蔵委員会委員を含む他の議員に対して説得勧誘することを依頼して，それぞれ現金100万円を供与した。Aの罪責はどうなるか。

1　問題のありか

　国会議員が自己の所属しない委員会の法案に賛成ないし反対の意思を表明すること，および自己の所属しない委員会の委員等に対し説得勧誘する行為が，公務員の職務に関する行為といえるか否かが問題となる。

2　決定要旨——最決昭63・4・11刑集42巻4号419頁

＊　「被告人は，タクシー等の燃料に用いる液化石油ガスに新たに課税することを内容とする石油ガス税法案が，既に内閣から衆議院に提出され，当時衆議院大蔵委員会で審議中であったところ，……衆議院議員として法律案の発議，審議，表決等をなす職務に従事していたB，Cの両名に対し，単に被告人らの利益にかなう政治活動を一般的に期待するにとどまらず，右法案が廃案になるよう，あるいは，税率の軽減，課税実施時期の延期等により被告人らハイヤータクシー業者に有利に修正されるよう，同法案の審議，表決に当たって自らその旨の意思を表明するとともに，衆議院大蔵委員会委員を含む他の議員に対して説得勧誘することを依頼して，本件各金員を供与したというのであるから，B，Cがいずれも当時衆議院運輸委員会委員であって同大蔵委員会委員ではなかったとはいえ，右金員の供与は，衆議院議員たるB，

Cの職務に関してなされた賄賂の供与というべきであって，これと同旨の原判断は正当である」。

3 論点の検討

賄賂罪にいう「職務に関し」の**職務**とは，公務員・仲裁人がその地位に伴い公務として扱うべき一切の執務を意味する。その範囲は，原則として法令によって定められるが，必ずしも，法令に直接の規定があることは必要でなく，法令の解釈により合理的にその範囲が確定できれば足りる。法令における直接規定の有無にかかわらず，公務員・仲裁人の一般的職務権限に属する行為であれば，当該公務員・仲裁人が現に具体的に担当している事務であることは必要ない。すなわち具体的職務権限に属する行為である必要はない。

さらに，判例・通説は，形式的には，一般的職務権限に属するとはいえないが，職務と密接に関連する行為（**職務密接関連行為**）も，職務に当たるとしてきている。職務密接関連行為まで職務に含ませることには批判的な立場もあるが，賄賂罪の保護法益を，公務員・仲裁人の職務の公正およびそれに対する社会の信頼とする判例・通説の立場からは，厳密には職務行為といえなくても，それと密接に関連する行為に関し公務員が金品等の利益を収受すれば，職務の公正に対する社会の信頼は害されるのであるから，判例・通説の立場が正しい。

CASE について検討してみると，まず，国会議員が自己の所属しない委員会の法案に賛成ないし反対の意思を表明する行為が，国会議員の一般的職務権限に属する行為であることは明らかである。国会は委員会中心主義といっても，一定の要件の下に，自己の所属しない委員会に出席して意見を述べることができるうえ，本会議の議決により，委員会審査中に中間報告を求める等の干渉も可能であり，さらに，当然，法案が委員会から本会議に回れば，すべての当該議院に属する議員はそこで自己の意思を表明する職務権限を有するからである。

国会議員の活動は広範にわたり，どこまでが職務権限に属する行為かは曖昧であるが，本来，**国会議員の職務**とは，法案の作成，審議，表決等に限定されるべきであるから，自己の所属しない委員会の委員等に対し説得勧誘する行為は，一般的職務権限に属する行為とはいえないであろう。しかし，国会議員は自己の所属しない委員会の所管事項についても一般的職務権限を有するのであるから，これら議員を説得勧誘する行為は国会議員の職務と密接に関連する行為といえる。結論として，Aには，贈賄罪が成立する。

No. 98 内閣総理大臣の職務権限——ロッキード事件

〈CASE〉 米国ロッキード社が自社航空機を全日空に売り込むに際して、その代理店の社長であったAは、当時の総理大臣Bに対して、(1)全日空が同型機を選定購入するよう旧運輸大臣に働きかけて行政指導させること、あるいは、(2)Bが自ら直接同趣旨のことを全日空に働きかけること、を依頼して請託し、その成功報酬として5億円の供与を約束し、後日全日空が同機種の購入を決定し、5億円の授受が行われた。Aの罪責はどうなるか。

1 問題のありか

内閣総理大臣が、一民間航空会社の特定機種選定購入に関し、運輸大臣にその旨働きかけること、および、自らが民間航空会社に特定機種の選定購入に関し働きかけることは、**総理大臣の職務行為**に属する行為といえるか、また職務と密接に関連する行為といえるかが問題となる。

2 判決要旨——最大判平7・2・22刑集49巻2号1頁

＊ (1)の点につき、「一般に、行政機関は、その任務ないしその所掌事務の範囲内において、一定の行政目的を実現するため、特定の者に一定の作為又は不作為を求める指導、勧告、助言をすることができ、このような行政指導は公務員の職務権限に基づく職務行為であるというべきである。……運輸大臣は行政指導として、民間航空会社に対し特定機種の選定購入を勧奨することも許されるものと解される。したがって、……運輸大臣が全日空に対しL1011型機の選定購入を勧奨する行政指導をするについて必要な行政目的があったかどうか、それを適法に行うことができたかどうかにかかわりなく、右のような勧奨は、運輸大臣の職務権限に属するものということができる。」としたうえで、「内閣総理大臣が行政各部に対し指揮監督権を行使するためには、閣議にかけて決定した方針が存在することを要するが、閣議にかけて決定した方針が存在しない場合においても、内閣総理大臣の右のような地位及び権限に照らすと、流動的で多様な行政需要に遅滞なく対応するため、内閣総理大

臣は，少なくとも，内閣の明示の意思に反しない限り，行政各部に対し，随時，その所掌事務について一定の方向で処理するよう指導，助言等の指示を与える権限を有するものと解するのが相当である。したがって，内閣総理大臣の運輸大臣に対する前記働き掛けは，一般的には内閣総理大臣の指示として，その職務権限に属する。」とした。(2)の点については，「原判決の結論を是認できるから」，「内閣総理大臣としての職務行為に属するかどうかの点についての判断は示さないこととする。」として，判断を避けている（この点につき，第一審判決は職務密接関連行為，原審判決は準職務行為としている）。

3　論点の検討

(1)の点については，まず，民間航空会社に対し特定機種の選定購入を勧奨する行政指導が，運輸大臣の職務権限に基づく職務行為であるかが問題であるが，最高裁は，行政指導は公務員の職務権限に基づく職務行為であるとした。**行政指導**とは，行政官庁がその所管する事項に関し，行政目的が円滑に達成されるように，特定の行為をし，またしないように勧告することである。行政指導は「職務密接関連行為」にとどまるとする見解もあるが，今日，行政過程および行政組織の意思決定過程における行政指導のもつ大きな影響力を考慮すれば，行政指導を公務員の職務権限に基づく職務行為とした判断は妥当である。

　また，最高裁は，内閣総理大臣が行政各部に対し指揮監督権を行使するには，閣議決定した方針が必要だが，閣議決定した方針が存在しない場合にも，少なくとも内閣の明示の意思に反しない限り，行政各部に対し，随時，指導，助言等の指示を与える権限を有するとした。これに対しては，内閣総理大臣の職務権限を拡張しすぎではないかとの批判もあるが，内閣総理大臣が行政各部を指揮監督するにあたり，常に，閣議決定による方針が必要であるとすると，緊急事態に対応すべき場合や，閣議決定を経るまでもない当然の方針に基づく場合など，不都合が生じるであろう。運輸大臣に対する内閣総理大臣の働き掛けは，それが閣議決定に基づくものでなくとも，総理大臣の職務権限に属する職務行為というべきである。

　なお，最高裁が判断を避けた(2)の点についてであるが，やはり，内閣総理大臣の職務行為というには無理があり，職務密接関連行為と解すべきである。

　結論として，Aには，贈賄罪が成立する。

| *No. 99* | 再選後の職務と賄賂罪 |

〈CASE〉 Aは，市が発注する各種工事に関し，入札参加者の指名および入札の執行を管理する職務権限を有する市長Bの後援会事務局長であるが，Bの再選に必要な裏資金を調達する必要があった。そこで，AはBと共謀のうえ，電気・管工事業者Cに働きかけ，Bの再選後，市が発注する市庁舎建設工事およびその他の各種工事につき，入札参加業者の指名，入札の執行等について便宜有利な取り計らいをされたい旨の請託を受け，その報酬として供与されたものであることを知りながら，現金3千万円を収受した。Aの罪責はどうなるか。

1 問題のありか

現金収受の時点と具体的な職務の執行が行われることになる時点との間に，市長の任期が満了し，公務員の地位を失う可能性がある場合にも，「職務に関し」といえるのかという点，および請託の有無が問題となる。

2 決定要旨——最決昭61・6・27刑集40巻4号369頁

＊ 「市の発注する工事に関し入札参加者の指名及び入札の執行を管理する職務権限をもつ市長が，任期満了の前に，再選された場合に具体的にその職務を執行することが予定されていた市庁舎の建設工事の入札等につき請託を受けて賄賂を収受したときは，受託収賄罪が成立すると解すべきであるから，被告人の本件所為について受託収賄罪の成立を認めた原判断は正当である」。

3 論点の検討

具体的な職務の執行が将来の一定の条件にかかる場合の賄賂罪の成否については，具体的な職務の執行が，公務員の現在の一般的職務権限に属する職務である場合には，判例・学説に争いはない。具体的な職務の執行が将来の不確定な条件にかかっていても，賄賂罪の成立に何の妨げにもならないとされている。

たとえば，判例においては，町の土木委員が，いまだ施工の有無が確定していない町営の土木工事につき，その施工を予期した土木業者から，将来その工

事の請負人選定において入札の機会が得られるよう尽力して欲しいとの請託を受け，その報酬として金銭を収受したという事案につき，収賄罪の成立を認めた（大判昭7・11・17刑集11巻1584頁）。また，旧日本専売公社地方局支局の技術課長が，葉たばこ収納にあたって，等級鑑定につき好意ある取扱いを受けたいという趣旨で職務に関し賄賂を収受したという事案で，葉たばこ収納の際の等級鑑定の職務権限は地方局長の任命を受けた者のみが有し，当時，被告人は鑑定人の任命を受けていない状況であったが，将来の具体的職務の執行が地方局長の任命という条件にかかっていたとしても，収賄罪の成立を妨げるものではないとして，収賄罪の成立を認めている（最決昭36・2・9刑集15巻2号308頁）。被告人は，葉たばこ等級の鑑定資格を有し，過去に2度鑑定人を命じられ，その年も鑑定人に命じられていることから，葉たばこ等級鑑定につき一般的職務権限は認められる事案であろう。

　このように，**具体的な職務の執行**が将来の一定の条件にかかる場合にも，賄賂罪の成立を認めるのが判例の立場であるし，この結論は学説によってもおおむね支持されているが，市長の再選という条件を同様に解することができるかについては議論がある。市長選挙が介在するのであるから，Bがいったんは市長の身分を失うことが決まっているという点に **CASE** の特殊性がある。

　この点を重視すれば，再選後の職務に関しては，現職市長であるからといって，他の市長選立候補予定者と異なる扱いをする合理的根拠はないことになる。この立場からは，2つの見解が主張される。1つは，現職市長であっても，再選後の職務に関しては，197条2項の事前収賄罪が成立するにすぎないというものである。再選後の職務に関しては，現職市長も「公務員になろうとする者」として扱われることになるが，現職の公務員を公務員になろうとする者と解するのは無理がある。

　もう1つは，請託事項は，市長が再選された後，すなわち，いったん公務員としての一般的職務権限を失った後の事項であるから，賄賂収受時点において請託は認められず，197条1項前段の単純収賄罪のみが成立するという見解である。しかし，賄賂収受の時点で，市長の職務権限に属する職務行為に関し，具体的内容の請託を受ければ，公務員の職務の公正に対する社会の信頼はより大きく害されるのであるから，請託を認めるべきある。

　結論として，Aには，受託収賄罪（Bとの共同正犯）が成立する。

第 7 章　国家の作用に対する罪

| No. 100 | 職務権限の変更と賄賂罪 |

〈**CASE**〉　宅建業者で，宅地建物取引業協会の幹部であるAは，かつて，H県の建築部建築振興課宅建業係の係長であったBに，同協会の指導・育成，支部所属業者に対する指導・監督などに便宜な取り計らいを受けたことの謝礼の趣旨で，現金50万円を供与した。しかし，供与の時点で既に，Bは，同県建築部建築総務課の課長補佐に任命されると同時に，同県住宅供給公社に出向となり，同公社の開発部参事兼開発課長となっていた。Aの罪責はどうなるか。

1　問題のありか

公務員が転職し，以前の職と現在の職とが一般的職務権限を異にする場合，転職前の職務に関し，転職後に金品の授受等があった場合，賄賂罪が成立するのか否か，賄賂罪が成立するとして，それは197条1項の単純収賄罪等か，197条の3第3項の事後収賄罪かという点が問題となる。

2　決定要旨——最決昭58・3・25刑集37巻2号170頁

＊　「贈賄罪は，公務員に対し，その職務に関し賄賂を供与することによって成立するものであり，公務員が一般的職務権限を異にする他の職務に転じた後に前の職務に関して賄賂を供与した場合であっても，右供与の当時受供与者が公務員である以上，贈賄罪が成立するものと解すべきである……。これを本件についてみると，被告人は外1名と共謀の上，原判示Bに対し，H県建築部建築振興課宅建業係長としての職務に関し現金50万円を供与したというのであって，その供与の当時，右Bは，H県住宅供給公社に出向し，従前とは一般的職務権限を異にする同公社開発部参事兼開発課長としての職務に従事していたものであったとしても，同人が引き続きH県職員（建築部建築総務課課長補佐）としての身分を有し，また，同公社職員は地方住宅供給公社法20条により公務員とみなされるものである以上，被告人らの右所為につき贈賄罪が成立する」。

3　論点の検討

　この点につき，判例は，大審院の時代には，公務員が転職によって一般的職務権限を異にしない限り，贈収賄罪が成立するという立場に立っていた（大判大4・7・10刑録21輯1011頁，大判昭11・3・16刑集15巻282頁）。すなわち，転職により一般的職務権限を異にすれば，197条1項の収賄罪は成立しないという限定説に立っていた。しかし，最高裁の時代になると，「いやしくも収受（供与）の当時において公務員である以上」，贈収賄罪の成立を認めるにいたった（最決昭28・4・25刑集7巻4号881頁，最決昭28・5・1刑集7巻5号917頁）。ただし，これらの事案自体は，転職しても職務は一般的職務権限の範囲内ともいえるものであったが，本決定は，最高裁自ら，一般的職務権限を異にする他の職務に転じた後でも，前の職務に関して賄賂を供与した場合には贈賄罪が成立するとして，明確に，非限定説の立場に立っている。

　学説は，大きく2つに分かれている状況である。

　限定説は，賄賂と職務との**対価関係**は，公務員が現に担当する職務であるか少なくとも転職しても一般的職務権限の範囲内にある場合にのみ認められるとする。したがって，「その職務に関し」とは，当然，今現に担当する職務と解されなければならず，転職によって一般的職務権限を異にすれば，対価関係は認められない。そして，「その」職務との関係では，退職者と同じ扱いをするべきで，要件を満たす場合にのみ，事後収賄罪が成立するにすぎないと主張する。

　これに対し，非限定説は，賄賂と職務との対価関係は当然必要であるが，これは今現に公務員が担当する職務との対価関係である必要はなく，「その」公務員の行う職務と対価関係にあれば足りるとする。転職により一般的職務権限を異にしても，その公務員の行う職務と賄賂が対価関係にあれば賄賂罪が成立することになる。この立場からは，「その職務に関し」とは，他人のではなく本人自身の職務と解されることになる。また，非限定説からは，現に公務員である者を，その職務との関係では「公務員であった者」とみなすことは，明らかに文理に反するとの批判もある。

　公務員が一般的職務権限を異にする転職は日常的に頻繁に行われていること，転職前の職務に関して転職後賄賂を収受する行為は，公務員の職務の公正に対する社会の信頼を明らかに害することから，非限定説が妥当であると思われる。

　結論として，Aには，贈賄罪が成立する。

第7章　国家の作用に対する罪

刑事司法作用に対する犯罪

刑事司法過程： 捜査 → 公判 → 刑の執行

どの過程で問題となりうるか

- 犯人蔵匿罪（103条）
- 証拠隠滅罪（104条）
- 虚偽告訴罪（172条）
- 偽証罪（169条）
- 証人等威迫罪（105条の2）
- 逃走罪（97条〜102条）
- 公務執行妨害罪（95条1項）

事項索引

あ行

遺棄 …………………………… 25
意思決定の自由 ………………… 34
委託物横領罪 …………………… 74
イタズラ電話 …………………… 59
移置 …………………………… 25
一応理由のある占有説 ………… 67
一身専属的刑罰阻却事由 ……… 81
一体性 ………………………… 148
一般的職務権限 ……… 207, 211, 212
居直り強盗 ……………………… 91
畏怖 …………………………… 33
違法状態説 …………………… 133
威力 ………………………… 59, 60
威力業務妨害罪 ……………… 56, 60
因果関係 ………………………… 2
隠避 …………………………… 194
疑わしきは被告人の利益に …… 12
越権行為説 …………………… 118
往来妨害罪 …………………… 150
横領 …………………………… 121
横領罪 ………………………… 123
大阪タクシー事件 …………… 206
長田電報局事件 ……………… 189

か行

害悪の告知 …………………… 32
確実な資料・根拠 …………… 53
拡張解釈 ……………………… 159
瑕疵ある意思 ………………… 4
可能的自由説 ………………… 30
可罰的違法性 ………………… 83
監禁 …………………………… 29
監禁罪 ………………………… 29

監禁罪の客体 ………………… 28
監護権 ………………………… 36
看守者の意思 ………………… 44
艦船の「破壊」 ……………… 152
観念説 ………………………… 169
管理可能性 …………………… 69
管理可能性説 ………………… 121
毀棄 …………………………… 136
毀棄・隠匿罪 ………………… 78
偽計 ……………………… 30, 59, 63
──による監禁 …………… 30
偽計業務妨害罪 ……………… 59
危険犯 ………………………… 23
偽証罪 ………………………… 197
キセル乗車 …………………… 102
偽造 …………………………… 168
偽造公文書行使罪 …………… 173
偽装心中 ……………………… 4
偽造文書 ……………………… 164
規範的構成要件要素 ………… 179
器物損壊罪 ………………… 62, 140
偽名 …………………………… 165
客殺し商法 …………………… 96
急行千秋2号事件 …………… 189
恐喝罪 …………………… 108, 110
凶器 …………………………… 18
凶器準備集合 ……………… 16, 18
狭義の暴行 …………………… 15
供述調書 ……………………… 196
行政指導 ……………………… 209
脅迫 ……………………… 32, 84
脅迫罪 ……………………… 32, 34
共謀共同正犯 ………………… 121
業務 ……………………… 20, 57
業務上堕胎罪 ………………… 23

215

事項索引

虚偽公文書作成罪	169
挙証責任	13
具体的危険犯	195
具体的職務権限	187, 207
熊本水俣病事件	10
クレジットカードの不正使用	104
傾向犯	41
継続犯	16, 134
警備情報収集	200
刑法上の占有	70, 73
競売入札妨害罪	193
競売又は入札	193
月刊ペン事件	50
厳格解釈	159
嫌疑刑	12
現実的自由説	30
現住性	148
建造物	47
建造物侵入罪	62
建造物損壊罪	138, 140
建造物の他人性	139
原本	158
権利行使	53, 110
公益目的	50
強姦致傷罪	42
広義の暴行	15
公共の危険	143
公共の平穏	17
公共の利害に関する事実	50
行使	172
公然	48
公然性	179
公然陳列	177
交通切符	171
肯定説	13
強盗の機会	92
強盗予備罪	90
公文書偽造	168
公務	56
公務員職権濫用罪	198, 201
公務員の職務	213
公務執行妨害罪	56, 186, 189
公務所の用に供する文書	136
公用文書	137
公用文書毀棄罪	136
呼吸終止説	3
個人的法益	17
国会議員の職務権限	206
国家的法益	94

さ行

最狭義の暴行	15
罪刑法定主義	159, 178, 183, 193, 195
最広義の暴行	15
財産上の損害	125, 130
財産上不法の利益	87, 103
財産処分意思	101
財産の情報	126
財産の処分行為	87
財産的損害	106
再選後の職務	210
在中物	75
財物	69
詐欺罪	95, 97
錯誤の重要性の程度	5, 7
作成権限	167, 170
差押えの表示	190
座礁	152
殺人罪の実行行為性	7
殺人の実行行為性の有無	5
作用必要説	11
作用不問説	11
サリドマイド事件	10
三徴候説	1
事後強盗罪	90
自己の占有する他人の物	114

事項索引

自己名義のカードの不正使用 ……… 105	知る権利 ……………………………… 52
自殺関与罪 ………………………………… 6	人格の同一性 ………………… 169, 171
事実上の支配 …………………………… 71	人格の同一性の齟齬 ………………… 167
事実説 ………………………………… 169	人工妊娠中絶 ………………………… 22
事実の公共性 ………………………… 50	真実性の誤信 ………………………… 27
事実の摘示 …………………………… 54	真実性の証明 ………………………… 52
死者の占有 …………………………… 76	真正文書 …………………………… 164
私生活の平穏 ………………………… 34	親族間で窃盗 ………………………… 80
執行猶予 …………………………… 145	身体完全性侵害説 ……………………… 9
支配意思 ……………………………… 71	侵 奪 ………………………………… 83
私文書偽造 ………………………… 166	心的外傷後ストレス症候群 …………… 8
司法研究 …………………………… 198	侵 入 ………………………………… 44
事務処理者 ………………………… 125	親身な憂慮 …………………………… 39
社会的名誉 …………………………… 55	性質上の凶器 ………………………… 18
酌量減軽 …………………………… 145	請 託 ……………………………… 211
社交儀礼 …………………………… 204	性的自己決定権 ……………………… 41
住居権説 ……………………………… 44	性的自由 ………………………… 41, 43
主観的要素 …………………………… 40	正当防衛権 ………………………… 185
傷 害 …………………………………… 9	生命身体等に危害を加える虞 ……… 20
傷害罪 ………………………………… 14	生理的機能障害説 ……………………… 9
傷害致死罪 …………………………… 14	窃盗罪 …………………………… 66, 74
証拠偽造罪 ………………………… 196	──の保護法益 …………………… 66
焼 損 ………………………………… 144	競り売り …………………………… 193
状態犯 ……………………………… 135	全体財産 …………………………… 131
情 報 …………………………… 69, 121	──の悪化 ……………………… 106
殖産住宅事件 ……………………… 202	前段階の行為（予備的行為） ……… 17
職務権限 …………………………… 199	占 有 …………………………… 66, 75
職務権限に属する職務行為 ……… 211	臓器移植 ……………………………… 3
職務行為 ……………………… 203, 205	臓器移植法 …………………………… 1
職務行為の適法性 ………………… 185	総合判断説（3徴候説） ……………… 3
職務との対価関係 ………………… 204	相当因果関係 ………………………… 42
職務に関し …………………………… 210	相当な対価 ………………………… 106
職務密接関連行為 ………………… 209	損 壊 ……………………………… 138
職務を執行するに当たり ………… 188	た行
所持説 ………………………………… 66	
職 権 ……………………………… 201	胎 児 ………………………………… 22
職権濫用 …………………………… 201	逮 捕 ………………………………… 29
処分行為 ………………………… 102, 109	代理・代表名義の冒用 …………… 163

217

事項索引

堕　胎 …………………………… 22
他人の物 ………………………… 112
チャタレー事件 ………………… 179
抽象的危険犯 …………… 33, 152, 195
抽象的職務権限 ………………… 187
陳　列 …………………………… 180
追求権説 ………………………… 133
通貨偽造 ………………………… 157
通貨偽造罪 ……………………… 156
通貨変造 ………………………… 157
通信傍受法 ……………………… 200
通信傍受令状 …………………… 200
テレフォンカード ……………… 175
電子計算機損壊等業務妨害罪 …… 63
電磁的記録不正作出罪 ………… 175
伝播可能性 ……………………… 49
伝聞証拠 ………………………… 196
同時犯 …………………………… 12
盗　聴 …………………………… 200
盗品運搬罪 ……………………… 132
盗品等に関する罪 ……………… 132
盗品等保管罪 …………………… 134
独立燃焼説 ……………… 144, 147
賭博開帳図利罪 ………………… 182
賭博場の開帳 …………………… 183
図利加害目的 …………………… 128

な行

2項恐喝罪 ……………………… 108
2項強盗罪 ……………………… 87
2項詐欺罪 ……………………… 99
二重抵当 ………………………… 125
入　札 …………………………… 193
　　──の公正 ………………… 192
脳死説 ………………………… 1, 3

は行

排他的な支配 …………………… 73
背任罪 …………………………… 124
破　壊 …………………………… 153
パブリック・フォーラム ………… 47
犯人隠避罪 ……………… 194, 197
犯人蔵匿罪 ……………………… 194
反復継続 ………………………… 20
PTSD …………………………… 8
被害者保護 ……………………… 201
東灘駅事件 ……………………… 189
非親告罪 ………………………… 20, 43
否定説 ………………………… 11, 13
人の看守する建造物 …………… 46
人の業務に使用する電子計算機 … 63
非本質的部分 …………………… 160
被拐取者の自由 ………………… 37
表現の自由 ……………………… 178
ビラ貼り ………………………… 140
封　印 …………………………… 191
封印破棄罪 ……………………… 191
複合建造物 ……………………… 148
不作為の処分行為 ……………… 101
侮辱罪 …………………………… 54
不真正文書 ……………………… 164
不退去罪 ………………………… 46
不動産侵奪罪 …………………… 82
不動産の二重売買 ……………… 114
不燃性建造物 …………………… 146
部分的遮断 ……………………… 151
不法原因給付 …………… 98, 116
不法原因給付物 ………………… 87
不法領得の意思 … 61, 78, 113, 118, 120, 122
文　書 …………………………… 158
　　──の社会的信用性 ……… 158
　　──の変造 ………………… 160
文書偽造 ………………… 160, 169
文書偽造罪 ……………………… 171
文理解釈 ………………………… 193
平安神宮事件 …………………… 148

218

平穏説	44
平穏占有説	67
変造	174, 175
変造有価証券交付罪	175
法益関係的錯誤	5, 7
放火罪	146
——の既遂時期	144
暴行	84
暴行罪	14
法人に対する脅迫罪	34
包装物	75
法は家庭に入らず	81
冒用	170
保管（寄蔵）	134
保護義務	25
保護責任者遺棄致死	23
保護責任者	25
保護法益	23
母体一部傷害説	11
母体機能傷害説	11
本権説	66
本質的（重要事項）部分	160
本人の名義（本人の計算）	123

ま行

マジックホン	58
松川事件	53
未成年者略取誘拐罪	36
密接に関連する行為	207
水俣病	10
身代金目的略取等罪	38
身代金要求罪	39
身分帳	198
脈搏終止説	3
無意識の処分行為	101, 103
無形偽造	155, 162, 166
無言電話	59
無主物先占	72

無銭飲食・宿泊	101, 109
無理心中	4
明確性の原則	178
名義人	158
名誉感情	55
名誉毀損	49
目的犯	41
物	126

や行

野球賭博	183
有価証券	174
有価証券変造罪	175
夕刊和歌山時事事件	52
有形偽造	162, 166
有形偽造説	162
有体物	69
用法上の凶器	18
要保護	187
四畳半襖の下張事件	178

ら行

陸路の「閉塞」	150
略取誘拐罪	36
領得行為説	118
領得罪	61, 78
類推解釈	183, 195
労働争議	140
ロッキード事件	208

わ行

わいせつ画像のデータ	180
わいせつ行為	40
わいせつ物	180
わいせつ文書販売罪	178
賄賂	203
賄賂罪	204, 210

―――――〔執筆者紹介〕―――――

鈴木　彰雄（関東学園大学教授）　　　　　*No. 1 ～ No. 7*
南部　篤（日本大学専任講師）　　　　　*No. 8 ～ No. 12*
中村　雄一（秋田経済法科大学教授）　　*No. 13 ～ No. 18, No. 95 ～ No. 100*
後藤　弘子（東京富士大学助教授）　　　*No. 19 ～ No. 22*
船山　泰範（日本大学教授）　　　　　　*No. 23 ～ No. 30*
前原　宏一（札幌大学助教授）　　　　　*No. 31 ～ No. 39*
山本　光英（山口大学教授）　　　　　　*No. 40 ～ No. 44*
只木　誠（中央大学教授）　　　　　　　*No. 45 ～ No. 51*
武田　茂樹（日本大学講師）　　　　　　*No. 52 ～ No. 58*
岡西　賢治（日本大学講師）　　　　　　*No. 59 ～ No. 63*
辻本　衣佐（明治大学講師）　　　　　　*No. 64 ～ No. 68*
小針　健慈（日本大学講師）　　　　　　*No. 69 ～ No. 73*
水野　正（日本大学講師）　　　　　　　*No. 74 ～ No. 78*
小林　敬和（高岡法科大学教授）　　　　*No. 79 ～ No. 83*
菊池　京子（東海大学教授）　　　　　　*No. 84 ～ No. 86*
清水　洋雄（秋田経済法科大学教授）　　*No. 87 ～ No. 90*
野村　和彦（日本大学インストラクター）　*No. 91 ～ No. 94*

―――〔執筆順〕―――

ケイスメソッド 刑法各論

2003年3月25日 第1版第1刷発行

編者 船 山 泰 範
　　 清 水 洋 雄
　　 中 村 雄 一

発行 不 磨 書 房
〒113-0033 東京都文京区本郷6-2-9-302
TEL(03)3813-7199／FAX(03)3813-7104

発売 ㈱信 山 社
〒113-0033 東京都文京区本郷6-2-9-102
TEL(03)3818-1019／FAX(03)3818-0344

制作：編集工房INABA　　印刷・製本／松澤印刷
©著者, 2003, Printed in Japan

ISBN4-7972-9080-3 C3332

不磨書房

導入対話による 刑法講義（総論）【改訂新版】　9214-8　■2,800円（税別）
新倉 修（青山学院大学）／酒井安行（青山学院大学）／高橋則夫（早稲田大学）／中空壽雅（関東学園大学）
武藤眞朗（東洋大学）／林美月子（神奈川大学）／只木 誠（中央大学）

導入対話による 刑法講義（各論）　9262-8　★近刊　予価 2,800円（税別）
新倉修（青山学院大学）／酒井安行（青山学院大学）／大塚裕史（岡山大学）／中空壽雅（関東学園大学）
信太秀一（流通経済大学）／武藤眞朗（東洋大学）／宮崎英生（拓殖大学）
勝亦藤彦（海上保安大学校）／北川佳世子（海上保安大学校）／石井徹哉（奈良産業大学）

導入対話による 刑事政策講義　9218-0　★近刊　予価 2,800円（税別）
土井政和（九州大学）／赤池一将（高岡法科大学）／石塚伸一（龍谷大学）／
葛野尋之（立命館大学）／武内謙治（九州大学）

導入対話による ジェンダー法学　監修：浅倉むつ子
阿部浩己（神奈川大学）／林瑞枝（駿河台大学）／相澤美智子（東京大学）／浅倉むつ子（都立大学）
山崎久民（税理士）／戒能民江（お茶の水女子大学）／宮園久栄（東洋学園大学）／堀口悦子（明治大学）
武田万里子（金城女学院大学）　9268-7　■本体 2,400円（税別）

◇◇ 法学検定試験を視野に入れた ワークスタディ シリーズ ◇◇

1 ワークスタディ 刑法総論（第2版）　定価：本体 1,800円（税別）
島岡まな（亜細亜大学）編／北川佳世子（海上保安大学校）／末道康之（南山大学）
松原芳博（早稲田大学）／萩原滋（愛知大学）／津田重憲（明治大学）／大野正博（朝日大学）
勝亦藤彦（海上保安大学校）／小名木明宏（熊本大学）／平澤修（中央学院大学）
石井徹哉（奈良産業大学）／對馬直紀（宮崎産業経営大学）／内山良雄（九州国際大学）　9074-9

2 ワークスタディ 刑法各論　定価：本体 2,200円（税別）
島岡まな（亜細亜大学）編／北川佳世子（海上保安大学校）／末道康之（南山大学）
松原芳博（早稲田大学）／萩原滋（愛知大学）／津田重憲（明治大学）／大野正博（朝日大学）
勝亦藤彦（海上保安大学校）／小名木明宏（熊本大学）／平澤修（中央学院大学）
石井徹哉（奈良産業大学）／對馬直紀（宮崎産業経営大学）／内山良雄（九州国際大学）
関哲夫（国士舘大学）／清水真（獨協大学）／近藤佐保子（明治大学）　9281-4

事例で学ぶ 刑法総論　吉田宣之 著（桐蔭横浜大学教授）　9078-1　■予価 2,200円

ドメスティック・バイオレンス　☆山川菊栄賞受賞
戒能民江（お茶の水女子大学教授）著　9297-0　本体：3,200円（税別）

みぢかな刑事訴訟法　河上和雄（駿河台大学）=山本輝之（名古屋大学）編
近藤和哉（富山大学）／上田信太郎（香川大学）／津田重憲（明治大学）／新屋達之（立正大学）
辻脇葉子（明治大学）／吉田宣之（桐蔭横浜大学）／内田 浩（成蹊大学）
吉弘光男（九州国際大学）／新保佳宏（京都学園大学）　9225-3　■予価 2,200円　【近刊】